ONE BELT AND
ONE ROAD INITIATIVE

把中国故事变成世界故事

将带给中国什么？将带给世界什么？

崛起大战略

“一带一路”倡议全剖析

新玉言　李克◎编著

台海出版社

图书在版编目（CIP）数据

崛起大战略："一带一路"倡议全剖析 / 新玉言，李克编著. —北京：台海出版社，2015. 9

ISBN 978 - 7 - 5168 - 0735 - 4

Ⅰ. ①崛… Ⅱ. ①新… ②…李 Ⅲ. ①区域经济合作 - 国际合作 - 研究 - 中国 Ⅳ. ①F125. 5

中国版本图书馆 CIP 数据核字（2015）第 226245 号

崛起大战略："一带一路"倡议全剖析

编　　著：新玉言　李　克

责任编辑：王　艳
装帧设计：张子航　　　　版式设计：红　英
责任校对：陈　烨　　　　责任印制：蔡　旭

出版发行：台海出版社
地　　址：北京市朝阳区劲松南路 1 号　　邮政编码：100021
电　　话：010 - 64041652（发行，邮购）
传　　真：010 - 84045799（总编室）
网　　址：http://www. taimeng. org. cn/thcbs/default. htm
E - mail：thcbs@ 126. com

经　　销：全国各地新华书店
印　　刷：河北信德印刷有限公司
本书如有破损、缺页、装订错误，请与本社联系调换

开　　本：710 mm × 1000 mm　1/16
字　　数：238 千字　　　　印　　张：17. 5
版　　次：2016 年 1 月第 1 版　　印　　次：2024 年 1 月第 2 次印刷
书　　号：ISBN 978 - 7 - 5168 - 0735 - 4

定　　价：58. 00 元

序

“一带一路”经济带建设倡议是我国在国家层面提出的一项宏大战略。在中国经济进入“新常态”时期，将逐渐成为我国未来内政、外交工作的重心。可以说，中国已经进入了举国“一带一路”的时代。

作为一个13亿人口、GDP总量世界第二、经济增长速度仍然位居世界第一的社会主义国家的最新国家发展战略，“一带一路”早已成为世界性的话题。但与国际社会的高关注度相比，国内社会对此似乎少有热议。除了西北、西南几个“一带一路”规划中的重点省份外，其他地区的很多民众还搞不清“一带一路”的具体含义。

这种距离感既源于客观上的巨大地理跨度，也源于主观上对国家战略与日常生活联系的模糊认识。有人认为，“一带一路”的作用更多是在外交领域，与自身利益关系不大，不如去关注新的“五年计划”；还有人将“一带一路”倡议简单地看成是新一轮的“西部大开发”。

事实上，“一带一路”倡议被称为中国对外开放的2.0版本，它被认为将深刻全面地改变中国的经济面貌以及世界经济格局。

中国在改革开放的最初三十年，主要是采取了一种“引进来”为主的经济发展模式，尽可能地吸引外资，提升中国的生产力水平，对外开放政策可谓是以“引进”为中心的1.0版本。经过经济跨越式发展的两位数增长后，一方面，中国积累了巨额的外汇储备，另一方面中国经济增速放缓，开始进入“新常态”，面临着产能严重过剩、劳动力比较优势降低等一系列问题；在外部，又面临着区域外大国对中国崛起的遏制战略和国际竞争等问题。这些都呼唤着中国经济“走出去”，进行全球化布局，拓展新的空间、实现质的提升，也就是中国对外开放的2.0版本。中国的“一带一路”倡议就是在这种背景下诞生的。

从美、日等发达大国的经济崛起历程来看，在二十世纪中后期，随着国内经济的发展，都经历了从“贸易立国”到“投资立国”的过程，在经历了高积累、低消费、高增长以及国内工业完成后，开始向外转移劳动密集型产业，大力发展本国的服务业，巩固“资本密集型”产业的主导地位。同时，大规模向资源丰富国家投资矿产、能源产业，最后加大直接投资的力度，从而完成了经济的崛起。中国未来的经济发展要进一步提升，保持健康良好的势头，追赶经济发达的经济体，也将经历类似的发展历程。

“一带一路”倡议是中国的构想，也是世界的机遇。中国将利用自己的强大基础设施建设能力和雄厚的资金实力来推动实现这一战略。

从历史上看，发达国家总是致力于打造符合自身利益的金融、贸易体系。美国的“马歇尔计划”只囊括西欧国家；西方国家最初主导规则的WTO，中国的进入经过了长期、艰苦的谈判；美、欧、日推动的“抱团取暖”式的TPP、TTIP、PSA等自贸区，则向中国等新兴经济体设置了苛刻的门槛。

中国的“一带一路”倡议将改变历来由西方国家主导的世界贸易、金融体系。中国文化中本身有一种“兼济天下”的共赢理念，中国的

“一带一路”倡议不像西方发达国家那样，设置包括政治条件或经贸标准在内的种种准入门槛，或者具有强烈的排他性，而是要与广大发展中国家分享中国经济发展的成果，进行资源、产能优势互补，深度全方位地合作、互联互通，助力发展中国家的经济发展，实现共赢。所以，不能仅仅把中国的“一带一路”看成是中国过剩产能转移这么简单。

正如中国国家主席习近平所说，中国提出“一带一路”倡议，就是要本着互利共赢的原则同沿线国家开展合作，让沿线国家得益于中国发展，是中国作为负责任大国积极主动作为，为促进世界经济繁荣与平衡发展而提出的重大倡议。

“一带一路”涵盖亚太、欧亚、中东、非洲、南太平洋地区等总共65个国家，这一广大区域的总人口超过44亿，占全世界人口的63%，经济总量超过20万亿美元，占全球经济总量的30%。而且“一带一路”还不可避免地吸引区域外经济体的参与。“一带一路”沿线的国家大多数为新兴经济体和发展中国家。“一带一路”建设以和平合作、开放包容、互学互鉴、互利共赢的理念，赢得了沿线国家的广泛认同和积极参与，为各国经济发展提供了新机遇。可以预见，经过几十年的发展和积累，中国这样一个大体量的经济体成功地推动“一带一路”倡议，将给世界带来全方位的巨变。

中国对“一带一路”建设不搞专营、垄断。恰恰相反，中国欢迎世界各国共同来承包、分包，共同搭建融资平台。近期，国际社会广泛关注的亚洲基础设施投资银行（AIIB，简称：亚投行）就是此类平台之一。亚投行同现有多边开发机构的关系是相互补充而不是相互替代，它将在现行国际经济金融秩序下按国际惯例运行，得到了各国的积极响应，英、法、德等欧洲的主要经济体纷纷加入。

在利益诉求多极化的世界，任何一个大国战略的推进都面临着风险和挑战，这是不言而喻的。“一带一路”沿线的发展中国家，既存在着摆脱贫困、经济增长的愿望，在客观上又存在着恐怖极端势力主义威胁、国内政局多变的特点，这些国家基建落后、法律不健全，这些因素都影响着中国对外投资的安全和"一带一路"倡议的顺利推进。大国的博弈带来的地缘政治格局也影响着这些国家的稳定。这些都决定了"一带一路"建设的推进必然要进行大量长期、细致的工作。

中国人用自己的勤劳和智慧，在短短三十多年的改革开放中实现了经济的跨越式发展，创造了一个又一个经济奇迹。随着"一带一路"倡议的推进，中国的未来不仅会继续迈向成功和崛起，并将造福整个世界。

目 录

第一章　历史的回望：古丝绸之路的辉煌

提到建设“21 世纪新丝绸之路经济带”，这个经济带包含两条，一条是陆上的，一条是海上的，也就是所谓的“一带一路”经济带。

中国的“一带一路”倡议借用“丝绸之路”这个历史题材，唤醒了世界上的人们对于全球范围内自由贸易和合作共赢的美好愿望，意味着中国与经济带上的各国建立一个新的自由贸易和合作共同体，实现资源的横向互换、能力的优势互补，用历史的延续与传承，共同推动双边和多边发展。

在历史上的千年间，人们通过古丝绸之路交换的商品有丝绸、茶叶、瓷器等，这些产品无不带有鲜明的中国元素和生活方式，深入了西方人的生活体验，使得他们对遥远的中国产生了浓厚的兴趣，从而互通有无，形成了流芳千古的著名的丝绸之路。

我们有必要在此回顾一下中国古代历史上在政治、经济领域的两个极具代表性的大事件：“古丝绸之路”以及“郑和下西洋”。无论从文明复兴还是从实现经济跨越式发展的角度，回顾这段历史无疑对中国建设新丝绸之路经济带有着不可言喻的重要参考意义。

1. 丝路千年——文明的碰撞

漫无边际的沙海里传来悠悠驼铃，衣带飘飘的飞天从天而降，这就是著名的舞剧《丝路花雨》中展现给我们的场景。出兰州、过黄河向西，祁连山蜿蜒起伏，长城连绵不绝，一道是天然屏障，一道是人工防线，犹如没有尽头的时光隧道，中间裹着古老的丝绸之路。一首现代诗歌中这样描绘古丝路的盛况：

西出阳关　驼铃摇过古楼兰
明月天山　银辉迤逦波斯湾
霓裳羽衣　妩媚了雅典娜的风情
中国瓷器　风靡了古罗马的夜宴
吐鲁番的姑娘　歌唱葡萄的甘甜
月牙泉的小伙　弹奏琵琶的琴弦
地中海的浪花　湿润了东方的眼睛
阿拉伯的神话　丰满了彩陶的容颜
啊——
是长安的金梭织出了锦绣
是洛阳的银梭织出了斑斓
丝绸之路才与千山万水缠绵
丝路花雨才让漫漫岁月鲜艳

今天重新回望古丝绸之路，我们会发现，它并不仅仅是一条贸易通道，从更广阔的角度来讲，在长达一千多年的时间里，丝绸之路曾把世界几大文明——黄河文明、恒河文明、两河文明和希腊文明等诸多人类文明最重要的起源地，串联在了一起。因此，古丝绸之路常被一些史学家喻为世界历史展开的主轴。

这样一个厚重的历史遗产，不但是遗留给中国人的，也是遗留给世界的。如何继承好这个遗产，让其在新时代焕发新的生机和光芒，是今天的中国人需要思考的问题，对于当今中国的“一带一路”倡议也具有重要的借鉴意义。

古代中国的几条重要贸易通道

今天我们提到“丝绸之路”，一般指的是起始于古代中国，连接亚洲、非洲和欧洲的古代国际商业贸易路线。也可分为广义的“丝绸之路”和狭义的“丝绸之路”。狭义的，一般指陆上丝绸之路；广义的，不但包含“陆上丝绸之路”，也包括“海上丝绸之路”。

“陆上丝绸之路”是连接中国腹地与欧洲诸地的陆上商业贸易通道，它的形成时间是公元前 2 世纪与公元 1 世纪间，也即中国的汉代，其直至 16 世纪仍然在延续使用。

在路线上，它最初以西汉时期的长安为起点（东汉时起点改为洛阳），经河西走廊到敦煌，由敦煌这个节点起，又分为南北两路：南路从敦煌经楼兰、于阗、莎车（今新疆塔里木盆地西缘），穿越葱岭（今帕米尔）到大月氏（居住在中国西北部、后迁徙到中亚地区的游牧部族）、安息（约在今伊朗的呼罗珊地区），往西到达条支（今伊拉克境内）、大秦（当时的罗马帝国及近东地区）；北路从敦煌到交河、龟兹（今库车）、疏勒（今喀什），穿越葱岭到大宛（今费尔干纳），往西经安息到达大秦（罗马帝国东部）。

由于这条贸易通道的最初作用主要是向欧洲方向运输中国古代出产的丝绸，德国地理学家 Ferdinand Freiherr von Richthofen（费迪南·冯·李希霍芬）最早在 19 世纪 70 年代将这种贸易通道命名为“丝绸之路”，后来，这一称呼被世界广泛接受。

“海上丝绸之路”形成的时间比“陆上丝绸之路”更早一些，它的起点是福建泉州，此外，广州、杭州、扬州也是这条贸易通道上的重要港口，是古代中国与外国之间贸易往来的海上通道。"海上丝绸之路"形成于秦汉时期，发展于三国至隋朝时期，繁荣于唐宋时期，转变于明清时期。它是目前已知的世界上最古老的海上航线。

由于这条海上通道在隋唐时输出的主要大宗货物也是丝绸产品，所以大家都把这条连接东西方的海道叫作"海上丝绸之路"。到了宋元时期，瓷器渐渐成为出口的主要货物，因此，人们也把这条海上贸易通道称为"海上陶瓷之路"。同时，又由于从这条贸易通道上输入中国的商品历来以香料为主，因此人们也把它称作"海上香料之路"。

除了如上提到的海陆"丝绸之路"，在中国古代还有一条重要的国际商贸通道，就是著名的"茶马古道"。它是以马帮为主要交通工具的民间国际商贸通道。

"茶马古道"源于古代中国西南边疆的茶、马互市，兴于唐宋，盛于明清。早在汉代，四川的商人就赶着马帮，驮着成都一带出产的丝绸、茶叶、瓷器、蜀布、邛竹杖等物资，越过川西平原，然后攀过崎岖的山道，经西昌，渡过金沙江进入云南，再进入缅甸，并抵达印度等南亚和西亚地区。后来人们常把"茶马古道"誉为"南方丝绸之路"。这条通道在抗战时期成为中国唯一和外界联系、接收国际援助物资的通道，对中国的抗战发挥了极为重要的作用。

我们将会重点回顾一下连通欧亚大陆的"陆上丝绸之路"的形成。

古丝绸之路的历史

连通欧亚大陆的古"丝绸之路"贸易通道，其最初开辟的直接目的却与商贸无关，而是出于军事上的考虑，和当时西汉时期中原王朝的军事安全战略有关。

西汉初年，王朝面临着来自北方草原的游牧民族——匈奴的巨大威胁。为了消灭这个足以致命的敌手，西汉时期，汉武帝派张骞出使西域，第一次在公元前 138 年，其直接目的是联络与匈奴有世仇的大月氏民族，在军事上东西夹击匈奴。

张骞历尽千难万险到达西域后，由于当时的大月氏已无意与匈奴对抗，军事上联合西域民族夹击匈奴的目的并没有达到。但是，所谓“无心插柳柳成荫”，由于张骞的出使，横贯东西方的“丝绸之路”通道却从此正式宣告开通，各路官民、商旅踏迹而至，沿着张骞出使的路线往来日益频繁。张骞此番破除政治地域禁锢的征途，被中国著名史学家司马迁在《史记》中誉为“凿空之旅”，意思是“开通大道”。

张骞出使西域后，西域地区的各民族逐渐与中原王朝建立了密切的政治、经济联系，西域历史从此成为中国历史的一部分。同时，中亚大草原开始成为连接中国与西方文明的桥梁。

张骞出使后匈奴的威胁并未完全消除。此后，西汉王朝继续发动了几场惨烈的战役，彻底地消除了匈奴之患，在客观上进一步确保了西域通道的安全，通往西域的“丝绸之路”至此畅通无阻。此后，汉朝频繁地派出使节出使西方，汉武帝的使节最远往西到达犁轩（今埃及亚利山大港）。

而此时，罗马人征服叙利亚的塞琉西帝国和埃及的托勒密王朝后，通过安息帝国、贵霜帝国和阿克苏姆帝国，取得了从“丝绸之路”上传来的中国丝绸。到了东汉时期，罗马帝国的使节也首次顺着丝路来到当时东汉的首都洛阳。

在这条逾 7000 公里的长路上，作为重要货品的丝绸与同样原产中国的瓷器一样，成为当时一个东亚强盛文明的象征。各国元首及贵族曾一度以穿着用腓尼基红染过的中国丝绸、家中使用瓷器为富有荣耀的象征。商队还从中国运出铁器、金器、银器、镜子和其他豪华制品。

中国古代的印刷术沿着丝路逐渐西传，在敦煌、吐鲁番等地，已经发现了用于雕版印刷的木刻板和部分纸制品，其中唐代的《金刚经》雕版残本如今仍保存于英国，说明印刷术在唐代至少已传播至中亚。13世纪时，不少欧洲旅行者沿着“丝绸之路”来到中国，又将这种技术带回欧洲。15世纪时，欧洲人谷腾堡利用印刷术印出了一部《圣经》。1466年，第一个印刷厂在意大利出现，令这种便于文化传播的技术很快传遍了整个欧洲。

借助“丝绸之路”的繁荣，东西文明相互传入和移植的东西很多，医术、舞蹈、武术，以及生产技术、农作物，大大扩展了东西方文明的视野，丰富了东西方人们的物质和文化生活。汉代习惯将西方输入的物品冠以“胡”字，直到今天，我们还称它们为胡琴、胡萝卜、胡椒、胡豆；到了唐代，则习惯将它们的名称冠以“海”字，如海棠、海石榴、海珠（波斯湾珍珠）等。这个长长的名单上，还有葡萄、核桃、波菜（又称为波斯菜）等等。

佛教自两汉间从印度经“丝绸之路”传入中国后，最终形成了中国化的佛教——禅宗等八大宗派。佛教文化给中国传统哲学注入了新的血液，深刻影响了中国文化。举个最浅显的例子，佛教用语极大丰富了中国语言的词汇，像“刹那”“影响”“观念”“执著”“圆满”“皆大欢喜”“不可思议”“心心相印”等等无以数计。

“丝绸之路”的交流与贸易在中国、印度、东南亚、斯里兰卡、中东、非洲和欧洲之间持续了千年，无数新奇的商品、技术、思想与人员沿着“丝绸之路”往来不绝。据《唐会典》载，唐王朝曾与三百多个国家和地区相互通使交往，每年取道丝绸之路前来长安这个当时世界最大都市的各国客人数目皆以万计，定居中国的，单广州便以千计。

2014年6月22日，在卡塔尔首都多哈进行的“第38届世界遗产大会”宣布，中国、哈萨克斯坦、吉尔吉斯斯坦三国联合申报的“丝绸之路：长安—天山廊道的路网”被认定为世界物质文化遗产，成为首例跨国合作、成功申遗的项目。“世界遗产委员会”认为，丝绸之路是东西方之间融合、交流和对话之路，近两千年以来为人类的共同繁荣做出了重要的贡献。

海上丝路的大事件——郑和下西洋

从文明的角度来说，东西方传统的海洋观有很大的不同。西方人对于海洋文化极为重视，中国则在古代历经了几百年的“片板不得下海”的“闭关锁国”式治理。直到近代国门被西方列强打开，向先进的西方强国学习的中国人也开始高度重视起海权的问题。

但是经过分析就知道，西方人对于海洋的重视，和欧洲所处的海洋地理面貌有关。古代的西方人所面临的主要海洋实际上是地中海，而地中海几乎可以说是欧洲大陆的内海，航行条件很好，便利、安全。更为重要的是，环地中海的古代文明群星璀璨，像两河流域、巴比伦文明、埃及文明、罗马文明、希腊文明等等。沿着地中海航行，轻易就能接触到异地的文明，多种文明在这里碰撞交错。所以，海洋航行对于欧洲人有着不同寻常的意义，认为海洋代表着财富、希望、交流，人类离不开海洋。

处于相对封闭的东亚大陆、一国独大的中国所面临的海洋面貌则完全不同。中国在东部、南部沿海所面对的是日本、朝鲜、东南亚等国家。日本、朝鲜在古历史上几乎照搬了中国的文明模式，尤其以唐代为顶峰，能学多少学多少；古代东南亚一带的文明也和中国无法同日而语。这样一来，海洋对中国人的吸引力就大大减弱，完全比不上海洋对欧洲人的吸引力。对于中国人来说，“天下”只有一个文明的中心，就是东亚大陆中央的长安、洛阳一带的中原地区。到了海边，也就意味着到了“天涯海角”，穷途末路。几千年的历史上，中国也丝毫感受不到来自海上的威胁，直到近代的荷兰、西班牙等欧洲海洋强国逐步扩张到东方。

郑和下西洋的伟大历史事件，发生在距今600余年前的明永乐年间，明成祖朱棣在位期间。自公元1405年（永乐三年）至1433年（宣德六年），在28年间，郑和先后率庞大的船队七次下西洋，船队的船只每次多达百余艘，随行人员多达2.8万人。郑和的船队共航行18万5千公里，这是世界史上绝无仅有的大规模海上行动。行驶于船队中央的旗舰又被称为宝船，运载着赐给各地统治者的物品以及各地统治者献给明朝皇帝的贡品。最大的宝船长150米，宽60米，比19世纪以前英国海军中最大的船只还要大3倍以上。

但是，明朝统治者派郑和下西洋航行的目的并非是为了打通商路、促进经贸往来，或者为了在海外建立殖民地、扩张领土，而在很大程度上是明成祖为了"宣扬国威"，达成"万邦来朝"的局面，从而向海内外宣扬自己夺取皇位后的合法性和权威性。由于郑和下西洋的举措耗费了大量国库的财政，损及国力，七下西洋后，明朝政府完全中止了在海洋上的活动。

郑和下西洋将先进的中华物质文化、精神文化、政教文化等远播海外，同时，发现了许多当时中国人所不知道的世界，替中国人民在南洋一带开辟了一个新的世界。对南洋各国社会的进步与经济的繁荣，起到了很大作用，也为发展中国与亚非诸国之间在政治、经济和文化上的相互交流作出了贡献，成为人类航海史上的壮丽一页。

郑和下西洋的活动虽然只延续了几十年，但是影响却深远，它所展示出的中华帝国的强大实力，使东南亚地区在清末之前的几百年都奉中华帝国为地区的共主。直到18世纪末期，进入东南亚一带的西方殖民者由于担心清政府军政力量的介入，仍然不敢大张旗鼓、放开手脚进行扩张和殖民统治。

另一方面，事实上古代在印度洋航线上积极推动和中国贸易往来的主要是阿拉伯人。由于陆上贸易通道经常因为政治、军事原因被阻断，阿拉伯人利用已掌握的航海技术，抵达中国的广州、泉州、宁波、扬州等地。据史料记载，早在唐朝后期，在广州的阿拉伯商人和家属已经有好几万，并形成了他们的社区，被称为“番坊”，社区的负责人“番长”也是由阿拉伯人担任。今天在泉州我们还可以看到阿拉伯人留下来的公墓，墓碑上用阿拉伯文书写，以及很多清真寺的遗迹。

茶叶引发的战争——丝路上的中国制造

古代丝绸之路上，来自远方西域、阿拉伯的商人，把中国的几种特产源源不断运向西方世界，不但有丝绸，还有瓷器、茶叶。

在古代世界，茶叶是中国所特有的，也是丝绸之路上除了丝绸之外一个重要的货品，像丝绸一样，它的魅力也曾一度征服了世界。在世界历史上甚至先后爆发了几场著名的“茶叶引发的战争”，改写了世界的历史。例如美国独立战争、中国的鸦片战争等。

起初，阿拉伯商人在东土大唐购买丝绸的同时，也带回了神奇的茶叶，并把它们运往波斯。与此同时，土耳其商人也在中国边境上以物易茶。至17世纪开始，饮茶在欧洲各国的社会中掀起了一股时尚浪潮。公元1607年，第一箱茶叶由荷兰东印度公司运抵阿姆斯特丹，随即成了荷兰最时髦的饮料。在接下来的几十年里，茶叶传播到包括俄罗斯、英国等欧洲各国，风靡一时，成为一种奢侈品和贵族交际的必需品。

在当时，中国垄断了茶叶的生产和供应。欧洲人喝了好几个世纪的茶，却没有人见过一棵真正的茶树。主要原因是古代欧洲商人不被中国政府允许进入内地，且中国政府禁止透露茶叶种植和加工的秘密。

19世纪中期，中国出产的茶叶、丝绸、瓷器等奢侈品在欧洲市场十分受欢迎，英国人希望中国能开放贸易。但英国出口的羊毛、尼绒等工业制品在中国却不受青睐，当时的乾隆皇帝甚至认为中国什么都不缺乏，没必要与英国进行贸易。这个时期，中国对世界的贸易是纯粹意义上的超级顺差：中国出口的茶叶，换来了世界各地的真金白银，而中国人对外国的商品根本不感兴趣，进口额几乎为零。

当时的欧洲各东方贸易公司在对华贸易中均面临同样的问题，如何来支付购买茶叶的费用。欧洲的工业产品几乎在中国没有市场。100 多年以后，主持中国海关总税务司的英人赫德在其《中国见闻录》中写道："中国有世界最好的粮食——大米；最好的饮料——茶；最好的衣物——棉、丝绸和皮毛。他们无需从别处购买一文钱的东西。"

由于与中国的所有贸易需以银两折算，英国需要从欧洲大陆购入白银作贸易用途，金银一买一卖，令英国人利润大大受损。中国对英国商品征收百分之二十的高税率，也使英国商人大为恼火。这使中英贸易为英国带来了庞大的贸易逆差。例如，1784 年英国东印度公司在广州的财库尚有 20 余万两白银的盈余，到第二年，反而出现了 22 万两的赤字。为了弥补东西方茶叶贸易巨大的逆差，赚取白银，东印度公司专门成立鸦片事务局，开始大规模非法向中国贩卖鸦片，遭到中国官方的抵制。1839 年 6 月，力主禁烟的钦差大臣林则徐在广州收缴并烧毁英国商人的 2 万箱走私鸦片。于是，1840 年和 1856 年分别爆发了西欧列强为打开中国大门的两次"鸦片战争"。

以两次"鸦片战争"为开端，中国被迫开始了融入西欧国家开启的全球化时代的历史。

茶叶的故事还没有完。"鸦片战争"也改变不了欧洲对中国茶叶的依赖，于是，西方探险家们动起了脑筋。1848 年，苏格兰人罗伯特·福琼把自己化装成中国人，深入到中国官府禁止外国人进入的地区，在中国的多个产茶区如宁波、舟山等地，用各种手段获取了茶树种子和栽培技术，并带回了 8 名中国茶工，从此，才开始了茶叶在中国以外的地区如印度等殖民地地区大规模种植的历史。

在鸦片战争爆发的前一个世纪后期，美洲大陆上则爆发了另一场深刻改变世界历史的战争——美国独立战争。

有人曾这样说，是中国的茶叶“成就”了美国的独立。否则，美国独立战争会延后很多年，甚至不会爆发。1647 年，荷兰人在美洲的 13 个新英格兰殖民地的沿海大城市做起了茶叶生意，生意非常红火。美国也爆发了茶文化的消费高潮，纽约、费城、波士顿的头面人物纷纷参加“茶会”。英国的东印度公司看到茶叶买卖在美国有利可图，就从英国政府那里得到茶叶进口的独家经营权，并在 1767 年对包括美洲殖民地的进口茶叶增加新的税种。1773 年 12 月 16 日发生了北美居民为了反对英国的“茶叶税法”而爆发的“波士顿倾茶事件”。当时的英国政府试图向美国殖民地征收税，每磅茶叶征收 3 便士的税收，用来维持驻扎在殖民地的军队和政府官员的开支，而唯一向美国合法输入茶叶的是英国的东印度公司。

长久以来，由于英国对殖民地居民的歧视，对殖民地课以重税，激起了美洲居民的不满。“茶叶税法”的出台成为一个直接的导火索。一群美国人登上了英国商船“达特茅斯号”船，从船上把 340 多箱茶叶倾倒入水中。英国政府随即关闭了波士顿港口，并开始从本土派遣更多的军队到美国，美国独立战争由此拉开序幕。在法国人的军事援助下，美国人最终从宗主国英国手中获得了独立，开始称雄北美地区。因为茶叶这种看似微不足道的产品而爆发的战争，使一个新兴的强大国家呼之欲出。

可以说，茶叶在美洲大陆引发了一场战争，使一个国家走向独立，并在未来成为世界的霸主；而在亚欧大陆导致了一场战争，使一个千年强盛的帝国走向衰落。

2. 古丝路在各方面的影响

古代丝路兴盛的几个因素

从上面对古"丝绸之路"的回顾可知，"丝绸之路"最初的开通，其目的基于政治和军事方面考量，和经济互通谈不上有多大关系。这和我们今天所提出的"一带一路"经济带建设的初衷是有很大差别的。然而，古"丝绸之路"在开通后，主要发挥的却是商贸交流作用。

事实上，古"丝绸之路"的千年延续，其主要的推动力来自于民间，而不是来自于国家力量的维持和主导，可谓是民间自发性形成的贸易通道。可以说，商业贸易的需求，或者说市场的力量是它的主要推动力。

但这并不是说国家的力量因素完全被排除在导致古"丝绸之路"繁荣的因素之外。毋庸置疑的是，经济往来从来都不是单方面的事。古"丝绸之路"的畅通和繁荣，其背后隐隐约约一直有着国家的身影。

例如，处于"丝绸之路"东端起点的中华文明，在政治、经济、军事等各方面几千年间保持着相对周边文明全方位压倒性的优势。一般情况下，当中原的国家政权强盛的时候，也就是丝路畅通繁荣之时，例如，丝路的繁荣在唐朝达到了最顶峰，而这一时期中原王朝在历史上最为鼎盛。由于国力的强大，从政治和军事上保障了这条贸易通道不被外来势力侵扰，通道的安全有了保障。同时，由于政治局势的平稳，使得人民安居乐业，有了充足的货物出产，提供了丰富的用于物物交换的商品。而中国古代历史上，中原发生战乱的时期，国家的力量对西方的军事、政治控制力大大减弱，一方面无法保持通道的安全畅通；另一方面由于生产凋敝，使用于交易的货源大受影响。从这个角度来说，丝绸之路的繁兴，虽然不是直接由国家主导之下形成的，但却完全离不开国家的力量给予政治和经济两个方面的保障。

此外，“丝绸之路”给沿线各国、欧亚其他文明提供了来自中国的极富魅力和吸引力的商品，例如丝绸、茶叶、瓷器等等这些中国久负盛名的特产，受到人们的广泛喜欢和热烈追捧。我们可以设想，如果单是有一条商路，而缺乏有吸引力、有价值的商品可供交换，丝路的荣耀将大减，也就难以维系千年之久。

“丝绸之路”的畅通确实对东西方文化交流起到了举足轻重的作用，丰富了东西方不同文明的人们的物质和文化生活，但是从另一方面来说，在古代史上的一千多年里，并没有因为“丝绸之路”的互通而从根本上改变当时东西方的经济形态。换句话说，丝绸之路的畅通，给东西方文明以宝贵的物质和精神养分，但如果仅仅从经济的角度来看，客观地说是处于补充的地位。

总的来说，丝路上所进行的商品贸易在经济领域只是国家经济的一个补充，尤其对于中国这样自给自足的农业文明。商品贸易、市场经济对于一个国家还完全达不到举足轻重的地位。也因此，每一个国家、地区或者说经济体之间谈不上有多深的经济依赖，在以物易物为主的贸易方式中，更不可能发生世界金融风暴这样的事情。

在政治上来说，古代的国家与国家之间往往没有清晰的界限，而是一个较为模糊的势力范围的概念，越是远离中央政权统治中心的地方就越是如此。没有清晰的界限，也就意味着没有像今天这样清晰的国家主权以及由此而发的纷争。那时的民族隔山相望、临海而叹，地理的分裂足以让两个不同的文明相安无事，这是一个自然因素。在古代文明时期，高山大川往往就成了一种天然的屏障。在没有屏障的地方，中国的统治者就积极地修筑万里“长城”，人为树立起安全屏障。所以说，古代的经济体之间是相对隔绝、相对独立的，以物易物的经济规模总体来讲是有限的。

古代时期，在政治领域也还远远没有形成高度组织化的强有力的国家机器，一味追求经济发展也不是社会的主流，物质、科技、生产力远没有今天这样发达，商品流通、市场经济远没有今天这样深刻改变人们的生活。

古丝路对于"一带一路"建设的启示

2000 多年前，丝绸之路的形成并不是人们修出来的，而是人一步步走出来的。为什么那个年代的外国人要披荆斩棘，冒着生命危险来到中国？原因很简单，即那个时候的中国文明对西方人来说具有极大魅力。一方面是有形的产品，如丝绸、瓷器、茶业等；另一个是无形的产品，如先进的思想、理念、制度、价值等，这些是使丝绸之路充满活力的要素。

转眼千年，新世纪的今天的中国在国家层面上重提"丝绸之路"战略，这在某种程度上可以说是古"丝路"精神的延续。中国领导人提出的"一带一路"倡议，其主要着眼点是经济领域，这和古"丝绸之路"所发挥的经济互通的重要作用是吻合的。

今天我们所处的世界政治与经济生态格局，已与古丝绸之路时期有了极大的不同。

现代科技的发展，使地理因素给不同地区的人员往来和物资交流带来的障碍越来越容易跨越。国与国之间的时空距离从没有像今天这样被极大地拉近。同时，各国在经济上的依存度空前加深了。今天的中国面临的是一个新的、现代文明的政治格局和经济格局及新的游戏规则。但是，虽然时势有如此之大的改观，但中国"一带一路"建设仍能从古代丝绸之路经济带的形成中得到很大的启示。

如上分析，中原文明的先进和繁盛使古丝绸之路经济带有了强有力的政治、军事保障，在经济上，就像水量充沛的源头一样，提供了丰饶的水源。那么，“一带一路”经济带也同样离不开一个充沛的源头，中国需要有强大的经济力量、稳固的政治局面、有力的军事后盾，这些是保障“一带一路”成功建设的必要因素。

此外，基于国家政治主导力量之外而由民间自发形成的经济互联互通，具有很强的可持续性，以至于除了少数时期中断之外，古丝绸之路前后持续了长达千多年之久。换一句现代的话说，就是“市场的力量”，有物物相易、对新商品的客观需要，成为丝绸之路历经多次阻断而复兴的动力，这也是人类物质文明发展的必然需要。这值得我们去反思，国家的力量在“一带一路”建设中应该进行怎样的角色定位，是去主导“一带一路”建设，还是更多的把作用发挥在提供保障方面？

时代发展到今天，由于国家界限的明晰，主权已成为公理，这个时候，就要建立一种大家共同遵守的有效的行为规则。在跨国的经济合作、贸易交往中坚持法制化方向，淡化政治色彩，善于诉诸相关国际法等法律渠道，来解决敏感复杂的跨国问题，就成为一个重要的手段。在国家纷纷独立后，主权问题就变成极为敏感的政治问题。如何避免给别国造成以大压小的印象，建立制度化的沟通和解决渠道就显得十分重要。

从古代来看，虽然中国是古丝绸之路在东方的起点，但是，中国并不是影响丝绸之路的唯一因素，沿线各地区的配合也是重要的环节。在古丝绸之路的构建中，波斯帝国和马其顿帝国等，都扮演了非常重要的角色。从“一带一路”倡议来说，中国也应该进行恰当的角色定位，起好发起者和推动者的作用，这个战略构想的成功实现，离不开沿线国家的共同努力与合作。在“一带一路”倡议中，欧洲、中东地区、俄罗斯以及广大的中亚地区的各国也必将扮演十分重要的角色。

第二章 “一带一路”倡议要干什么

“一带一路”倡议是中国在国家层面提出的一个跨洲际的区域经济带建设倡议，是经过二三十年经济飞速增长、一跃成为世界第二大经济体的中国，在经济全球化和新的世界政治、经济格局背景下，提出的宏大的战略构想。

我们有必要先看一看“一带一路”倡议的提出过程，以及中国政府及相关权威媒体对于“一带一路”倡议的内涵及意义的昭示，加深了解“一带一路”倡议的国家意图。

1. “一带一路”概念的提出

“一带一路”倡议的发端

早在1998年，国际道路联盟就曾提出“复兴丝绸之路”的计划，并于1998年、1999年和2004年分别在土库曼斯坦、乌兹别克和中国的西安举行了三届“国际丝绸之路大会”。2000年和2005年，联合国启动了“丝绸之路区域合作计划”。

2008 年 2 月 19 日，来自包括俄罗斯、伊朗、土耳其、中国在内的 19 国交通部长和高级官员在瑞士日内瓦签署一个意向书，决定在今后数年投入 430 亿美元，激活古丝绸之路和其他一些古老的欧亚大陆通道，即为“丝绸之路复兴计划”。

在国内战略界，有学者认为，类似于“一带一路”倡议的最初战略构想来自于一些国际政治领域学者的学术探讨。例如，北大国际关系学院院长王缉思在 2012 年提出过一个“西进”战略构想，这个构想为“一带一路”倡议提供了早期的思想源泉。

他的这一构想并不是一个经济建设战略，而是从国际政治格局的层面来设想的。王缉思认为，“西进”战略的背景是中美两国在东亚的竞争态势，在这种态势下，需要有一些新的、具有全局性的、陆权与海权并行不悖的地缘“再平衡”战略思考。也就是说，中国在面对东面美、日等国的战略“竞争”时，需要大力“西进”，进入这个中国外交传统上的非重点区域。

王缉思以中国的“西部大开发”为依据，为他提出的“西进”国家外交新战略增添了战略意义，即开拓国内市场、促进国内经济发展。由于他把外交战略上升到了作为推动国内经济发展的主要手段的层面，使这一战略具有了经济建设的内容，使“西进”战略的意义得到了空前的升华。在世界经济增长乏力、中国经济增速降低、进入“新常态”的时刻，这一提法无疑给中国未来的发展提供了有益的思路，引起了各方的关注。

当然，由于王缉思是国际政治领域的学者，他的相关论述主要侧重于传统的政治层面，与当前中国经济的现实状况结合得并不紧密。

同样在 2012 年，另一个中国著名经济学者林毅夫提出了这样的建议：中国可以吸取美国"马歇尔计划"中资本输出和购买资源的经验，以自己当前雄厚的外汇储备，输入国外资源，投资国外基础设施，出口国内过剩的产能。另外一些中国经济学家也认为，单靠投资拉动国内经济的增长将收效甚微，通过向国外投资，将助力解决中国目前的产能过剩、资源浪费以及地方债等困扰当前经济的问题。

此外，新加坡学者郑永年的两个观点也在中国的学术界、政策界产生了影响。一是将中亚等欠发达地区培育成中国潜在和未来的商品与资本输出市场的观点。郑永年认为，虽然目前中亚等地尚欠发达，但中国通过向这一地区投资，促进当地经济发展，可把当地培育成新兴市场，将为中国经济的发展培育新的市场。另一个观点是，日本、欧洲和美国均已进入老年化时代，而中亚、伊朗、巴基斯坦等欠发达地区人口结构则非常年轻，只有它们才会大量消费中国产品。

虽然如上这些学者提出的观点仅仅着眼于各自的研究领域，还远远不是一个宏观、系统、全面的国家战略构想，也无法全面涵盖中国随后在国家层面提出的"一带一路"的内涵，但他们的观点确实在各自的层面上为中国未来政治、经济、外交的发展战略提供了良好的思路。

"一带一路"概念的正式提出

"一带一路"，是"丝绸之路经济带"和"21 世纪海上丝绸之路"这两个概念合起来的简称。

"一带一路"经济带建设战略最初在国家层面被提出，体现在现任中国国家主席习近平的几次公开讲话以及中国共产党的相关决议中。

2013 年 9 月 7 日，习近平在哈萨克斯坦纳扎尔巴耶夫大学发表演讲时表示："为了使各国经济联系更加紧密、相互合作更加深入、发展空间更加广阔，我们可以用创新的合作模式，共同建设'丝绸之路经济带'，以点带面，从线到片，逐步形成区域大合作。"讲话中习近平建议加强政策沟通、道路联通、贸易畅通、货币流通、民心相通等几方面的合作。

2013 年 10 月 3 日，习近平在印尼国会发表演讲时表示：中国愿同东盟国家加强海上合作，使用好中国政府设立的“中国—东盟海上合作基金”，发展好海洋合作伙伴关系，共同建设 21 世纪“海上丝绸之路”。

2013 年 11 月 12 日，中国共产党十八届三中全会的《决议》提出，推进“丝绸之路经济带”“海上丝绸之路”建设，形成全方位开放的新格局。这意味着“一带一路”建设已上升为中国的国家战略。

2014 年 5 月 21 日，习近平在亚信峰会上做主旨发言时指出：中国将同各国一道，加快推进“丝绸之路经济带”和“21 世纪海上丝绸之路”建设，尽早启动亚洲基础设施投资银行，更加深入参与区域合作进程，推动亚洲发展和安全相互促进、相得益彰。

2014 年 11 月 8 日在北京举行的“加强互联互通伙伴关系”东道主伙伴对话会上，习近平发表题为《联通引领发展 伙伴聚焦合作》的讲话，提出了加强互联互通、深化“一带一路”合作的一系列建议。这个讲话中还具体提出：中国将出资 400 亿美元成立丝路基金，为“一带一路”沿线国家基础设施、资源开发、产业合作和金融合作等与互联互通有关的项目提供投融资支持；在推进“一带一路”建设中优先部署联通中国和巴基斯坦、孟加拉国、缅甸、老挝、柬埔寨、蒙古国、塔吉克斯坦等邻国的铁路、公路项目；未来 5 年，中国将为周边国家提供 2 万个互联互通领域的培训名额，帮助周边国家培养自己的专家队伍。

2015 年 3 月 26 日，博鳌亚洲论坛开幕。28 日，中国领导人发表主旨演讲，倡议“迈向亚洲命运共同体、开创亚洲新未来”。同日，国家发展改革委、外交部、商务部联合发布了《推动共建丝绸之路经济带和 21 世纪海上丝绸之路的愿景与行动》（见本书最后的附录，以下简称《愿景与行动》)，这个文件是迄今中国政府最全面、系统阐述"一带一路"倡议具体内容、理念的文件。

"一带一路"经济带的范围

根据2015年3月几个国家部委联合发布的《愿景与行动》文件的描述，"一带一路"经济带实际上是在"古丝绸之路"的概念基础上形成的一个当今时代的经济区域。与"古丝绸之路"涵盖的区域相比，《愿景与行动》中所规划的"一带一路"建设的区域和地带在空间上有质的超越。

从中国向西方向的"陆上丝绸之路经济带"——"一带"来看，它东边联系着充满经济活力的亚太经济圈，西边联系着欧洲经济圈，被认为是"世界上最长、最具有发展潜力的经济大走廊"。这既是地缘与资源战略的交汇点，又是中国内部地区发展和外部战略结合的典范。

"一带"横跨亚欧大陆，绵延7000多公里，途经多个国家，总人口近30亿。以上合组织为例，至2015年6月，组织内的6个成员国(中、俄、哈、吉、塔、乌)、5个观察员国（蒙古国、巴基斯坦、印度、伊朗、阿富汗)、3个对话伙伴国（白俄罗斯、土耳其、斯里兰卡）绝大部分都位于丝绸之路沿线。中巴、孟中印缅、新亚欧大陆桥以及中蒙俄等经济走廊，基本构成丝绸之路经济带的陆地骨架。

古代陆上丝路主要连接的是从中国通往欧非大陆的陆路通道。在古丝路的通道中，东南亚、南亚等地区虽然一定程度上受到了影响，但和西亚、中亚等地相比影响力很有限。此外，古"丝绸之路"更侧重于贸易通路的概念，还远远谈不上是一个经济带。"一带"的主体线路大体仍遵循了古"丝绸之路"的线路，依托现存的亚欧大陆桥，通过中亚、西亚等重要区域连接欧洲，实现沿线各区域之间的互联互通。但是"一带"还规划了与其线路相配套的经济走廊建设，通过经济走廊将历史上并非陆上“丝绸之路”主体的区域也纳入到了“一带一路”建设的过程中。

例如，建设中的“中巴经济走廊”，开创了由中国新疆地区经由巴基斯坦从而到达南亚的新途径，再加之“孟中印缅经济走廊”的相互配合，就使得南亚地区、东南亚地区也被纳入到“一带一路”的建设之中。此外，按照“一带一路”经济带建设的规划，历史上并非丝路主要途经区域的中国西南地区也被纳入其中。另外，“中蒙俄经济走廊”的建立，还会将东北亚地区也纳入“一带一路”经济带的范畴。相对于古“丝绸之路”而言，“一带一路”的空间范围大大扩展了。

从中国向南则是与中国有深厚联系的“海上丝绸之路经济带”，即“一路”。“一路”以东盟为重要支点，以点带线，以线带面，串起连通东盟、南亚、西亚、北非、欧洲等各大经济板块的市场链，发展面向南海、太平洋和印度洋的战略合作经济带，以亚欧非经济贸易一体化为发展的长期目标。“一路”经济带沿线各国既有较大的基建需求，又与中国有很强的贸易互补性。

中国历史上，海上“丝绸之路”同陆上“丝绸之路”并没有高度的相关性，没有出现“海陆同盛”的局面，而今天的“一带一路”则将海上和陆上两条线路结合起来，致力于创造海陆并举、协同开展的盛况。这样一来，“一带一路”经济带的空间覆盖范围是古代“丝绸之路”远难相提并论的。

总体来看，“一带一路”经济带从中国连云港出发，到荷兰阿姆斯特丹闭合成为一个圆环，涵盖了亚太、欧亚、中东、非洲、南太平洋地区等总共65个国家。这些国家大多数为新兴经济体和发展中国家，普遍处于经济发展的上升期，外资外贸的流入量每年分别增长13.9%和6.5%，高于全球平均水平很多，是目前全球贸易和跨境投资增长最快的地区之一。同时，“一带一路”将欧洲经济圈、亚太经济圈这当今世界最具活力的两大经济圈链接起来，成为未来世界最具发展潜力的世界经济走廊。

2."一带一路"的使命

"一带一路"的三重使命

2015年03月28日，《人民日报》刊登了《"一带一路"的三重使命》一文，进一步阐明中国"一带一路"经济带建设的宗旨。文章中说，"一带一路"是中国与丝路沿途国家分享优质产能，并非像马歇尔计划那样，是一种单方面的输出。它是共商项目投资、共建基础设施、共享合作成果，内容包括道路联通、贸易畅通、货币流通、政策沟通、人心相通等"五通"，比马歇尔计划内涵丰富得多。文章认为，中国的"一带一路"建设有三大使命：

第一个使命是，探寻后危机时代全球经济增长之道。"一带一路"是在后金融危机时代，作为世界经济增长火车头的中国，将自身的产能优势、技术与资金优势、经验与模式优势转化为市场与合作优势，实行全方位开放的一大创新。通过"一带一路"建设，共同分享中国改革发展红利、中国发展的经验和教训。中国将着力推动沿线国家间实现合作与对话，建立更加平等均衡的新型全球发展伙伴关系，夯实世界经济长期稳定发展的基础。

第二个使命是，实现全球化再平衡。传统全球化由海而起，由海而生，沿海地区、海洋国家先发展起来，陆上国家、内地则较落后，形成巨大的贫富差距。传统全球化由欧洲开辟，由美国发扬光大，形成国际秩序的"西方中心论"，导致东方从属于西方、农村从属于城市、陆地从属于海洋等一系列不平衡不合理效应。如今，"一带一路"正在推动全球再平衡。"一带一路"鼓励向西开放，带动西部开发以及中亚、蒙古等内陆国家和地区的开发，在国际社会推行全球化的包容性发展理念；同时，“一带一路”是中国主动向西推广中国优质产能和比较优势产业，将使沿途、沿岸国家首先获益，也改变了历史上中亚等丝绸之路沿途地带只是作为东西方贸易、文化交流的过道而成为发展“洼地”的面貌。这就超越了欧洲人所开创的全球化造成的贫富差距、地区发展不平衡，推动建立持久和平、普遍安全、共同繁荣的和谐世界。

第三个使命是，开创21世纪地区合作新模式。中国改革开放是当今世界最大的创新，“一带一路”作为全方位对外开放战略，正在以经济走廊理论、经济带理论、21世纪的国际合作理论等创新经济发展理论、区域合作理论、全球化理论。“一带一路”强调共商、共建、共享原则，超越了马歇尔计划、对外援助以及走出去战略，给21世纪的国际合作带来新的理念。比如，“经济带”概念就是对地区经济合作模式的创新，其中经济走廊——中俄蒙经济走廊、新亚欧大陆桥、中国—中亚经济走廊、孟中印缅经济走廊、中国—中南半岛经济走廊等，以经济增长辐射周边，超越了传统发展经济学理论。“丝绸之路经济带”概念，不同于历史上所出现的各类“经济区”与“经济联盟”，经济带具有灵活性高、适用性广以及可操作性强的特点，各国都是平等的参与者，本着自愿参与、协同推进的原则，发扬古丝绸之路兼容并包的精神。

“一带一路”是促进人类共同发展的中国方案

2015年05月18日，中共中央的机关刊物《求是》刊登了《“一带一路”：全球共同需要 人类共同梦想》一文。这篇文章对于中国“一带一路”倡议的宗旨、意义进行了较为权威的解读。

文章开头提到：自古不谋万世者，不足谋一时；不谋全局者，不足谋一域。经济全球化时代，人类社会相互依存空前加深，历史性机遇与全球性挑战复杂交织，能否实现共同发展梦想牵动着各国人民的心。中国以首善其身、兼济天下的大国胸怀，努力实现中华民族伟大复兴的中国梦，推动建立以合作共赢为核心的新型国际关系，倡议建设人类命运共同体，在实践中积极探索共圆发展梦想之路。习近平总书记提出的"一带一路"，是中国为促进人类共同发展所倡导的高屋建瓴的中国方案。

这篇文章从五个方面，阐述中国"一带一路"倡议的核心精神：

"一带一路"传承中国历史文化精髓，秉持讲信修睦、弘义融利、协和万邦的理念，致力于再筑东西方利益交融、文明辉映的盛世。"一带一路"倡议旨在推动沿线国家实现发展战略对接、优势互补，推动更多国家和地区共同应对全球发展面临的重大挑战，推动相关各方在经济、政治、文化等领域开展广泛、深入、持久的交流与合作，建设利益共享的全球价值链，构建更强劲、更有效、更具亲和力的区域一体化合作大格局，实现人类和平发展与共同繁荣。

(1)"一带一路"是包容发展之路

当今的世界是一个多元化的世界，不同国家有着不同的历史传统、文化基因和宗教信仰，选择了不同的社会制度和发展道路，处在不同的发展阶段。国家无论大小，选择何种道路，经济发达与否，都是平等的国际社会主体，只有彼此尊重、相互包容、休戚与共，才能走向共同发展与繁荣的美好明天。但令人遗憾的是，冷战结束 20 多年来，冷战思维依然存在，一些国家推行价值观外交，制造不和谐声音。与此同时，人类通向共同繁荣的道路上仍存在重重障碍：发展不平衡，南北差距仍在不断拉大；贫困问题突出，全世界仍有约 12 亿绝对贫困人口；资源环境瓶颈制约增强，气候变化、疾病传播、恐怖主义等成为人类共同面临的挑战；等等。应当说，今天的人类比以往任何时候都更加迫切、也更有条件朝共同繁荣的目标迈进，而"一带一路"正是实现这一目标的现实途径。"一带一路"倡导包容发展的理念，强调本着相互尊重、平等协作的原则，在尊重各国自主选择的社会制度和发展道路，尊重彼此核心利益和重大关切的基础上，求同存异、聚同化异，构建多领域合作体系，打造多层次合作格局，发展多渠道合作框架，开辟一条不同发展水平、不同文化传统、不同资源禀赋、不同社会制度国家间开展平等合作、共享发展成果的有效途径，为最终打造政治互信、经济融合、文化包容的利益共同体、命运共同体和责任共同体创造条件。在全球经济整体低迷的背景下，建设“一带一路”将为世界提供一种全新的发展构架和合作模式，它不仅是一条贸易通道，更将成为一条为全球繁荣创造新机遇、激发新活力的增长通道。

（2）“一带一路”是开放合作之路

当今世界，区域经济一体化蓬勃发展，各种形式和范围的多双边自由贸易协定（FTA）数不胜数，跨太平洋伙伴关系协定（TPP）、跨大西洋贸易与投资伙伴协定（TTIP）、区域全面经济伙伴关系（RCEP）等区域性、制度性安排正在谈判，特别是涵盖东亚和南亚 16 个国家（10 +6）的 RCEP 有望于 2015 年底初步达成。这些投资贸易安排有利于促进区域内相关国家的经济融合，但对于区域外经济体则相对封闭，彼此之间又缺乏协调，难以相互兼容，一定程度上增强了全球经济碎片化的趋势，不利于经济全球化发展。“一带一路”始终坚持开放合作的态度和共商、共建、共享的原则，该框架下的合作基于但不限于古代丝绸之路的范围，完全向区内外所有国家开放，不搞封闭机制，不预设合作条件和门槛，不排斥和针对任何第三方，欢迎任何国家和国际、地区组织广泛参与，成为“一带一路”的支持者、建设者和受益者。中国不谋求主导，更不是为一己私利。“一带一路”开放合作取得成功的基础是坚持互利共赢，强调兼顾各方利益和关切，寻求利益契合点和合作最大公约数，体现各方智慧和创意，各施所长，各尽所能，把各方优势和潜力充分发挥出来。世界之大容得下大家共同发展，应摒弃零和游戏、你输我赢的旧思维，树立双赢、共赢的新理念，在发展自身利益时兼顾他方利益，在寻求自身发展时促进共同发展。

（3）"一带一路"是互联互通之路

当前，全球基础设施仍显薄弱，不连不通、连而不通、通而不畅现象普遍，贸易投资安排趋于分散，国际资金融通依旧困难，互联互通建设滞后成为制约世界经济和社会发展的障碍。人类需要做好互联互通这篇大文章，拉近各国在地理空间、物理空间和制度空间上的距离，保障全球生产要素自由流通，深化和扩大各国之间的交流与合作，为全球发展打通经络、舒筋活血。"一带一路"致力于加快沿线地区的互联互通建设，推动"政策沟通、设施联通、贸易畅通、资金融通、民心相通"五大领域齐头并进，实现全方位、立体化、网络化的大联通。政策沟通是"一带一路"建设的重要保障，相关各国应就发展战略和对策进行充分交流对接，共同为务实合作及大型项目实施提供政策支持。设施联通是"一带一路"建设的优先领域，通过共同打造若干国际经济合作走廊和通畅安全高效的运输大通道，能够形成连接沿线国家之间的基础设施网络。贸易畅通是互联互通的重点内容，应着力解决投资贸易便利化问题，消除投资和贸易壁垒，共同商建更为宽泛、兼容的贸易合作体系。资金融通是"一带一路"建设的重要支撑，通过推进亚洲货币稳定体系、投融资体系和信用评价体系建设，能够打通融资贵、融资难的瓶颈。民心相通是"一带一路"建设的社会根基，通过广泛开展文化交流、学术往来、人才合作等活动，能够奠定双多边合作的民意基础。

（4）"一带一路"是文明互鉴之路

人类只有一个地球，各国共处一个世界，推动文明互鉴是解决全球发展面临的共同难题，让世界变得更加美丽、各国人民生活更加美好的必由之路。文明是多彩的、平等的，没有优劣之分，只有特色之别。"一花独放不是春，百花齐放春满园"，不同文明需要在平等对话中增进理解，在竞相展现中取长补短，在交流互鉴中共同发展。在全球化深入发展的今天，“一带一路”传承和弘扬了古丝绸之路“和平合作、开放包容、互学互鉴、互利共赢”的精神，倡导树立人类命运共同体意识，以文明互鉴取代文明对抗、文明冲突，把世界的多样性和各国的差异性转化为促进各国共同发展的活力和动力，使文明之花成为增进人民友谊的桥梁、推动人类进步的纽带、维护世界和平的润滑剂。“一带一路”将推动沿线国家开展形式多样、内涵丰富的文化交流合作，推动各种文明交流交融、互学互鉴。

(5)“一带一路”是和平友谊之路

当今世界，地缘政治因素更加突出，局部动荡此起彼伏，恐怖主义、粮食安全、气候变化等非传统安全和全球性挑战不断增多，特别是一些国家和地区民生困苦，求和平、求稳定的心情迫切。加强全球安全合作，实现世界和平，是各国的现实需要和人类的共同愿望。“一带一路”倡导经济发展与和平安全并重，两者相辅相成，通过经济发展为解决安全问题、巩固安全成果提供坚实基础。随着沿线各国经济的共同发展，本地区的人民生活将得到明显改善，这有利于增进各国的社会稳定，为地区和平创造条件。经济交往与合作所营造的互助氛围和命运共同体精神，将为解决政治安全领域的复杂矛盾奠定更好的互信基础，确立可持续的互利共赢模式，不断增进有关国家之间的友谊，促进政治合作意愿，共创有利于地区和平的环境。

“一带一路”是对当代国际合作机制的重大创新

当今的世界上，国与国之间、国家与区域组织之间建立了广泛的联系和合作。“一带一路”倡议与现有的国际间合作模式相比，创新点体现在什么地方呢？

国防大学战略教研部主任任天佑认为，“一带一路”发展战略是对现有国际间合作机制的重大创新，主要体现在三个方面：

其一，"一带一路"开创了一种崭新的国际合作新模式。继20世纪的世界银行、世界贸易组织等由美国等国主导的全球合作机制建立以来，除了APEC等区域性合作及其他双边合作模式之外，最为"高大上"的莫过于正在由美国推动的"跨太平洋伙伴关系协定（TPP）"和"跨大西洋伙伴关系协议（TTIP）"谈判，这两个谈判就是要以高端开放为契机，塑造排他性的、更高标准的全球贸易与投资新规则，以掌控和影响下一轮国际贸易规则主导权，继续主导亚太政经格局，这无疑将大大压缩全球市场与投资来源，对新兴国家特别是中国发展将构成新的挑战和威胁。"一带一路"倡议与TPP、TTIP谈判完全不同，它不设排他性的苛刻规则，不限国别范围，不搞封闭机制，有意愿的国家和经济体均可参与进来，以共商、共建、共享为原则，倡导与不同民族、不同文化、不同发展水平的国家进行合作，拓展与亚欧市场的合作，推动市场多元化战略，是一种由中国首倡的、各方共赢的包容性巨大的新型国际合作机制。

其二，"一带一路"提出了一整套的国际合作新思路。"一带一路"秉持的是和平合作、开放包容、互学互鉴、互利共赢的理念，它以政策沟通、设施联通、贸易畅通、资金融通、民心相通为主要内容，全方位推进务实合作，打造政治互信、经济融合、文化包容的开放性共赢性区域共同体。为此，还制定了21世纪海上丝绸之路战略、丝绸之路经济带战略、孟中印缅经济走廊战略、中巴经济走廊战略、东北亚经济整合战略等一系列一体化的配套战略规划，形成了主权投资基金、亚投行、上合组织开发银行、金砖国家新开发银行等配套金融支撑体系，由此构成了一个完整的全新战略规划。

其三，"一带一路"建立了一个立体的国际合作新愿景。"一带一路"打破了原有点状、块状的区域发展模式。对内而言，它贯穿中国东部、中部和西部，连接主要沿海港口城市，向中亚、东盟延伸。对外而言，它从陆上涵盖东南亚和东北亚经济整合，从海上连通欧亚非三个大洲，推动欧亚大陆经济整合，并形成一个海上与陆地相衔接的环形经济带战略。同时，它不仅限于经济合作，而是一种全方位合作，通过与沿线各国在交通基础设施、贸易与投资、能源合作、区域一体化、人民币国际化等领域，打造政治互信、经济融合、文化包容的利益共同体、责任共同体和命运共同体。这些与传统以经济和贸易为单一内容的其他国际合作机制是完全不同的。

3. “一带一路”的推进思路

共建“一带一路”的五大原则

在《愿景与行动》中，中国提出了共建“一带一路”的五大原则。

一是恪守联合国宪章的宗旨和原则。遵守和平共处五项原则，即尊重各国主权和领土完整、互不侵犯、互不干涉内政、和平共处、平等互利。

二是坚持开放合作。“一带一路”相关的国家基于但不限于古代丝绸之路的范围，各国和国际、地区组织均可参与，让共建成果惠及更广泛的区域。

三是坚持和谐包容。倡导文明宽容，尊重各国发展道路和模式的选择，加强不同文明之间的对话，求同存异、兼容并蓄、和平共处、共生共荣。

四是坚持市场运作。遵循市场规律和国际通行规则，充分发挥市场在资源配置中的决定性作用和各类企业的主体作用，同时发挥好政府的作用。

五是坚持互利共赢。兼顾各方利益和关切，寻求利益契合点和合作最大公约数，体现各方智慧和创意，各施所长，各尽所能，把各方优势和潜力充分发挥出来。

第一步建设核心建设——"五通"

2014年11月8日，在加强互联互通伙伴关系对话会上，习近平提出了"一带一路"第一步的核心内容，包括：以交通设施为突破口，优先部署中国同邻国的铁路、公路项目，实现亚洲的互联互通。

习近平于2013年9月在哈萨克斯坦首提共建丝绸之路经济带时，就提出了加强政策沟通、道路联通、贸易畅通、货币流通、民心相通的五通，成为中国推动共建"一带一路"的战略方向。这"五通"的具体内容是：

（1）政策沟通。各国可以就经济发展战略和对策进行充分交流，本着求同存异原则，协商制定推进区域合作的规划和措施，在政策和法律上为区域经济融合开绿灯。习近平主席和李克强总理此前与"一带一路"周边国家的领导人密切会晤，其基本目的就是通过领导人之间的直接对话，来实现政策和规划的洽谈基础。

（2）道路联通。同各国完善跨境交通基础设施，逐步形成"一带一路"交通运输网络，为各国经济发展和人员往来提供便利。这包括在公路、铁路、管道、航空、航运等多方面的互联互通，这将对相临产业、货物贸易、资源能源等领域均提供直接的合作。例如，建立昆明—曼德勒—达卡—加尔各答的铁路或高速公路；打通中国新疆与巴基斯坦瓜德尔港以及中国云南与缅甸皎漂港的交通线等等。

（3）贸易畅通。各国就贸易和投资便利化作出适当安排，消除贸易壁垒，降低贸易和投资成本，提高区域经济循环速度和质量，实现互利共赢。

目前中国已经与"一带一路"相关国家或组织签署了一系列的贸

易协定，比如与多国互签的促进和保护投资协定；与印度、孟加拉国等签订的亚太贸易协定；与海湾国家搭建的中国—海合会合作论坛；与东盟国家之间的中国—东盟自贸区等等，预计在未来中国将以这些已有的经贸合作为支点，逐步扩展和深入。

（4）货币流通。在经常项下和资本项下实现本币兑换和结算，降低流通成本，增强抵御金融风险能力，提高本地区经济国际竞争力。2014年11月，习近平宣布中国将出资400亿美元成立丝路基金，这是专门服务于“一带一路”的营运资金。与此同时，亚洲基础设施投资银行成立，中国是主要股东，亚投行有望成为基础设施建设的重要融资来源。21世纪海上丝绸之路以及连接亚洲和欧洲大陆的具体项目，包括从北京至巴格达的直达铁路等，都有可能成为亚投行投资的重点。

这些金融机构的成立，一方面有利于中国消化目前较高的外汇储备；另一方面，若人民币能成为贷款和投资的主要币种之　，将有利于推动人民币在相应国家的进一步国际化。截至目前，与中国签署人民币互换协议的国家已达27个，累计金额近3万亿元。

（5）民心相通。加强人文交流，将历史丝绸之路建立起来的民间文化提升至更广义的国与国、民与民之间进行文化、教育、医疗卫生、宗教等方面的交流和合作。

“一带一路”是国家对外开放的大战略，战略实施的进度和程度不只取决于中方，还取决于沿线相关国家的认知和共同努力，因而国家层面的对接十分重要。从国家层面上，重点是要围绕“五通”着力推进。

其中，政策沟通是关键。中国要与相关国家就“一带一路”倡议进行交流，本着求同存异原则，协商制定推进区域合作的规划和措施，在政策和法律上为战略实施“开绿灯”。

其次，道路联通是前提。没有互联互通的跨境大通道和信息网络，经济带就缺乏依托和载体，所以完善跨境基础设施是基础条件。目前，道路联通的重点方向是中亚、南亚、东南亚。中老、中泰、中缅、中巴、中吉乌等铁路项目可能会优先考虑。中塔公路、中哈公路可能会成为重点改造的路段。

第三，贸易畅通是核心。"一带一路"连接亚太经济圈和欧洲经济圈，市场规模和潜力独一无二，沿线各国要积极推动贸易和投资便利化，尽快消除贸易壁垒、降低贸易和投资成本。

第四，货币流通是手段。要推动实现各国在经常项目和资本项目下本币的兑换和结算，以降低流通成本，增强抵御金融风险能力。

最后，民心相通是根本。建设丝路经济带要尊重各国的文化习俗，在保护文化多样性的前提下加强人民友好往来，增进相互了解和传统友谊，为开展合作奠定坚实的民意基础。

"一带一路"的推进思路

中国社科院工经所研究员陈耀提出了"一带一路"的六个推进思路：

一是古今传承。丝绸之路始于古代中国，是连接亚洲、非洲和欧洲的古代商业贸易路线。中国从汉、唐、宋时期通过陆路和海上把丝绸、瓷器、茶叶、冶铁、耕作等商品和技术，传播到国外，同时从国外带回国内没有的东西，这种互通有无的经贸联系和文化交流，改善了沿线国家的社会生产力和人民生活水平。今天重新提出"丝绸之路"，不是期望恢复古老丝路往日的辉煌，其现代的含义更加宽泛，丝路成了一个象征性的标志，一个大的国家发展战略。从古到今要延续历史的精神，传承并提升古代文明，促进中国与世界各国在物质和文化等多方面更广泛的交流合作，这是实现中华民族伟大复兴中国梦的大战略棋局。

二是内外开放。“一带一路”既涉及国内区域又涉及国外区域，是国内沿线区域与国外沿线国家和地区通过现代运输方式和信息网络连接起来的相互开放战略，对外开放是战略的核心。中国当代对外开放从空间上看很不平衡，沿海地区起步早，开放程度高，而内陆和沿边地区相对较晚，开放程度较低。丝路经济带要有包括内陆地区和沿边地区的国内大部分区域参与，扩大这些地区的对外开放水平，形成全方位的开放。

三是海陆统筹。“一带一路”既涉及陆上通道又涉及海上通道，陆路通过铁路、公路联通中国到中亚、东南亚、西亚到欧洲，形成若干条陆上大通道、大动脉；海上丝绸之路在古代路线基础上不断拓展新航线，也就是现在21世纪海上丝绸之路，实现陆海连接双向平衡。“一带一路”将打破长期以来陆权和海权分立的格局，推动欧亚大陆与太平洋、印度洋和大西洋完全连接的陆海一体化，形成陆海统筹的经济循环和地缘空间格局。

四是东西互济。丝路经济带贯穿东西，联通南北，但主线是东西两个方向。从中国来看，过去30多年主要是依托东部地区通过海上贸易的东向开放，丝路经济带则更多是考虑通过连接亚欧的陆路大通道，加大西向开放的力度。中国西部地区由过去开放的末梢变为开放的前沿，向东开放和向西开放的相对均衡化，也必将促进国内东西部地区经济协调发展。当然也考虑到南北向与国际的货物运输、贸易往来，除了南方的海上丝绸之路，更有北方对接“草原丝绸之路”联通东北亚的蒙古、俄罗斯等陆路通道，开辟东北地区对外开放新局面。

五是虚实结合。“一带一路”是一个长远的国家战略，一个内涵丰富的大概念。由于它的边界不是完全确定的，它所涵盖的内容不是固定不变的，它的目标也不会是完全清晰的，因而使得这一战略显得有些“虚”。但是，从提出初期的基本构想到现在推进的过程看，这一战略正由“虚”变得越来越“实”。比如中国与相关国家的大通道建设，陆上和海上基础设施的互联互通、能源和矿产资源合作、贸易往来日益频繁、中国产品和投资"走出去"、油气管道在建、基础设施投融资机制建立，这些都是看得见的成果，"一带一路"倡议正在一步一步地向前推进，已经变成实实在在可以落实的工作。

六是中外共赢。"一带一路"是由中国提出的倡议，显然对中国自身发展有着重要战略意义，不仅有利于中国充分利用"两种资源、两个市场"，尤其是保障中国的能源资源安全、化解富余产能和经济转型升级，而且还有利于加强中国与周边国家尤其是新兴市场国家的经济和文化交流，建立长期合作伙伴关系。但必须看到，"一带一路"又是一个中国与相关国家能够实现互利共赢的战略，一方面是中国的发展会对丝路沿线国家经济产生巨大的带动效应，如带动这些国家的优势资源开发、满足这些国家对中国工业品和生产技术的需求；同时更重要的是，中国政府充分考虑到周边相对落后国家建设"一带一路"的现实困难，出巨资建立了亚洲基础设施投资银行和丝路基金，并鼓励中国企业向外投资，这些都会使沿线国家获得实实在在的好处和利益，从而实现共同建设、共同发展、共同繁荣。

充分依托现有双边、多边合作机制

当前，世界经济融合加速发展，区域合作方兴未艾。建设"一带一路"并非意味着另起炉灶进行区域合作，而是充分依靠现有的中国与有关国家的双多边机制，借助既有的、行之有效的区域合作平台，如上海合作组织、欧亚经济联盟、中国—东盟（10+1）等，推动沿线国家参与横贯东西、连接南北的欧亚海陆立体大通道和泛亚能源网络体系的构建，实现"五通"。

"一带一路"倡议将是上海合作组织（SCO）、欧亚经济联盟、中国—东盟（10+1）、中日韩自贸区等国际合作组织的整合升级，也是中国发挥地缘政治优势，推进多边跨境贸易、交流合作的重要平台，为丝绸之路沿线国家合力打造平等互利、合作共赢的“利益共同体”和“命运共同体”。

“一带一路”建设还将强化多边合作机制的作用，发挥上海合作组织（SCO)、中国—东盟（10+1)、亚太经合组织（APEC)、亚欧会议（ASEM)、亚洲合作对话（ACD)、亚信会议（CICA)、中阿合作论坛、中国—海合会战略对话、大湄公河次区域（GMS）经济合作、中亚区域经济合作（CAREC）等现有多边合作机制的作用，与相关国家加强沟通，让更多国家和地区参与“一带一路”建设。

“一带一路”建设将继续发挥沿线各国区域、次区域相关国际论坛、展会以及博鳌亚洲论坛、中国—东盟博览会、中国—亚欧博览会、欧亚经济论坛、中国国际投资贸易洽谈会，以及中国—南亚博览会、中国—阿拉伯博览会、中国西部国际博览会、中国—俄罗斯博览会、前海合作论坛等平台的建设性作用。支持沿线国家地方、民间挖掘“一带一路”历史文化遗产，联合举办专项投资、贸易、文化交流活动，办好丝绸之路（敦煌）国际文化博览会、丝绸之路国际电影节和图书展，并进一步建立“一带一路”国际高峰论坛。

4. “一带一路”与“马歇尔计划”

在战略界曾有人把中国提出的“一带一路”倡议称作“中国版的‘马歇尔计划’”。

“马歇尔计划”是“二战”后美国在西欧地区实施的一项经济援建计划，对世界大战后的西欧地区的经济重建起到了至关重要的作用。由于中国的“一带一路”建设倡议中，沿线多是发展中国家和新兴经济体，中国的建设优势和资金优势将可能大大促进当地基础设施建设和经济发展，所以有人把“一带一路”倡议和当年的“马歇尔计划”相提并论，认为是中国的一项援建计划。

事实上，“一带一路”倡议和“马歇尔计划”在很多方面都不具有可比性。“马歇尔计划”是美国在经济发达的欧洲帮助其进行经济重建，这些国家有着较为成熟的市场规范和稳定的政治体制，而“一带一路”倡议所涵盖的是大片经济后进国家，且地域空前宽广，涉及国家达 60 多个，国与国之间差异巨大。“一带一路”的范围、难度、内涵和当年的“马歇尔计划”不可同日而语。

马歇尔计划是怎么回事

“马歇尔计划”（The Marshall Plan）的官方名称为“欧洲复兴计划”（European Recovery Program），因 1947 年 6 月 5 日时任美国国务卿马歇尔在美国哈佛大学演讲时提出这一计划而得名。这是一个在第二次世界大战结束后美国对被战争破坏的西欧各国进行经济援助、协助重建的计划。

当时，“二战”刚刚结束不久，空前惨烈的大战几乎把欧洲各大城市化成一片废墟，厂矿设施埋没在瓦砾中，重要的铁路、桥梁、航运和道路全被炸毁，欧洲广大农业地区与外界的联系几乎被中断。直到 1947 年，欧洲经济依然徘徊在战前水平以下，几乎看不到增长的迹象。不断增长的高失业率、此起彼伏的罢工使西欧国家社会动荡不安。由于此时美、苏两大阵营的对抗渐渐浮出水面，横贯欧洲大陆的“铁幕”阻断了东西欧的经济往来，西欧地区出现粮食和煤的严重短缺，1946～1947 年酷寒的冬天更使西欧地区雪上加霜，德国有数百人被冻死。

而同盟国的美国不但参战晚，且是唯一一个本土几乎未受战争破坏的国家，金融以及工农业生产完好无损，经济充满活力。由于美国在战争期间大做军火生意，经济反而经历了自立国以来最快的增长时期。战后，规模庞大的美国军工企业又很快转入了民用工业品生产，需要新的市场输出自己的商品。

由于战后的经济凋敝，共产党人的力量在西欧不断壮大，在战后的选举中法国共产党甚至一度成了议会第一大党。美国的政治家看到了这一点，感到必须在世界面前表明它的立场，必须向非共产主义国家提供援助，以起到遏制苏联影响及扩张的作用。这成了"马歇尔计划"出炉的另一个背景。在当时，也有人希望"马歇尔计划"把东欧国家也纳入其中，使它们从正在形成的苏联集团中脱离出来，但并没有成功。

于是"马歇尔计划"这个旨在帮助美国的欧洲盟国恢复因为"二战"凋蔽不堪的经济状况、同时遏止共产主义势力在欧洲的进一步扩张的计划就正式出炉了。

该计划于1948年4月正式启动，到1952年6月，整整持续了4个财政年度。在这段时期内，西欧各国通过参加经济合作发展组织（OECD）总共接受了美国包括金融、技术、设备等各种形式的援助合计价值131.5亿美元。由于"朝鲜战争"的爆发及种种原因，"马歇尔计划"随之结束，但此后美国对欧洲国家其他形式的援助却始终没有停止过。

马歇尔计划的影响和启示

"马歇尔计划"成功挽救了当时濒临崩溃的西欧社会经济。由于"马歇尔计划"的实施，1948年至1952年成为欧洲经济发展最快的时期，工业生产增长了35%，农业生产恢复并超过了战前的水平，战后前几年的贫穷和饥饿已不复存在，西欧经济开始了长达二十年的空前发展。

"马歇尔计划"在欧洲一体化的进程中扮演了重要的角色，该计划首次提出了"欧洲一体化"的概念。在当时，为了接收和合理分配来自美国"马歇尔计划"的援助，西欧地区国家成立了一系列的经济合作组织。例如，在美国的敦促下，1947 年，英、法等 16 国成立了"欧洲经济合作委员会"，翌年改为"欧洲经济合作组织"（OEEC）；1950 年 5 月，西欧国家又共同实施了煤、钢生产经营一体化的"舒曼计划"；1950 年 6 月，西欧国家成立了旨在促进本地区自由贸易和支付自由化的同盟。这些组织都在不同程度上打破了欧洲地区原有的民族国家界线，把西欧各国经济紧密地联系在一起，为今天欧盟的诞生奠定了基础。

应该说，"马歇尔计划"从始至终都带有鲜明的政治色彩，其政治影响绝不亚于其经济影响。"马歇尔计划"的成功实施对欧洲国家的发展，以及世界政治格局演进都产生了深远的影响。

由于东欧国家最终没有参与"马歇尔计划"，这被视为欧洲地区乃至世界政治走向冷战的最后一步。该计划的实施使西欧从战后初期的物资紧缺中摆脱出来，稳定了该地区的政治局势，导致西欧共产党的发展势头迅速走向低落。由"马歇尔计划"催生的美国和西欧之间的贸易关系，巩固了次年即 1949 年成立的美国主导的政治同盟——"北大西洋公约组织"，并使之持续到冷战终结。

"马歇尔计划"在"二战"后初期美国的外交政策上具有突出的地位，这一计划不仅是为了美国本国的经济利益，而且希望借助欧洲的经济复兴来遏制苏联为首的东欧阵营，从而确保美国的霸权地位。从这个意义上说，"马歇尔计划"一开始就是为了美国的政治战略服务的。

从根本上来说，"马歇尔计划"是要借助经济手段来达到政治目的，是美国遏制战略的具体体现。它的成功实施，大大改变了美苏冷战格局中双方的实力对比，巩固了西方国家阵营的政治联盟和经济繁荣，使美国手中掌握了与苏联在冷战的战略竞争中的筹码，最终赢得了冷战的最后胜利。

由于世界刚刚经历了两次空前的大战，在冷战时期的美苏两强争霸过程中，战争这种“热战”的形式已不可能成为国家间竞争的主要手段。在冷战中，美国延续了“马歇尔计划”的做法，加强与西欧及其他同盟国家的经济联系，采取经济战略和军事战略携手共进的策略；与此形成对比的是，苏联主要着眼于军事战略，在长远的战略竞争中难以持续保持其优势，最后在美苏两大阵营的冷战对抗中以失败告终。

当然，“马歇尔计划”的成功实施，也离不开美国强大的军事后盾。美国“二战”后一直在欧洲驻有大量军队，保障了该地区的局势稳定，这使得该计划的实施以及以后西欧地区的经济发展有了充分的军事保障。

“一带一路”根本上不同于马歇尔计划

《人民日报》在2015年3月18日曾刊文指出，“一带一路”建设倡议根本上有别于“马歇尔计划”的几点：

首先，设计构想不同。

“二战”结束后，欧洲经济凋敝、百废待兴，迫切需要外界援助。美国提出并实施“欧洲复兴计划”，也称为“马歇尔计划”，帮助西欧国家恢复重建、发展经济，并确立自己的全球经济霸主地位。美国实施马歇尔计划的本意是，通过援助欧洲恢复经济，使欧洲成为抗衡苏联的重要力量。这一计划对冷战的激化和两极格局的形成起了重要作用。

“一带一路”，是推动和平发展的大国方略，是一条合作共赢之路。亚洲是当今世界最具发展活力和潜力的地区，也是国际战略竞争和博弈的一个焦点。面对周边领土主权争端、大国地缘政治博弈、民族宗教矛盾等问题交织叠加的安全态势，中国坚持“亲、诚、惠、容”的理念，积极倡导共同、综合、合作、可持续的亚洲安全观，努力走出一条共建、共享、共赢的亚洲安全之路。“一带一路”有助于亚洲及其他地区相关国家通过合作促进共同安全，有效管控分歧和争端，走上和平发展之路。

其次，二者的根本目的不同。

美国实施马歇尔计划不仅有经济目的，而且有政治目的。美国为向全球扩张、与社会主义阵营抗衡，迫切需要稳定和复兴的西欧盟友，并借拯救欧洲来发展自己。通过带附加条件的援助，马歇尔计划也在事实上造成了美国控制西欧和西欧依赖美国的结果。

中国提出并推动"一带一路"建设，就是要弘扬古丝绸之路和平友好、开放包容的精神，探索新形势下国际经济合作与发展的新模式。特别是推动实现互联互通，为沿线国家加强经贸往来创造物质基础和便利条件，在平等、包容、合作、共赢的基础上续写共同发展的新篇章，最终形成互利共赢的利益共同体和共同发展繁荣的命运共同体。正如习近平主席所强调的，这种互联互通是基础设施、制度规章、人员交流三位一体，是政策沟通、设施联通、贸易畅通、资金融通、民心相通五大领域齐头并进，是全方位、立体化、网络状的大联通。这与以帮助西欧重建为名、行巩固自身全球霸主地位之实的马歇尔计划有着本质区别。

第三，参与方式及参与国所处地位不同。

马歇尔计划是以美国为主导、通过《1948 年对外援助法》单方面向欧洲国家投资和输出产能的经济援助计划。这种援助建立在不对等的关系上，附加诸多条件，受援国处于被动接受与附属地位，不能自主决定经济政策。这一计划还将苏联和东欧社会主义国家排除在外，所谓"欧洲复兴计划"实际上是"西欧复兴计划"。

中国倡导的"一带一路"倡议建立在平等互利基础上，基于共商、共建、共享原则，共建发展共同体、利益共同体和责任共同体，谋求互利共赢。"一带一路"涵盖东亚、中亚、南亚、西亚、东南亚和中东欧等国家和地区。"一带一路"提供的是一个开放包容的发展平台，坚持合作共赢，追求共同发展，倡导平等对话，尊重道路选择；既欢迎沿线国家自愿平等参与，也欢迎域外国家为本地区发展稳定发挥建设性作用。

第三章 “一带一路”的实施推进

“一带一路”倡议是一项重大的国家战略决策，以《推动共建丝绸之路经济带和21世纪海上丝绸之路的愿景与行动》文件的出台为标志，“一带一路”倡议开始从顶层设计、规划走向了逐步落实。在“一带一路”经济带建设初期，国家意志和国家力量的推动无疑起着至关重要的作用。

1. 国家领导层面的推进

国家领导人向世界发声

众所周知，“一带一路”的概念，是中国国家领导人习近平在几次重要的出访活动和国际会议召开的重大场合公开宣布和提出的。

2014年11月8日，在加强互联互通伙伴关系对话会上，中国国家主席习近平又进一步提出了“一带一路”第一步的核心内容，包括：以交通设施为突破口，优先部署中国同邻国的铁路、公路项目，实现亚洲的互联互通。特别是在对话会上，中国向世界宣告，中国将出资400亿美元成立“丝路基金”；而就在两周前的10月24日，21个亚投行意向成员国在北京签署亚投行《筹建备忘录》。2014年底，“丝路基金”完成工商注册，中国主导的“一带一路”倡议的两大金融平台已经形成。

在当年11月召开的APEC峰会上，互联互通内容被写进《亚太经合组织推动实现亚太自贸区北京路线图》和《亚太经合组织互联互通蓝图》两个文件里，这使“一带一路”有了国际社会认可的性质。

2015年3月，中国发改委、外交部和商务部共同发布了《推动共建丝绸之路经济带和21世纪海上丝绸之路的愿景与行动》的文件，这个号召举国参与“一带一路”倡议的文件，使得中国进入了“一带一路”的时代，意味着“一带一路”倡议从顶层设计和规划走向了逐步落实。

近年来，中国与“一带一路”沿线国家的双边与区域经济合作则更为务实与活跃。

2013年9月中国国家主席习近平访问哈萨克斯坦期间，两国签署22项经贸合作协议，总金额达300亿美元；2014年12月中国总理李克强访问哈萨克斯坦签订140亿美元大单，推进两国在能源、基建、金融等各领域合作；2015年4月20至21日，习近平访问巴基斯坦，更是带去价值460亿美元投资计划，两国在一天内签署51项协议和谅解备忘录，宣告5项重大电力工程破土动工。

同时，中国对于中亚及相关区域国家在经济及其他领域合作给予很高的政策优先度。

新一届中国国家领导人在当选的当年和次年访问了中亚多国，提出并推动共建“一带一路”规划。2015年5月7日，习近平再次到访哈萨克斯坦，同纳扎尔巴耶夫总统共同规划中哈各领域互利合作发展蓝图，包括推动建设丝绸之路经济带、协调双方在一系列大项目合作上的立场。

中国首脑外交这样超乎寻常的安排，集中体现了中国最高决策层把致力于与周边国家合作发展作为最优先的经济外交目标之一，决心通过制定和实施“一带一路”的“五通”规划，谋求自身与沿线国家共同发展，构筑中国与区域国家的命运共同体。

中央建立高规格领导班子

最近，中国政府“一带一路”领导小组名单首次公布，其人员构成表明，中国的“一带一路”建设包括经济、政策、民族、外交等多重领域；中国政府将会加强推动双边和多边项目尽早落地的力度。

那么在中央层面，当前是哪些机构在落实“一带一路”的构想呢？

2015 年 2 月 1 日，“推进‘一带一路’建设工作会议”在北京召开，张高丽、王沪宁、汪洋、杨晶和杨洁篪就坐会议主席台，这意味着推进“一带一路”的领导班子成员已经产生。

2015 年 4 月，国家发改委相关人士透露了上述几人在推进“一带一路”中的职务：政治局常委、常务副总理张高丽为“推进‘一带一路’建设工作领导小组”组长，副组长为王沪宁（中央政策研究室主任、中央改革办主任）、汪洋（分管对外经贸）、杨晶（国务委员、国务院秘书长）、杨洁篪（国务委员、分管外事）。这些领导人的职务意味着国务院是推进“一带一路”主要的执行和落实单位。

由于“一带一路”发展蓝图涉及的范围和层面广泛，包括基础设施建设和投资、对外援助、人文交流等，需要中国国内的协调，也需要和沿线国家沟通磋商，四名副组长的负责业务正好涉及这些不同的领域。按照其他三名副组长目前的职务，汪洋在国务院主管经贸、农业等事务，也负责扶贫、对外援助；杨晶则从国务院层面协调各个部委以及各个地方的规范与做法；杨洁篪负责外交事务，以及国内政策与外交政策的对接。由此可以看到，"一带一路"规划所涉及的层面之广。

在这个领导小组下，参与推进"一带一路"建设的部委为中国国家发改委、商务部和外交部。但领导小组最重要的日常办事机构，即"推进'一带一路'建设工作领导小组办公室"，则设在发改委，"一带一路"的落实无论是干部配备还是机构设置上，发改委的地位都非常关键。

上述三个部委于2015年5月27日至28日，在中国的直辖市重庆共同召开了"亚欧互联互通产业对话会"，并发出了"拓展亚欧基础设施建设"、"促进区域内货物、服务、资本和人员高效流动"的《重庆倡议》。中国前商务部副部长魏建国认为，这意味着"一带一路"进入了加速落实阶段。但客观地看，这次"对话会"主要作用是对"一带一路"的进一步宣传和宣示。

除了上述部门外，"中共中央对外联络部"也在上述领导小组下，积极参与了推进"一带一路"倡议的相关工作。目前中联部主要在做两方面的工作：一是筹建"一带一路"智库，二是向境外做"一带一路"的答疑解难工作。2015年4月中旬，该部一天内向驻华高级外交官和外企驻华代表连续做了两场解读会。

2. 建立四大融资平台

长期以来，由于"一带一路"沿线的发展中国家缺少资金，形成了这些国家寻求经济增长的瓶颈。"一带一路"建设涉及大量的区域经济合作项目，需要金融支持、贸易融资，这需要建立多层次多渠道融资体系，尤其是独立的开发银行。

为配合“一带一路”倡议的实施，中国大力推动新的融资机构的建立：一是在双边的基础上建立专门的基金，由中国提供资本金，例如“丝路基金”；二是推动建立合作型融资机构，例如建立专门用于支持基础设施建设的“亚洲基础设施投资银行”，以及在金砖国家的合作机制之下建立“金砖银行”及上合组织开发银行等。这些融资平台有望从2015年开始为“一带一路”相应建设项目提供资金支持。

此外，在这些初始的融资运作框架建立后，中国的外汇储备、地方政府及其他基金、银行等社会资本的融入、人民币国际化的推进都将为“一带一路”这一长远战略输送源源不断的资金。

目前国际金融领域，由欧美主导的全球货币体系越来越显现出不稳定态势，欧债危机深化、美债危机隐现。上述几个“一带一路”配套金融机构，有利于中国进一步推动人民币的国际使用，利用这个机制使人民币走出去，推动建立新的更为稳定的国际金融体系。

亚投行（AIIB）

（1）亚投行简况

“亚洲基础设施投资银行”中文简称亚投行，英文名称为 Asian Infrastructure Investment Bank（简称 AIIB），其定位为“政府间性质的亚洲区域多边开发机构”，成立宗旨在于促进亚洲区域的建设互联互通化和经济一体化的进程，并且加强中国及其他亚洲国家和地区的合作，将重点支持亚洲区域的基础设施建设。亚投行的法定资本1000亿美元，总部设在北京。

2013年10月2日，中国国家主席习近平在印尼首都雅加达同印尼总统苏西洛举行会谈，提出了筹建亚洲基础设施投资银行的倡议。同月，中国国家总理李克强在出访东南亚时也向东南亚国家提出筹建亚投行的倡议。

2014 年 10 月 24 日，包括中国、印度、新加坡等在内 21 个首批意向创始成员国的财长和授权代表在北京签约，共同决定成立亚洲基础设施投资银行。这一天，距离国家主席习近平提出的“一带一路”倡议仅仅一年。

2015 年 6 月 29 日，《亚洲基础设施投资银行协定》（以下简称《协定》）签署仪式在北京举行。亚投行 57 个意向创始成员国财长或授权代表出席了签署仪式，其中已通过国内审批程序的 50 个国家正式签署《协定》，分别是：澳大利亚、奥地利、阿塞拜疆、孟加拉国、巴西、柬埔寨、文莱、中国、埃及、芬兰、法国、格鲁吉亚、德国、冰岛、印度、印尼、伊朗、意大利、以色列、约旦、哈萨克斯坦、韩国、吉尔吉斯斯坦、老挝、卢森堡、马尔代夫、马耳他、蒙古、缅甸、尼泊尔、荷兰、新西兰、挪威、阿曼、巴基斯坦、葡萄牙、卡塔尔、俄罗斯、沙特、新加坡、西班牙、斯里兰卡、瑞典、瑞士、塔吉克斯坦、土耳其、阿联酋、英国、乌兹别克斯坦、越南。

这些成员国涵盖了除美、日和加拿大之外的主要西方国家，以及亚欧区域的大部分国家，成员遍及五大洲。今后，其他国家和地区仍可以作为普通成员加入亚投行。

从 57 个意向创始成员国的统计来看：

联合国安理会五大常任理事国已占四席：中国、英国、法国、俄罗斯。

G20 国家中已占 14 席：中国、印度、印度尼西亚、沙特阿拉伯、法国、德国、意大利、英国、澳大利亚、土耳其、韩国、巴西、俄罗斯、南非。

西方七国集团已占四席：英国、法国、德国、意大利。

金砖国家则全部加入亚投行：中国、俄罗斯、印度、巴西、南非。

按大洲划分，亚洲34国，欧洲18国，大洋洲2国，南美洲1国，非洲2国，总计57国。57个国家已全部成为正式的意向创始成员国。

在签署仪式上，其他尚未通过国内审批程序的意向创始成员国见证了《协定》的签署仪式。根据《协定》规定，此次未签署协定的意向创始成员国可在2015年年底前签署。各方并商定，将于2015年年底之前经合法数量的国家批准后，该《协定》即告生效，亚投行将正式成立。

目前，亚投行初始认缴资本目标为500亿美元左右，其中中国出资50%，为亚投行的最大股东。其他各意向创始成员则同意将以国内生产总值（GDP）衡量的经济权重作为各国股份分配的基础。在2015年试运营的一期实缴资本金为初始认缴目标的10%，即50亿美元，其中中国出资25亿美元。

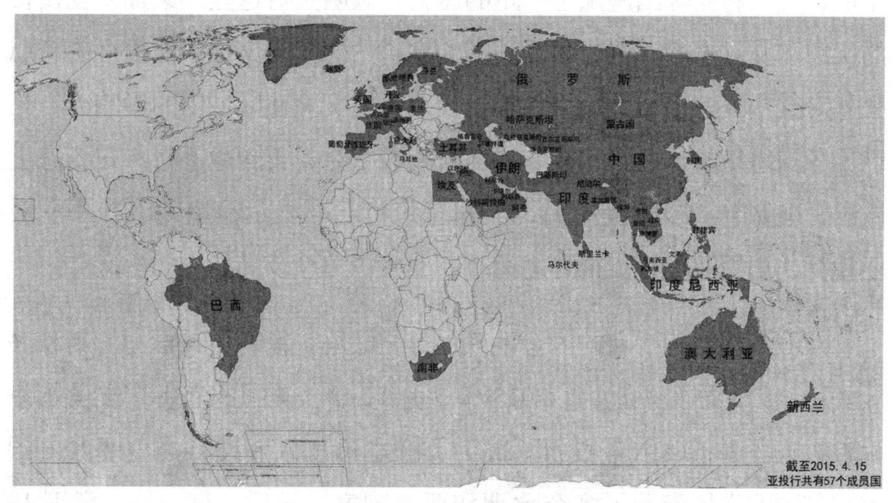

亚投行成员国地图

预计到2020年亚投行每年可以提供200亿美元贷款，与世界银行现在承诺的每年300亿美元贷款相差不远。

（2）世界各国和地区对亚投行的态度

中国倡议和主导建立的亚投行，虽名为“亚投行”，其创始成员却遍及亚洲、欧洲、非洲、南美洲和大洋洲，可见中国的这一倡议获得了全球性的认可，在世界范围内掀起了一股“亚投行热”。亚投行倡议的成功，成为中国推进“一带一路”倡议的标志性事件。各国的热切参与，也显示出世界各国对于中国建设“一带一路”的“合作共赢”理念的认同。

全球首要经济大国美国有一种观点认为，当前的全球金融秩序由国际货币基金组织（IMF）、世界银行（WB）和亚洲开发银行（ADB）“联合主演”已经足够。在美国看来，中国“另起炉灶”成立亚投行，是对传统的全球金融秩序的挑战。

2014年，美国通过不同的渠道向其亚太地区的“盟友”如韩国、印尼、澳大利亚等国施加了一定的压力，表明其对这些国家加入亚投行的忧虑和反对态度。但是出乎美国的意料，这些国家加入亚投行的意愿强烈。这些国家担心，拒绝参加亚投行可能丧失在区域内的影响力。在世界各国纷纷加入、以积极姿态面对亚投行时，美国也不得不在姿态上做出一些调整。2015年4月，美国总统奥巴马表示他原则上并不反对亚投行，如果亚投行能很好地运行，他将“完全支持”。

欧洲方面认为，目前的金融秩序存在缺陷，需要更具活力的新秩序为其可持续发展提供动力。2015年3月12日，美国的老牌盟友英国率先宣布正式申请加入亚投行，成为首个申请加入亚投行的主要西方国家。英国的举措带动了多个欧洲和亚太国家，随后，德、法、意等18个国家提交了同样的申请。

全球主要经济体之一的日本，对于中国有着地缘政治和经贸制衡的情结，此外，日本力图和美国保持步调一致。在美国表态后，日本官房长官菅义表示，日本将对亚投行的成立持“慎重态度”，暂不考虑加入。日本首相安倍晋三对中国主导的亚投行的公正性和透明度表示疑虑，在其后的访美中又说，日本认为亚投行实现公平治理是必要的，“日美都应与中国就此继续对话，日方有意这么做”。2015 年 5 月 21 日，日本首相安倍晋三宣布了今后 5 年投资大约 1100 亿美元的亚洲基础设施建设计划，这一计划普遍被认为是抗衡亚投行。

一些国际组织则纷纷表达了对亚投行的支持。国际货币基金组织总裁拉加德表示，支持亚投行是“理所当然的事”，凡是对中国有益的事，对周边也都有益。2015 年 4 月，世界银行行长金墉表示，对世行而言，亚投行是其合作实现全球减贫目标的“潜在强大合作伙伴”。2015 年 5 月 2 日，亚洲开发银行行长中尾武彦也表示，如果双方就融资相关事宜进行合作，亚开行将会积极研究相关合作。

（3）亚投行意味着什么

习近平在“2015 博鳌亚洲论坛”上指出，要构建地区金融合作体系，并以开放、包容的心态建设“一带一路”。显然，发展“一带一路”将在很大程度上满足亚洲各国对基础设施建设方面的巨大需求；而满足“一带一路”建设资金需求，光靠单一商业机构来运作，即使商业机构有足够的经济实力，但因纯粹商业运作缺少政府间的多边协调机制，运营效率也要打折扣。

作为“一带一路”倡议的核心配套金融机构，亚投行的建立，将在以下几个方面满足不同层次的利益诉求：

一是共同利益。加入亚投行以及“一带一路”国家的共同利益在于走出经济衰退、加快经济复苏、整合资源、实现共同发展。2008 年金融危机尚未结束，欧洲深陷泥潭，美国复苏脆弱，金砖五国也在困难中前行。事实证明，每个国家或区域仅靠自身力量难以走出危机，必须各国联手、合作共赢才能实现世界经济的真正复苏。

二是发展中国家的利益。亚洲等发展中国家的基础设施落后，亚投行和"一带一路"可以满足其巨大的资金需求和基建需求，达到吸引外资、更新设备、引进技术和开发资源的目的。

三是发达国家的利益。发达国家有先进的技术和设施，但缺乏资金，而作为"一带一路"融资平台的亚投行可以提供资金。

四是中国利益。中国经济目前存在着产能过剩、保有巨额外汇储备的现状，通过亚投行和"一带一路"建设可以进行产业转移、资本输出，也可让外汇储备变成外汇资本，提高其投资效益。亚投行可以让中国以多边金融机构的形式，开展资本输出和参与海外建设，商业项目的稳定性将显著提高。亚投行对中国资本输出的层次和形式将有很大提升作用，它改变了过去由单一金融机构贷款或投资的形式。

由上述分析可见，世界各国都需要一个进行资源整合的平台，而亚投行和"一带一路"建设将成为最好的平台，各国都将在这个平台上寻找到利益的交汇点，实现各方利益。亚投行作为"一带一路"的投融资平台，能够使"一带一路"倡议不断深化互联互通建设，提高"一带一路"在经济带区域的投资能力，分散投资风险，平衡多个国家在该地区的利益，帮助和拉动"一带一路"沿线国家的经济复苏，对于全球经济的可持续发展非常重要，也必然带来全球经济格局的深刻调整。

现有的以世界银行（WB）、国际货币基金组织（IMF）、亚洲开发银行（ADB）等为主的国际开发金融组织，以及世贸组织（WTO），实际上是"布雷顿森林体系"的延续，是由美国主导一手创办、主要由美国制定游戏规则，期间无不贯穿了美国的利益。最显著的例子是，这个金融体系对于美元主导地位的维护。

中国主导的亚投行则是由中国人自己设计游戏规则。中国宣布亚投行以基础设施建设为主要目的，与以减贫为主要目标的世行和以救助为主要目标的IMF，在经营上不但不存在直接竞争关系，而且还起到互补的作用，更好地促进亚洲各国发展。

但毫无疑问的是，从长期来看人民币将会是亚投行放贷的主要使用货币。显然，亚投行不仅是对现有国际金融体系游戏规则的挑战，也提升了人民币国际化的地位。美国在国际经济金融领域的奶酪，或因亚投行的成立而被分割。

以中国雄厚的外汇储备和国民储蓄为后盾的亚投行等融资机构，给中国和世界带来的商业和经济利益是实实在在的：出资方开创了投资方向，融资方获得了新的资金来源。从中国资金输出的既有实践看，中国对外投资和贷款的商业属性更强，而不附带西方国家常见的价值观改造要求。因此，中国的资金对广人发展中国家很有吸引力。

丝路基金（Silk Road Fund）

在2014年APEC峰会召开前夕的11月8日，在北京举行的“加强互联互通伙伴关系”东道主伙伴对话会上，中国国家主席习近平宣布中国将出资400亿美元成立“丝路基金”，为“一带一路”沿线国家基础设施、资源开发、产业合作和金融合作等与互联互通有关的项目提供投融资支持。

2014年12月29日，丝路基金有限责任公司在北京注册成立，并正式开始运行。其是由中国外汇储备、中国投资有限责任公司、中国进出口银行、国家开发银行几个方面共同出资，依照《中华人民共和国公司法》，按照市场化、国际化、专业化原则设立的中长期开发投资基金，重点是在“一带一路”发展进程中寻找投资机会并提供相应的投融资服务。

在丝路基金的首期资本金100亿美元中，中国管理外汇储备的机构——国家外汇管理局通过其投资平台出资65亿美元，中投、进出口银行、国开行亦分别出资15亿、15亿和5亿美元，成为丝路基金的几大股东。中国的央行方面表示，欢迎境内外投资者的参与。

丝路基金与同期成立的另一个"一带一路"核心配套金融机构——亚投行的不同在于，亚投行是政府间的亚洲区域多边开发机构，在其框架下，各成员国都要出资，且以贷款业务为主。而丝路基金则类似PE（私募基金）性质，其主要由掌握一定资金、且想投资的主体加入，且股权投资可能占更大比重。中国央行行长周小川表示，丝路基金投资期限比较长，但是追求效益和回报的，不含有外援性或捐赠性的资金来源。

丝路基金定位为中长期的开发投资基金，重点是在"一带一路"发展进程中寻找投资机会并提供相应的投融资服务，以促进中国与相关国家的经贸合作以及互联互通。对于丝路基金投资方向，央行行长周小川表示，中国可以做一些中长期的、以股权为主的基金。"期限可以再长一些，瞄准一些有战略意义的中长期项目。同时，股权投资基金也可以和别的融资模式相配合。"在"一带一路"未来会有大发展的背景下，需要将一些可以做出中长期承诺的资金，用于"一带一路"有关的项目和能力建设，包括相关产业行业的发展，也包括通信、道路等基础设施建设。

中国的央行方面表示，丝路基金将秉承商业化运作、互利共赢、开放包容的理念，尊重国际经济金融规则，通过以股权为主的多种市场化方式，投资于基础设施、资源开发、产业合作、金融合作等领域，促进共同发展、共同繁荣，实现合理的财务收益和中长期可持续发展。

丝路基金等举措的推出，表明中国巨大的外汇储备已开始转向多元化途径。有关专家建议，类似于丝路基金的基金总量未来应达到4000

亿美元左右，这既有利于中国外汇储备投资的多元化，又可以为国内相关企业提供更多的发展机会。

从资金需求来看，亚非拉等地区在基础建设、资源能源开发等领域，都需要大量的资金、人员、技术及管理支持，这与中国改革开放初期对“外面世界”的向往非常相似。外汇储备管理与投资的多元化，不但有利于反哺中国国内自身的发展，也有利于推动发展中国家的经济腾飞。

目前，丝路基金已于2015年4月习近平访问巴基斯坦期间签下“首单”，投资“中巴经济走廊”建设中优先实施项目之一——卡洛特水电站。卡洛特水电站位于巴基斯坦吉拉姆河，规划装机容量720兆瓦，年发电32.13亿度，总投资额约16.5亿美元。该电站计划于2015年底开工建设，2020年投入运营。此外，中国三峡集团还将投资吉拉姆河上的另一座水电站——装机容量1100兆瓦的科哈拉水电站，预计2016年开工。

金砖国家新开发银行（New Development Bank）

“金砖国家”特指当前世界上几个新兴市场国家。原为“金砖四国”（BRIC），即巴西（Brazil）、俄罗斯（Russia）、印度（India）和中国（China），2010年南非（South Africa）加入后，其英文单词变为“BRICS”，并改称为“金砖国家”。

作为世界主要几个新兴市场国家，金砖五国拥有世界领土面积的26%、世界人口的42%、世界GDP的20%、世界贸易额的15%、对世界经济增长约50%的贡献率。根据国际货币基金组织的统计，2006年至2008年，金砖四国经济平均增长率为10.7%。随着经济快速增长，国际影响力与日俱增。

金砖国家新开发银行的概念在2012年时被提出，当时的英国《金融时报》评价称：金砖国家新开发银行将成为1991年欧洲复兴开发银行成立以来设立的第一个重要多边贷款机构。2013年3月，第五次金砖国家领导人峰会上正式决定建立金砖国家新开发银行，简化金砖国家间的相互结算与贷款业务，从而减少对美元和欧元的依赖。

2014年7月15日金砖国家发表《福塔莱萨宣言》，宣布金砖国家新开发银行初始资本为1000亿美元，初始认购资本将为500亿美元，由5个创始成员平均出资，总部设在中国上海。2015年7月7日，金砖国家新开发银行在莫斯科举行了首次理事会会议，来自印度的瓦曼·卡马特被任命为首任银行行长，任期5年。之后将按巴西、俄罗斯、南非、中国的顺序轮流产生。2015年7月21日，金砖国家新开发银行正式在上海开业。

金砖国家新开发银行主要资助金砖国家以及其他发展中国家的基础设施建设，对金砖国家具有非常重要的战略意义。金砖国家新开发银行优先考虑对金砖国家基础设施建设进行扶持。

金砖国家新开发银行将为中国带来经济利益和长远的战略利益。从短期来看，中国已成为世界第二大经济体，如何在国际舞台上展现新兴大国的形象关系到中国自身发展，也关系到国际社会共同的利益。中国推动设立金砖国家新开发银行，做出实实在在的贡献，彰显着中国的大国责任。

在成立庆典上，中国财政部部长楼继伟表示，金砖国家新开发银行是对现行国际金融体系的有益补充，也将进行治理模式探索创新。同时他也专门提到，金砖银行与亚投行是互补合作关系。

上海大学上合组织公共外交研究院副院长张恒龙认为，作为一家全球性的银行，金砖银行将推动突破美国主导的旧的国际金融秩序。理由是，第一，从未来的角色看，金砖银行更像是金砖国家和新兴经济体的"准中央银行"，并和"应急储备基金"相互配合，形成一个新的全球金融稳定网络，帮助发展中国家稳定货币和金融体系；第二，从使命看，无论是亚投行还是丝路基金或是上海合作组织开发银行，他们的主要任务是通过发放贷款或者开展中长期股权投资，为亚洲国家以及“一带一路”沿线国家的基础设施和经济发展提供资金，而金砖银行不仅承担上述职能，还将为新型世界金融秩序的形成打下扎实的制度基础；第三，从治理结构看，金砖银行的成员国更加平等，更能凸显新型国际经济秩序的民主平等的特色，体现了国际关系民主化的大趋势。

上合组织开发银行

上合组织在当今多极化世界中已占据重要一席，将建立一些实际的融资机构来保障经贸合作项目的落实，其中包括上合组织开发银行在内。

上合组织成员国为：中国、俄罗斯、哈萨克斯坦、吉尔吉斯斯坦、塔吉克斯坦、乌兹别克斯坦、巴基斯坦和印度；观察员国：伊朗、阿富汗、蒙古国和白俄罗斯；对话伙伴：斯里兰卡、土耳其、阿塞拜疆、亚美尼亚、柬埔寨和尼泊尔；参会客人：土库曼斯坦、独联体和东盟。工作语言为汉语和俄语。成员国总面积为3018.9万平方公里，即欧亚大陆总面积的五分之三，人口约16亿，为世界总人口的四分之一。

上合组织开发银行由中国在2010年提出建议，旨在深化上合组织成员国间的财金合作，特别是解决成员国间的融资问题。在2013年11月1日的上合组织成员国元首会议上，上合组织成员通过特别声明，强调上合框架内建立开发银行和专门账户将有很重要的意义。

上合组织秘书长表示，会寻找合适的时机成立，上合组织开发银行的谈判目前已有明显进展。目前，上合组织开发银行仍在各成员国积极筹备之中，很有可能落户中国的北京、上海等城市。

其他融资来源

虽然上述的丝路基金、亚投行等机构目前的累积投入不过千亿美元规模，其初始投入相对于"一带一路"沿线国家巨大的基建项目投资需求而言还有杯水车薪之嫌，但这些机构的资金规模并不是固定的，而是作为资金流转的平台。一旦初始的投资发生效用，平台将为"一带一路"规划带动源源不断的资金：

首先，中国的巨额外汇储备是"一带一路"倡议背后的坚实基础。

其次，"一带一路"沿线省份或将推出地方版丝路基金及其他类型基金。例如，中国的福州市政府日前和国家开发银行福建分行、中非发展基金携手合作，推动设立预计总规模100亿元人民币的基金；广东省政府也正酝酿设立"21世纪海上丝绸之路建设基金"。

第三，2014年12月24日的中国国务院常务会议明确指出，"一带一路"倡议将吸收社会资本参与，采取债权、基金等形式，为"走出去"企业提供长期外汇资金支持。例如，中国银行预计在2015年对"一带一路"建设相关的授信将不低于200亿美元，未来三年授信金额将达到1000亿美元。同时平台也将采取金融创新的方式来带动民间资本（如PPP模式等），使资金链更能满足大型基建的需求。同时，国务院常务会议提出，中国将取消境内企业、商业银行在境外发行人民币债券的地域限制，从而扩大境内企业的融资渠道。

此外，人民币国际化与"一带一路"之间的相辅相成，将使这一战略的推进与实施获得更多资金保障。

应该认识到，"一带一路"倡议的推进实施具有长期性，只能说"好的开始是成功的一半"。要保证资金的持续性，投融资平台的长远布局、资金运营方面的谨慎设计、合作建设基本框架的确立都是"一带一路"倡议长久、稳步推进的关键环节。

中国开发性金融机构国家开发银行也将在“一带一路”建设中发挥更充分的作用。目前，中国的国家开发银行已建立涉及 60 个国家、总量超过 900 个“一带一路”的项目储备库，涉及投资资金超过 8900 亿美元，国家开发银行将支持中国企业通过设备出口、工程承包、投资等方式参与相关国家的设施建设，助力实施中国—东亚油气融资合作、中俄石油融资合作等项目的建设。

3. 六大经济走廊建设

六大经济走廊的内容

中国对于以跨国区域经济一体化为重要宗旨的“一带一路”经济带建设已经做出了很多局部性的战略规划。中国国务院副总理张高丽在出席亚欧互联互通产业对话会上称，中国正与“ 带 路”沿线国家一道，积极规划中蒙俄、新亚欧大陆桥、中国—中亚—西亚、中国—中南半岛、中巴、孟中印缅六大经济走廊建设。每一个经济走廊建设都是以区域经济一体为核心，既符合中国的国家利益，也同样符合所在区域的国家的利益。亚洲基础设施投资银行和丝路基金等金融机构将为亚欧互联互通产业合作提供有力的资金支持。

分析人士表示，六大经济走廊规划将成为“一带一路”倡议在 2015 年下半年推进的重点项目，也将成为“一带一路”倡议的主要内容和骨架，其中一条或几条经济走廊会获得优先推进。下面是六大经济走廊的简况。

（1）中蒙俄经济走廊

国家发改委确定的中蒙俄经济走廊分为两条线路：一是从中国华北地区的京津冀到呼和浩特，再到蒙古和俄罗斯；二是中国东北地区从大连、沈阳、长春、哈尔滨到满洲里和俄罗斯的赤塔。两条走廊互动互补，形成一个新的开放、开发经济带，统称为中蒙俄经济走廊。

2014年9月，中、俄、蒙三国元首在上海合作组织杜尚别峰会期间首次举行会晤，商定在中俄、中蒙、俄蒙双边合作基础上开展三方合作，明确了三方合作的原则、方向和重点领域。三国元首还商定将中方"丝绸之路经济带"建设同俄罗斯"跨欧亚大铁路改造"、蒙古国"草原之路"倡议对接合作，加强铁路、公路等互联互通建设，推进通关和运输便利化，促进过境运输合作，打造中蒙俄经济走廊。

2014年10月13日，中国陕西省政府与俄罗斯直接投资基金（俄罗斯国家主权基金）、俄中投资基金（中俄跨国主权财富基金）、俄罗斯斯科尔科沃创新中心（俄罗斯国家科技园）在俄罗斯莫斯科共同签署了《关于合作开发建设中俄丝绸之路高科技产业园的合作备忘录》。由西咸新区沣东新城建设"中俄丝绸之路高科技产业园"。

目前，这个经济走廊已开通"津满欧""苏满欧""粤满欧""沈满欧"等"中俄欧"铁路国际货物班列，并基本实现常态化运营。

（2）新亚欧大陆桥经济走廊

新亚欧大陆桥，又名"第二亚欧大陆桥"，是从中国的江苏连云港市、山东省日照市到荷兰鹿特丹港的国际化铁路交通干线。其国内部分由陇海铁路和兰新铁路组成。大陆桥途经中国的江苏、安徽、河南、陕西、甘肃、青海、新疆7个省、区，共含65个地、市、州的430多个县、市，到中俄边界的阿拉山口出国境；出国境后可经3条线路抵达荷兰的鹿特丹港。

2015年2月25日，连云港举行了"连新亚"班列的正式开通仪式，"连新亚"班列是由连云港出发，经新疆到达中亚的铁路班列。这意味着"一带一路"将在年后进入项目实质落地的新阶段。

此外，中国国内其他几条通向欧洲的国际运输班列也已开通，如

“渝新欧”国际运输班列，从重庆出发，经西安、兰州、乌鲁木齐，向西过北疆铁路，到达边境口岸阿拉山口，进入哈萨克斯坦，再经俄罗斯、白俄罗斯、波兰，至德国的杜伊斯堡，全长11179公里。

“郑新欧”国际运输班列。2014年9月2日，德国汉堡至郑州的铁路货运专线首次开通，铁路货运班列始于郑州，经新疆阿拉山口出境，途经哈萨克斯、俄罗斯、白俄罗斯和波兰后到达德国汉堡，全程10214公里，运行时间16天左右，比走海运到欧洲节约时间15天左右。“郑新欧”国际铁路货运班列沿途经过5个国家，历经两次转关两次换轨。

“蓉欧”快铁运输班列。成都到波兰罗兹的“蓉欧”国际快速铁路货运直达班列于2013年4月26日开通，每周五固定发车。“蓉欧”快铁将从成都青白江集装箱中心站出发，经新疆阿拉山口出境，途径哈萨克斯坦、俄罗斯、白俄罗斯后，直达波兰第三大城市罗兹奥莱霍夫站，全长9826公里，站到站运行时间12~14天，并可在1~3天内分拨至欧洲任何地方。比目前货运班列节省8~10天，比海运节约1个月以上，运输成本仅为空运的1/8~1/4。

“一带一路”倡议的核心在于互联互通，其中最易推动、最易见效的是道路上的互联互通，而铁路则基于新亚欧大陆桥业已具备的良好基础，成为构建互联互通格局的最佳载体。

（3）中国—中亚—西亚经济走廊

中国—中亚—西亚经济走廊是从新疆出发，抵达波斯湾、地中海沿岸和阿拉伯半岛，主要涉及中亚五国（哈萨克斯坦、吉尔吉斯斯坦、塔吉克斯坦、乌兹别克斯坦、土库曼斯坦）、伊朗、土耳其等国。

中国同塔吉克斯坦、哈萨克斯坦、吉尔吉斯斯坦先后签署了“共建丝绸之路经济带”双边合作协议。哈萨克斯坦的“光明之路”、塔吉克斯坦的“能源交通粮食”三大兴国战略、土库曼斯坦的“强盛幸福时代”等国家发展战略，都与丝绸之路经济带建设有契合点。

目前，中国—中亚天然气管道 C 线通气投产、D 线开工建设，中亚地区累计对华输气、输油分别超过 1000 亿立方米、7500 万吨。一批物流合作基地、农产品快速通关通道、边境口岸相继启动或开通，双方海关物流更加通畅。上述三国均是亚洲基础设施投资银行的意向创始国。

（4）中国—中南半岛经济走廊

东起珠三角经济区，沿南广高速公路、桂广高速铁路，经中国广西的南宁和凭祥、越南河内至新加坡。

关于中国—中南半岛经济走廊的建设，目前，大湄公河流域国家正在建设贯通东西、连接南北的 9 条跨境公路，其中部分已经完工。从中国昆明出发连通新加坡的南北道路已经畅通，贯通缅甸、泰国、越南的东西道路则计划 2015 年完工。

2014 年 8 月，泰国政府通过了两条连接中国和泰国的铁路项目。这两条铁路分别为从中部大城府到北部清莱府，以及从中部罗勇府到东北部廊开府的线路，再通过老挝最终与中国境内的铁路相连。此次泰国政府通过的两条铁路项目，其中一条线路的起点是东北部城市廊开，与老挝首都万象隔河相望，建成后可以连通老挝与中国的铁路，与一直筹划多年的泛亚铁路中线不谋而合。建设将从 2015 年开始，预计 2021 年竣工，项目总成本约为 7414 亿泰铢（约合人民币 1430 亿元）。

2014 年 12 月 20 日，中国国务院总理李克强在泰国曼谷出席“大湄公河次区域经济合作”第五次领导人会议时发言，强调着眼于次区域经济合作方向和重点，就促进可持续和包容性发展、发掘新的增长动力和合作模式、深化中国同中南半岛五国关系，提出了共同规划和建设全方位交通运输网络以及产业合作的项目、打造融资合作的新模式、促进经济社会可持续和协调发展的 3 条建议。期间，中泰双方签署铁路和农产品贸易合作的谅解备忘录。在会议上签署215个发展项目，总投资将高达515亿美元，其中90个（441亿美元）将用于运输和交通设施开发等互联互通工程。

（5）中巴经济走廊

随着中国国家主席习近平在2015年4月21日访问巴基斯坦，“中巴经济走廊”迅速升温，在巴基斯坦成为一个热词。学者认为，高达数百亿美元的基础设施投资计划将为“中巴命运共同体”注入新的内涵和活力，成为“一带一路”的示范项目，为周边国家带来福祉。

中巴经济走廊，起点在新疆喀什，终点在巴基斯坦瓜达尔港，全长3000公里，是贯通南北丝路的关键枢纽，北接“丝路经济带”、南连“21世纪海丝之路”，是一条包括公路、铁路、油气和光缆通道在内的贸易走廊。它意味着中国“一带一路”的西部起点向外延伸打通了一条重要的贸易通道，对未来货物进出口、中转，对本地区互联互通建设具有引领意义。

（6）孟中印缅经济走廊

2014年9月18日，中国国家主席习近平在印度首都新德里同印度总理莫迪会谈时，提出中印双方要加快推进“孟中印缅经济走廊”建设，开展在丝绸之路经济带、21世纪海上丝绸之路、亚洲基础设施投资银行等框架内的合作，推动区域经济一体化和互联互通进程。双方要共同致力于在亚太地区建立开放、透明、平等、包容的安全和合作架构。

2015年5月15日上午，国务院总理李克强在京同印度总理莫迪会谈时表示，要加紧推进“孟中印缅经济走廊”建设，推动区域经济发展。做好铁路、产业园区等重点领域务实合作，打造旗舰项目，推动双边贸易动态平衡。中方愿参与印方的工业走廊建设，加强职业技能培训合作，希望印方为中国企业赴印投资创造良好环境。

"一带一路"倡议的先行项目——中巴经济走廊

"中巴经济走廊"规划全长3000公里，是贯通南北丝路的关键枢纽。目前，"中巴经济走廊"和"孟中印缅经济走廊"建设，可望在围绕"一带一路"倡议业已进行的经济带建设合作中成为优先推进的项目。

这两个经济走廊是中国与中亚、南亚、中南亚国家发生紧密联系的大通道。就中巴经济走廊而言，中国与巴基斯坦两国政府的合作意愿比较强烈，被称为"一带一路"交响乐中的"第一乐章"，是最为优先推进的项目，也是一个示范项目（先行项目），涉及到中巴铁路、公路、港口以及一些工业园区建设，"中巴经济走廊"的成功推进，可望为其余几个经济走廊的建设提供经验。

2015年4月，中巴两国政府初步制定了修建新疆喀什市到巴方西南港口瓜达尔港的公路、铁路、油气管道及光缆覆盖"四位一体"通道的远景规划。中巴签订51项合作协议和备忘录，其中超过30项涉及中巴经济走廊。

在与巴领导人广泛接触时，中巴经济走廊也频频被提及。习近平建议以中巴经济走廊建设为中心，以瓜达尔港、交通基础设施、能源、产业合作为重点，形成"1+4"合作布局，实现合作共赢和共同发展。"走廊是历史赋予巴基斯坦的机会，这样的机会也许几个世纪才有一次，巴基斯坦必须抓住这个机会，从而实现我们的梦想，改变国家的命运。"巴基斯坦官方对此也非常积极，认为中巴经济走廊的建设能够促进亚洲区域和次区域合作，从而促进当地的和平和稳定。

在"中巴经济走廊"建设之前，中国的海外投资中巴基斯坦仅排15、16位，但在走廊建设之后，中国将成为巴基斯坦第一大海外直接投资国家。从地缘政治角度来说，中巴经济走廊建设也意味着将地缘政治优势转化为地缘经济优势。

4. 区域双边合作的加深

区域经贸现状

2015 年上半年，中国与“一带一路”沿线国家进出口值接近 3 万亿元人民币，约占同期中国外贸总值的 1/4。中国对“一带一路”沿线国家出口表现好于同期总体出口，对孟加拉国、巴基斯坦、以色列、沙特阿拉伯和埃及等“一带一路”沿线国家出口实现两位数的较高增速，这表明中国与“一带一路”沿线国家经贸合作的步伐正在不断加快。

对外贸易方面，2015 年 1 ~5 月，中国与“一带一路”沿线国家双边贸易总额 3983. 8 亿美元，占同期中国进出口总额的 25. 8% 。

吸收外资方面，2015 年 1 ~5 月，“一带一路”沿线国家在华实际投资金额 29. 19 亿美元，占全国吸收外资总额的 5. 42% 。对外直接投资方面，2015 年 1 ~5 月，中国企业共对“一带一路”沿线的 48 个国家和地区进行了直接投资，投资额合计 48. 6 亿美元，同比增长 3. 7% ，主要投资国家包括新加坡、印尼、老挝、俄罗斯等。截至 2015 年 5 月底，中国对“一带一路”65 个国家和地区累计实现各类投资 1612 亿美元，约占中国对外直接投资总额的 20% 。

对外承包工程方面，2015 年 1 ~5 月，中国企业在“一带一路”沿线的 59 个国家和地区承揽对外承包工程项目 1105 个，新签合同额 251 亿美元，占同期中国对外承包工程新签合同额的 48. 6% ，同比增长 19. 1% 。截至 2015 年 5 月底，中国对“一带一路”64 个国家和地区的承包工程累计新签合同额 6179 亿美元，完成营业额 4244 亿美元，分别占到同期业务总规模的 43. 2% 和 43% 。

对外劳务合作方面，2015年1~5月，中国企业向"一带一路"沿线的55个国家和地区派出各类劳务人员8万人，5月末在外人数31.2万人，占中国在外各类劳务人员总数的31.2%。截至2015年5月底，累计向"一带一路"沿线国家派出各类劳务280.3万人，占累计派出各类劳务人员总数的36.4%。

多边合作

2014年10月24日，蒙古国国家大呼拉尔通过决议案，规定与中国临近的两段南线铁路将采用与中国相同的标轨。这一突破性举措，不仅有利于双方实现互利共赢，更是两国巩固政治互信的重要标志。

2014年12月初，泰国国家立法议会批准中泰铁路合作谅解备忘录草案。据此，中国将参建泰国两段铁路，并最终与即将修建的中国—老挝万象铁路相连，历时数年的中泰铁路建设合作终获实质性进展。"跟中国开展合作，我们能获得更好的发展机会。"泰国总理巴育这样说。

到目前为止，中国已经与塔吉克斯坦、哈萨克斯坦、卡塔尔等国签署了共建"一带一路"合作备忘录，与科威特签署了共同推进"丝绸之路经济带"与"丝绸城"有关合作的备忘录，与俄罗斯签署了地区合作和边境合作的备忘录；研究提出了中（国）、哈（萨克斯坦）、吉（尔吉斯斯坦）比邻地区合作纲要，正开展中蒙俄经济走廊合作纲要编制的前期课题研究，与印尼、泰国、马来西亚、斯里兰卡、马尔代夫、瓦努阿图等签署了海洋方面的合作文件。一批合作项目建设已经开工。

2015年6月6日，中国与匈牙利签署了"中匈两国政府关于共同推进'一带一路'建设"的谅解备忘录，是中国同欧洲国家签署的第一个此类合作文件。

更重要的是，"一带一路"区域内合作机制正在不断完善、蓬勃发展。在上海合作组织、中国—东盟"10+1"、亚太经合组织、亚欧会议、亚洲合作对话、亚信、中阿合作论坛、中国—海合会战略对话等一批多边合作机制中，“一带一路”获得了更多的支持者和参与者。

5. 国内省区的开放态势

各省区的角色定位

在《愿景与行动》重点涉及的18个省区市中，新疆、陕西、甘肃、青海、宁夏、内蒙古、黑龙江、辽宁、广西、云南、福建、广东、重庆等相关省区均在2015年的政府工作报告中浓墨重彩地展现了过去一年来当地抢占先机，主动融入和服务“一带一路”的举措以及所取得的成果。

在2015年初的地方“两会”上，中国内地31个省区市全都明确将“一带一路”相关工作写入了《政府工作报告》，“一带一路”已经成了2015年各地政府工作报告的“标配”。这充分反映出“一带一路”建设将给各地发展带来的机遇，而区域协调发展所蕴含的发展潜力和内在动力，同时也汇聚成了“一带一路”建设的巨大力量。

目前，中国的多个省份明确了本地在“一带一路”倡议中的角色和定位。

直辖市北京提出立足国际交往中心定位，主动融入国家“一带一路”倡议；广东省提出“争当21世纪海上丝绸之路建设排头兵”；海南省提出“打造成21世纪海上丝绸之路的重要战略支点”；新疆维吾尔自治区提出建设“丝绸之路经济带核心区”；宁夏回族自治区提出“进一步打造丝绸之路经济带战略支点”。

具体来看，在西北和东北地区：打造新疆丝绸之路经济带核心区，新疆拥有占中国陆地四分之一的边境线，与周边8个国家接壤；拥有国家级口岸15个，省级口岸12个，具有全方位开放的地缘优势。目前一些项目已经先行一步，乌鲁木齐将申报亚欧经贸合作试验区。此外西安内陆型改革开放新高地，宁夏内陆开放型经济试验区都在进展。也要发挥内蒙古联通俄、蒙的区位优势，完善黑龙江对俄铁路通道和区域铁路网，推进构建北京—莫斯科欧亚高速运输走廊，这都是建设向北开放的重要窗口。

西南地区：发挥广西与东盟国家陆海相邻的独特优势，加快北部湾经济区和珠江—西江经济带开放发展。发挥云南区位优势，打造大湄公河次区域经济合作新高地，建设成为面向南亚、东南亚的辐射中心。推进西藏与尼泊尔等国家边境贸易和旅游文化合作。云南、西藏是环喜马拉雅经济带的入口，尤其今年是西藏自治区成立50周年，未来的政策红包可能非常超预期。

内陆地区：打造重庆西部开发开放重要支撑和成都、郑州、武汉、长沙、南昌、合肥等内陆开放型经济高地。加快推动长江中上游地区和俄罗斯伏尔加河沿岸联邦区的合作。建立中欧通道铁路运输、口岸通关协调机制，打造"中欧班列"品牌，建设沟通境内外、连接东中西的运输通道。支持郑州、西安等内陆城市建设航空港、国际陆港。

沿海和港澳台地区：加快推进中国（上海）自由贸易试验区建设，支持福建建设21世纪海上丝绸之路核心区。充分发挥深圳前海、广州南沙、珠海横琴、福建平潭等开放合作区作用。福建是对接"海上丝绸之路"的，福建自贸区尤其是平潭地区的发展未来是重中之重。此外，平潭经济区也是对接台湾的一个重要窗口。打造粤港澳大湾区。推进浙江海洋经济发展示范区、福建海峡蓝色经济试验区和舟山群岛新区建设。加大海南国际旅游岛开发开放力度。加强沿海港口建设和强化上海、广州等国际枢纽机场功能。

值得注意的是，几大自贸区作为改革先锋必然成为"一带一路"

倡议推进的重要枢纽。上海自贸区和新批的广东、天津和福建的自由贸易试验区在投资、贸易、知识产权、资本账户开放等领域正在探索对接国际高标准规则体系，推进中国金融改革和产业升级。

配合"一带一路"的各地举措

近一年多来，中国各地举办了一系列以"一带一路"为主题的国际峰会、论坛、研讨会、博览会，对增进对"一带一路"倡议的理解、凝聚共识发挥了重要作用。

在西北地区，新疆制定了"丝绸之路经济带核心区建设实施意见和行动计划"，丝绸之路经济带国际研讨会、第四届中国—亚欧博览会成功举办；陕西举办了"首届丝绸之路国际艺术节"、电影节、旅博会、"第十八届西洽会暨丝绸之路国际博览会"，与中亚 4 国相关省州缔结了友好关系；甘肃与意大利、伊朗、吉尔吉斯斯坦等国家的 4 个州及城市建立了友好关系，举办了"亚洲合作对话丝绸之路务实合作论坛"、"中国—中亚合作对话会"、第二十届"兰洽会"、第四届敦煌行·丝绸之路国际旅游节等节会，吸引了 30 多个国家、地区和国际组织参加；宁夏则围绕"中阿博览会"，推动构建中国与阿拉伯国家及世界伊斯兰地区进行政治对话、经贸合作、文化交流于一体的综合性战略平台；在青海，青洽会、清食展、藏毯展和环湖赛等重大经贸文体活动的国际化专业化水平得到了大力提升。

在西南地区，广西面向东盟，举办了以"共建 21 世纪海上丝绸之路"为主题的"第十一届中国—东盟博览会"和"中国—东盟商务与投资峰会"、"第八届泛北合作论坛"，并分别与泰、柬、老、缅共建技术转移合作中心，加强与东盟各国的技术合作。云南举办了"第二届中国—南亚博览会暨第二十二届昆交会"。

在沿海地区，作为古代海上丝绸之路的中国起点城市，福建泉州编制了"海上丝绸之路"先行区总体方案、战略规划和行动计划，举办了"21世纪海上丝绸之路国际研讨会"、"海上丝绸之路国际艺术节"等重大活动，牵头发起建立"21世纪海上丝绸之路城市联盟和商务合作机制"倡议，加强与沿线国家和地区在文化、经贸等方面的互联互通、互助互信。

在项目建设方面，近一年多来，中国各地政府在基础设施互联互通、产业投资、资源开发、经贸合作、金融合作、人文交流、生态保护、海上合作等领域，推进了一批条件成熟的重点合作项目。

2014年，陕西与中亚国家在基础设施、地勘、能源、农业等领域的合作项目超过百个，新开通了4条国际航线，咸阳机场口岸实行"72小时过境免签"，西安成为国家跨境贸易电子商务试点城市；甘肃开通了3条国际航班和中欧货运班列"天马号"，与丝绸之路沿线国家达成经贸合作项目合同及协议83个；宁夏进一步完善"银川综合保税区"功能，清真食品认证机构获国家批准、与12个国家和地区签署清真食品标准互认合作协议；广东与欧洲、北美、东盟、非洲等加强经贸、科技、旅游等交流合作，新设立了6个驻境外经贸代表处和17个驻海外旅游合作推广中心，新增国际友好城市17对；黑龙江则以加快建设"中蒙俄经济走廊"为契机，加强了对俄全方位的交流合作。

从外贸进出口总额来看，2014年中国的多个省份均快速增长，如陕西省进出口总额增长36%，内蒙古增长21.4%，青海增长22.5%。2014年，福建泉州市与海上丝绸之路沿线国家贸易总额达157.6亿美元；中东和东盟已分别成为泉州市第一和第二大贸易伙伴；此外，截至2014年底，沿线国家累计来泉州投资设立企业1426家，泉州企业赴沿线国家投资或设立办事机构32个。福建全省与东盟的贸易额增长了3.3%，对东盟投资增长了93.7%。

西北地区——中国对外开放的“新前沿”

国内区域层面，“一带一路”经济带在陆上以西北省区为重点，将使其成为中国向西开放的前沿，并打造西部开发的升级版。中国的广大西部地区占全国71%的国土面积和28%的总人口，但经济总量仅占全国不足20%。这里既是资源富集地区又是经济欠发达地区。

从西部地区内部看，西北地区和西南地区有很大差异，其经济欠发达的程度要更高一些，对外开放程度要更低一些。据2012年统计，西北五省区（陕甘宁青新）经济总量为31844亿元，不到西南（云贵川渝桂）的一半。此外，西北地区进出口总额仅占全国1.5%，而西南地区占到4.0%；西北地区外商投资仅占全国地区总量的1.3%，而西南地区占到5.5%。

古丝绸之路途经的国内省份主要在陕西、甘肃、新疆等西北地区，“一带一路”经济带建设为中国的西北地区发展带来了前所未有的历史机遇。

西北地区虽然是全国经济发展的“洼地”，但也是资源禀赋的“高地”，其优势在于，这一地区的石油天然气、煤炭、风电、太阳能等能源，黄金、有色金属等矿产资源，以及生物和旅游资源，不仅丰富而且组合条件好，广袤的土地面积也为经济开发提供了巨大的空间。

作为“西部大开发”战略的延续，中国“向西开放”的“一带一路”倡议将把西北地区相对偏僻的地理区位劣势转变成对外开放前沿的窗口优势，借助“一带一路”经济带建设的契机，进一步完善西北地区的基础设施，促进西北乃至整个西部地区优势资源的开发，提升对外开放水平，从而形成中国经济持续平稳增长的有力支撑。

“一带一路”规划没有提及的省份怎么办

在《愿景与行动》文件中，“一带一路”经济带在国内的部分重点圈定了中国的18个省区，包括了新疆、陕西、甘肃、宁夏、青海、内蒙古等西北6省，黑龙江、吉林、辽宁等东北3省，广西、云南、西藏等西南3省，上海、福建、广东、浙江、海南等东南5省，内陆地区则是重庆。此外，《愿景与行动》文件还提及要发挥港澳台地区在“一带一路”中的作用。

但这绝不意味着文件中没有提到的中国省份就与“一带一路”经济带建设绝缘。下面具体分析一下不同省份的情况。

（1）有强调且定位清晰的省、市

《愿景与行动》文件把“一带一路”两个“核心区”定位分给了古代陆上和海上丝路的战略要地——新疆与福建。2015年4月21日，“福建自贸试验区”举行了揭牌仪式，处于利好上升期；新疆地处欧亚大陆地理中心，天然的地缘位置使其置身于“一带一路”在国内部分的“核心区”，其定位也无须赘述。

在西南地区板块，广西与云南被着重强调：前者发挥加快北部湾经济区和珠江—西江经济带开放发展，构建面向东盟区域的国际通道，形成海上与陆上丝路有机衔接的重要门户；后者则打造大湄公河次区域经济合作新高地，建设成为面向南亚、东南亚的辐射中心。

上海与广州在沿海与港澳台板块中，再次扮演“排头兵”角色，这两个城市均在《愿景与行动》文件被提及了三次；沿海的一系列港口城市从南到北串起整个海岸线，浙江的定位是打造海洋经济发展示范区，海南建设主题则将继续围绕国际旅游岛进行。

值得一提的是东北地区。虽然从地理上看东北偏居一隅，与“一带一路”主线无直接关联，但《愿景与行动》文件中并没有遗漏这个区域。《愿景与行动》文件中提到，要发挥内蒙古联通俄、蒙的区位优势，完善黑龙江对俄铁路通道和区域铁路网，以及黑龙江、吉林、辽宁与俄远东地区陆海联运合作。

（2）提到城市但没提省份的

主要是指《愿景与行动》文件所提到的内陆地区的节点城市和沿海城市。例如《愿景与行动》文件提到了四川、湖北、湖南、江西、安徽、河南诸省的省会城市，大部分集中在长江经济带。而且围绕这些节点城市，《愿景与行动》文件表明将以建设各城市群的方式推动区域互动合作和产业集聚发展。这样一来，虽然上述省份并未提及，但因为这些省会城市在其省份中所占经济比重很大，所以，在很大程度上能代表所在省份在“一带一路”经济带国内部分的定位与发展方向。

经济大省山东虽然也没有在《愿景与行动》文件中被提及，但在沿海港口城市中，该省的青岛和烟台均在其列。山东海岸线漫长，成熟的沿海港口城市较多，因此在“一带一路”规划中，虽未直接被提及，但其战略地位的重要性也不言而喻。

（3）虽有提及但定位模糊的

还有些省市在《愿景与行动》文件中虽然提及，但只是一笔带过，比如首都北京。在布局西北、东北地区段落里，提到“推进构建北京—莫斯科欧亚高速运输走廊”，但这一表述是放在整个东北与俄罗斯加强合作对外开放的背景下提出的。

北京市自身在“一带一路”经济带中具体的角色定位是什么，《愿景与行动》文件没有详细说明。2015 年北京地方“两会”上，北京市市长王安顺在政府工作报告中的表述为“主动融入国家‘一带一路’战略，深化对外交流与合作”，但没有进一步的具体实施方案。

北京作为国家首都与直辖市，中央与地方的双重属性决定了其在区域战略中地位比较特殊。作为华北地区的引领者，北京市当前最需要考虑的也许不是"一带一路"建设，而是更为要紧的"京津冀一体化"。有消息称，即将出台的《京津冀协同发展规划纲要》已把北京定位为中心区域。

另一处在《愿景与行动》文件中定位模糊的地区是青藏地区。由于极为特殊的地理环境，青藏地区长期没有进入国家区域发展战略的核心。但随着青藏铁路的开通，青藏高原与内地的联系开始紧密。2014年年底兰新高铁开通，并途经青海省会西宁，显示出国家对青藏地区发展重视程度的加深。文件中称，"发挥陕西、甘肃综合经济文化和宁夏、青海民族人文优势"，"推进西藏与尼泊尔等国家边境贸易和旅游文化合作"，虽然提到了青藏地区，但定位尚不清晰。

同样在2015年初的地方"两会"中，西藏自治区提到了加快建设南亚大通道、积极对接"一带一路"和孟中印缅经济走廊、推动环喜马拉雅经济合作带建设、力争进出口贸易总额增长10%的目标。"孟中印缅经济走廊"倡议由国家总理李克强在2013年出访印度时提出，目前已作为"海上丝路"战略的重要组成部分。

（4）还有哪些"三不沾"省份

经过上面的筛选后，在《愿景与行动》文件完全没有提到的省份只剩下河北、山西、江苏、贵州。也因为如此，沿海经济大户江苏被认为是此次"一带一路"文件出台后最"悲情"的，尤为有趣的是，恰在《愿景与行动》文件公布时，该省省长正在"博鳌亚洲论坛"江苏专场交流会上发表题为携手"一带一路"共创美好未来的演讲，历数江苏在"一带一路"倡议中发展的优势区位与积极作为。

如果将江苏与北边的山东、南边的上海、浙江对比，不难发现江苏虽然海岸线较长，但除连云港外几乎没有特别突出的沿海城市。江苏的沿海地区绝大多数是滩涂湿地，不适宜港口城市的发育。虽然江苏的连云港市有港口，但与山东的诸多港口城市相比基本没有吞吐量、交通、旅游等方面的优势。

但是，江苏省的海陆联通等基础设施相对完备，而且与周边国家经贸合作比较成熟，已成为“一带一路”建设的存量资产，这或许是未在《愿景与行动》文件被重点论述的一个原因。未来的江苏在“一带一路”倡议的进一步详细规划中仍然有望获得清晰的定位描述。

接下来剩下的是河北、山西与贵州三省。河北虽是沿海大省，但海岸线与港口建设不足，与同在环渤海圈的天津、辽宁和山东差距很大。河北现在的经济建设重点并非凭借短促的海岸线向外拓展，而主要是向内解决自身面临的难题。根据《京津冀协同发展规划纲要》，河北的定位调整为四个基地，涉及产业转型升级、商贸物流、环保和生态涵养及科技成果转化各方面。可以说河北和北京类似，下一步重点在于“京津冀一体化”建设。

山西四周各省，均不同程度纳入区域战略规划，但山西本身的战略仍较模糊。贵州目前的优势产业明显，在长江经济带规划占一席之地，高铁网络也已逐渐完善，去年经济增长率在全国各省份中名列前茅。贵州虽然没有写入这次的《愿景与行动》文件中，目前看来影响并不大。

第四章 “一带一路”的几个中国式考量

“一带一路”倡议作为一个国家战略，是中国构筑国土安全发展屏障、摆脱以西方发达国家的不平等国际贸易规则，寻求更大范围资源和市场合作的重大战略，被称作世纪大战略。这是中国在近200年来首次提出的以中国为主导的洲际开发合作框架，它是与中国不断提升的国力相对应的，并将使中国彻底摆脱受大国影响的被动地缘政治局面。

2015年3月8日的全国人大会议上，外交部部长王毅明确提出2015年中国外交的关键是“一个重点、两条主线”。“一个重点”就是全面推进“一带一路”建设，“两个重点”就是做好和平与发展这两篇大文章。这意味着“一带一路”构想将成为今后一个时期中国内政、外交的中心。这是整个中国外交重心的转移，意味着中国改变了自“改革开放”以来外交布局的先后次序。外交方针的转变，实际上是国家战略转变的体现。那么，这种战略转变的内在动因是什么?

1. 中国文化的共赢理念

达则兼济天下

中国的儒家传统有一种思想，叫“穷则独善其身，达则兼济天下”。

从文化传统上来看，中国的文化从形成之初，就有一种“天下”观念。尤因几千年的历史上，中国处于地理上相对封闭的东亚大陆，加之农耕经济的发达，使中国在古代无论从政治、经济等各方面都处于地区以至世界的领先地位，在区域内具有压倒性的政治、经济和军事优势，更强化了中国人的这种意识，由此还催生出了朝贡贸易。从历史上看，中国对于周边小国主要采取了怀柔、教化的政策，而非侵略和掠夺。“人不犯我、我不犯人”，侵略性弱，强调和谐共生，这也是农业文明的特点。

即使中国的相对国力贫弱到最低谷的20世纪初叶，在陡然面对列强四起的一种全新的世界政治生态时，中国的政治精英们仍隐约怀有一种“天下大同”的意识。这是一种富于智慧的东方精神，和西方社会“物竞天择、适者生存”的进化论式的思想底蕴是完全不同的，这种精神有利于世界的长久和平与繁荣。

到了二十世纪五六十年代，中国在自身并未完全摆脱贫困的情况下，仍大举支援了亚非拉第三世界国家的经济建设。排除国际政治斗争方面的考量，这在某种程度上仍然是一种经营“天下”的意识的延续。从另一方面说，即使排除文化的因素，无论人口和面积，中国都是世界不可忽视的力量，蕴含巨大的政治、经济潜力和影响世界的潜能，她的崛起，必然伴随着对世界秩序的改变、带动和引领。

可以说，今天中国提出的“一带一路”倡议仍然是上述这种共济天下的思维的延续，它与西方发达国家在发展初期千方百计维护自身经济霸权、掠夺广大殖民地和第三世界不同，强调用中国的产能和资金优势，与沿线经济后发国家优势互补，合作共建，带动地区经济的发展，从而达到共同繁荣。在文明层面和战略层面上是一种典型的中国式思维。未来，中国的"一带一路"倡议如果再加以制度上的完善、运作上的透明、机制上的优化，将给全世界带来切切实实的好处。

共赢——持久发展之道

在经济全球化背景下的地球村中的每一个经济体，都不可能"独善其身"，所谓一荣而俱荣、一损而俱损。世界各个经济体的发展，相互的合作中离不开竞争，而竞争中又蕴含着合作。总的来说，共存共荣才是每个地球村成员保持长久繁荣的保证。

进入21世纪后，在世界范围内以伊斯兰极端宗教势力为主的有组织恐怖主义活动盛行，与以美国为首的西方世界产生了激烈冲突。这种现象的出现，一个很重要的原因是广大的传统意义上的第三世界国家没有享受到世界经济发展、物质繁荣的好处，不仅如此，这些地区的人民反而有一种被世界文明抛弃的感觉，由此就滋生出了宗教极端主义力量生存的土壤，以至于发生了"911事件"的悲剧。

极端主义的盛行，给相关国家造成了极大的物质以及人员损失，不仅扰乱当地局势，而且沉重打击了当地的经济发展，例如巴基斯坦、阿富汗、中东以及非洲的一些国家，形成了一个恶性循环。

从"一带一路"经济带所涵盖的范围来看，其链接亚欧的许多中段沿线国家，经济发展相对薄弱，基础设施落后、城市化水平低。"一带一路"经济带战略构想的成功实施，将极大拉动这些国家的经济增长，使世界文明发展的阳光普照。

在中国的哲学中，本来就有着和谐共处的理念。正是这种理念，使中国在改革开放的几十年里取得了巨大的成就。中国巨大的市场、持续的对外开放、较为稳定的经济改革路线以及政局的稳定，使得在一个很长的时期里，国外资本都把中国当成回报丰厚的投资地，任何一个大企业都无法忽视中国这个市场。

经过三十余年的改革开放，当今的中国经济在体量上已成为仅次于世界头号经济强国——美国的第二大经济体，甚至在不远的将来极有可能反超美国。从共赢的角度来说，中国的发展给周边以至世界其他区域国家的经济发展起了极大的带动作用，被誉为世界经济的发动机，取代20世纪后期的日本成为亚洲乃至世界经济发展的“火车头”。

另一方面，中国的发展也离不开世界范围的大市场。中国的经济要做到可持续发展，“富邻”是很重要的一个环节。可以设想，如果只有中国的经济“一枝独秀”，而周边国家没有被带动起来，将可能带来诸多政治、经济问题，中国富裕了，其他国家没富裕，那谁来买中国的商品?

从世界近代历史上看，任何一个国家的崛起，都离不开大环境的依托。欧美发达国家的经济强盛，在初期离不开对殖民地的资源掠夺和原始资本的积累，随后是高科技的研究和应用带来的生产力倍速增长。美国的崛起，更是离不开欧洲这个大市场和稳定的政治同盟。

但是，中国不可能走欧美发达国家在经济发展初期掠夺发展中国家的崛起之路，而是要与广大发展中国家携手并进。“一带一路”倡议从本质上来讲秉持的是一种共赢的理念，而不是一家独赢的理念。“通过‘一带一路’建设，中国希望与沿线国家分享30多年改革开放的成果，希望沿线国家能够充分享受中国经济发展的红利。”商务部有关人士表示。

中国经济发展进入新常态，将继续给包括亚洲国家在内的世界各国提供更多市场、增长、投资、合作机遇。未来5年，中国进口商品将超过 10 万亿美元，对外投资将超过 5000 亿美元，出境旅游人数将超过 5 亿人次。中国仍将充当世界经济驱动力的角色。根据《愿景与行动》，中国将与沿线国家加强基础设施建设规划、技术标准体系的对接，共同推进国际骨干通道建设，逐步形成连接亚洲各次区域以及亚欧非之间的基础设施网络。"一带一路"的互联互通项目将推动沿线各国发展战略的对接与耦合，发掘区域内市场的潜力，促进投资和消费，创造需求和就业。

也应该看到，一方面以经济力量为代表的综合国力竞争代替战争成为世界的主流；另一方面，"二战"后纷纷兴起的民族国家十分注重自己的主权和独立性，主权意识、民族意识强烈，对于影响本民族自决和地位的政治问题十分敏感。在国家界限和主权明晰的今天，"天下大同"式的世界理想，也应该随之赋予新的意义和内涵，适应现有的国际间交往规则，避免中国的共赢理念被国际社会误读。

2. 推进"一带一路"建设的中国优势

卓越的"中国建造"与"中国制造"能力

为什么中国人有信心、有能力推动"一带一路"这样宏大的经济带建设倡议？最大的背景就是中国国家实力的积聚，以及在世界的地位角色发生的巨大变化。1949 年以后，中国在世界政治舞台上的地位开始大大提升，成为世界不可忽视的一员。而自改革开放以来，中国在经济领域又取得了巨大的成就。

2013 年，中国已成为世界第一大贸易体，这类似于 1913 年美国取代英国成为世界第一大贸易体，在世界政治经济领域可谓是非同凡响的历史大事件。中国著名经济学家林毅夫则认为，从 PPP 的角度来看，2014 年中国已经是世界第一大经济体。他认为，即使按照汇率法计算，到2020年前后中国也是第一大经济体。

按照上面的说法，经过30多年的改革开放历程，中国不但从世界排名第29的经济贸易体变成第一大经济体，同时，中国经济也完成了从商品输出为主到进一步向海外进行资本输出，技术输出尤其是装备制造输出的转变历程。

中国的共建“一带一路”倡议之所以在开局之后成效彰显，根本原因在于“一带一路”倡议把中国进入“大国经济崛起”特定阶段的多方面优势聚集到了一起。这种优势可以从两个方面来看：一是生产供给能力方面，在工业领域中国目前的常规制造与建造方面具有很强的实力与国际竞争力；二是在宏观金融方面，中国目前拥有世界上最为充裕的国民储蓄与外汇储备。这两个方面结合起来，赋予了中国推进共建“一带一路”倡议的独特优势。

要发展经济，基础设施建设的配套和完善是必不可少的，中国自身的经济发展也经历了这样的历程，在经济建设初期进行大规模的基础设施建设。这不但为中国经济打造了良好的投资和运行环境，而且使中国成为当今世界最具基础设施建设能力的国家。

人们把现在的中国称为“世界第一大工地”。中国交通建设股份有限公司走出海外拓展业务已有40年，在全球国际承包商250家中排名第9位，中国建筑工程总公司排在世界第20位，中国电力建设集团有限公司是第23位，中国机械工业集团第25位，中国铁道建筑总公司是第28位。

“一带一路”沿线国家中，除了少数的富裕国家，其他大多为发展中国家甚至是经济贫困国家，基建设施薄弱是这些国家发展经济、摆脱贫困的最大制约因素之一。在东南亚和中亚的诸多国家，其经济体都需要大规模的基础设施建设来作为经济建设的基础，这些国家不仅需要中国的贸易投资，中国过剩的产能、资本和基础设施建设技术都是这些国家所需要的。

考察一下中国对外承包工程额的快速增长，也可见“中国建造”的比较优势。例如，“中国建造”对外承包工程完成额，从21世纪初不到100亿美元上升到2014年的近1400亿美元；从具体项目看，主要集中在轨道交通、公路、港口、码头、通讯、电力等基础设施行业。承包工程的在境外员工人数从21世纪初的5万多人上升到近年的30多万人。

由于“一带一路”规划的重要内容——“基础设施连通”的实现，需要强大的基建工程设计与建造能力做支撑，中国在这方面的阶段性禀赋条件和优势对于共建“一带一路”可以产生重要的支持作用。

此外，中国在一些建造领域的生产技术能力也正在迅速追赶世界先进水平，少数领域例如高铁技术、一些重型机械制造以及大型工程建造领域等，则已经达到世界先进水平。

中国高铁技术的突破与大规模运用，能显著提升货物与人员大范围、大规模、高速度的陆地运输和旅行效率，这在未来将使得亚洲大陆内部以及欧亚大陆之间的人员、物资往来变得更为便捷，对实现“一带一路”的愿景有着很积极的作用。

再来看一看中国制造业的发展状况。从相关数据来看，2000年时中国工业增加值规模不到美国的三成。到了2010年，中国的工业制造规模第一次超过美国，近两年则已达到约为美国1.3倍的水平。

观察中、美、日工业增加值占全球比例的变化趋势：20世纪90年代初中国的占比只有5%左右；当时日本该比例值最高曾超过20%；美国在20世纪初期该比例值最高则接近30%。中国的上述份额在进入21世纪后快速提升，2013年达到23%，同年的美、日则分别为17.2%和7.8%。另外，从中国、G7与其他金砖国家制造业就业人数占G20国家就业总数的比重看，2013 年中国占比为 56%，G7 同一指标值为 13.7%，其他金砖国家大体约为 19%。

进入新世纪以来，中国工业制造与就业人数的绝对规模所占的全球比例持续提升。而且这一切是在大体开放的全球经济环境下、主要通过市场机制实现的，并不是靠政府推动的。这显示了中国在可贸易的工业制造领域具有较强的比较优势和国际竞争力。

当然，美、日等发达国家处于全球产业技术前沿，中国制造业的工业结构与美、日相比仍存在不小差距。未来即便中国经济发展前景比较理想，上述差距可能也需要几十年时间才可能完全弥补上。可以说，中国的生产力结构目前相对于美、日等发达经济体某些方面是落后的。但是换个角度来说，这种落后或者说滞后，却与“一带一路”倡议沿线有大规模开发需求的经济后进国家的特点有很高的契合度，这反而可以看成是中国倡导共建“一带一路”的独特优势条件。

雄厚的“中国储蓄”与“中国储备”存量

中国目前拥有世界各国中少有的充裕而雄厚的国民储蓄与外汇储备资源，这对于中国与沿线国家共建“一带一路”具有关键的支撑作用。

“一带一路”经济带建设将会涉及大量的大型基础设施建设，这类建设一般来讲具有资金投入量大、投资周期较长的特点。“一带一路”沿线的发展中国家通常面临着国内储蓄不足的问题，单靠自身解决基建资金投入不足的问题有很大困难。此外，由于大型基础设施投融资存在着特殊的风险，这些沿线国家通过国际市场融资也难以大范围奏效。虽然现有的各类国际开发性金融机构，例如世行、亚洲银行等在这方面取得了不少成绩，但远远不能满足广大发展中国家摆脱贫困、谋求发展的现实需要。

据亚洲开发银行 2009 年的一份报告显示，在 2010 ~ 2020 年，亚洲各国国内在基建领域总体需要投资大约8万亿美元，也就是说大体上每年需要7500亿美元的投资。另外，非洲诸多发展中国家的经济发展也面临类似的瓶颈约束。据世行报告估计，要满足非洲的基础设施需求每年需要930亿美元资金。

与此形成极大反差的是，由于金融危机的后续影响，目前国际金融领域的投融资供给能力显著不足。例如，世行作为全球最大发展融资机构，2013财年为全世界提供的基础设施投资只有240亿美元左右；亚行近年来总融资额200~300亿美元，且较大部分用在了区域内国家的减贫、教育、卫生等民生措施，直接投资到基础设施建设方面的资金规模极为有限；此外，各国为解决融资问题所设立的一些机构，如2012年部分东盟国政府与跨国机构建立的"东南亚基础设施基金"，其初始运营资金只有4.85亿美元，相对于区域内巨大的基建投资需求来说，可谓杯水车薪。

由于人口结构和经济发展阶段特点，中国目前的宏观经济呈现出"高储蓄、高投资"的特点，在协助缓解广大发展中国家储蓄与投资能力不足、突破资金瓶颈方面有很大的潜力。

数据显示，在21世纪初，中国用市场汇率衡量的国民储蓄总规模只有美国两成左右，到了2008年则第一次超过美国，2013年已约为美国的1.6倍。如果考虑到美国资本存量规模较大、资本折旧较多的因素，中国国民净储蓄规模超出美国的比例还要更大一些。

目前，美国等主要发达经济体大都面临着国民储蓄率下降的问题。2013年美国和日本储蓄率都已降到约18%。依据对美国、日本资本产出比、资本存量、资本折旧等宏观经济指标的估测，两国即便把所有储蓄都变成国内投资，也难以实现净投资及资本存量的较快增长。储蓄率偏低和固定投资不足，是美国等主要发达国家目前所面临的一种比较普遍的宏观经济制约。在这种情况下，这些发达经济体本身并没有多少余力来帮助发展中国家进行大规模的基建投资。

中国国内的高储蓄支持着中国的高投资能力。中国的资本形成规模在2010年第一次超过了美国，2013年约是美国的1.37倍。这种情况下，中国有能力在保持国内投资需求较快增长的前提下，帮助“一带一路”沿线国家进行大规模的基础设施投资，推进共建“一带一路”经济带。

此外，目前中国拥有全球单个国家最大规模的外汇储备，这对于中国推进“一带一路”倡议至少有两方面的好处：一是，自上次金融危机爆发后，发达国家争先恐后地实施超级宽松的货币政策，这种情况下大规模的外汇储备有助于应对外部金融形势动荡可能带来的冲击，从而保证“一带一路”实施进程具有稳定性；二是，在区域内货币如人民币、欧元等尚未普遍实现国际化使用的情况下，美元仍承担国际结算和支付手段，在有关工程项目的原材料需要到区域外有关国家进行配套采购时，中国的巨额美元储备可以提供有力的国际支付支持。

当然，在中国推动“一带一路”建设时，中国充裕的国民储蓄所起到的作用应该是第一位的。共建“一带一路”，意味着中国的富余储蓄今后将可能更多转化为“一带一路”沿线国家的生产性投资及相应债权股权，这将标志着中国利用国民储蓄方式逐步发生转折性的变化。

中国2013年对外投资规模为千亿美元，过去7年平均增速为30%。目前“一带一路”国家占中国对外投资的比重只有13%，若假设未来十年内，该比重提升至30%，则预计中国在“一带一路”国家未来十年总投资规模有望达到1.6万亿美元。

举国体制和集中力量办大事的能力

“举国体制”的力量世人皆知，尤其是在方向正确以及有好的干部和协调的前提下。中国的“举国体制”和“集中力量办大事”的特色是中国集体主义传统的延续，这种体制优势，也可以在推进"一带一路"建设中发挥不可估量的作用。

有人这样形容当今世界三个大国，美国的盟友只有两个：民主价值和商业利益；俄罗斯的盟友只有两个：陆军和海军；中国的盟友只有两个：自己、还是自己。话虽然有玩笑的意味，也颇能反映不同国家的力量趋向，也能看出中国人独立自主、自立自强的民族精神，以及中国特色的"集体主义"精神。

从新中国成立后，中国独立自强精神在经济领域的一个重要体现，就是"集中力量办大事"的集体主义精神，也是中国特色社会主义的一个具体体现。《人民日报》曾刊文称："中国特色社会主义事业之所以能取得举世瞩目的成就，发挥集中力量办大事的优越性无疑是成功秘诀之一。"

集中力量办大事具有浓厚的政治性和时代色彩，它迸发于中国特定的历史环境下，既是中华民族精神的凝聚，又是中华民族治国智慧的浓缩。"集中力量办大事"成就了工农业诸多领域的宏大建设，使中国在短期内实现工业化发展，在科技、工农业、军事等领域创造了很多奇迹。

例如，工业化进程要最短时间内快速赶上先进国家的水平，在客观上就需要以"集中力量办大事"的方式，调动一切资源来实现整体水平的提升。这不仅是生产社会化的一般要求，也是中国这样工业化起步较晚的国家面临特殊环境而产生的特殊要求。生产社会化既表现为生产集中化，也表现为社会分工精细化。生产集中化，一定意义上就表现为集中社会力量发展生产；社会分工精细化，要求生产组织化，同样需要集中力量。现代西方经济学也承认，由于存在垄断、外部性、公共物品和不完全信息等因素，在经济运行中存在市场失灵现象。解决市场失灵问题，有时就需要集中力量办大事。

工业化起步较晚的国家尤需集中力量办大事。随着工业的不断成熟、世界市场的瓜分完毕和资本的全球扩张，工业化起步较晚的国家面临严峻的内外部环境，已不可能完全靠市场自发作用实现工业化，而必须具有强大的组织动员能力，集中力量推进工业发展。随着中国发展逐步接近世界前沿，一些重大核心技术和关键装备是买不来的，靠市场自发的力量是做不起来的，必须发挥集中力量办大事的制度优势，推动工业化不断迈上新水平。

总的来说，新中国成立后，中国的经济从发展之初就有着强力的规划和设计，是在政治主导下的经济建设路线，是政治力量对经济规律的运用。在今天，国家层面的政策制定仍然对经济运行有着决定性的意义，这与西方发达国家过往推崇的完全自由的市场经济不同。这对于中国推进“一带一路”建设同样具有很大意义。

2014 年 11 月 4 日，在中央财经领导小组第八次会议上，国家主席、中央军委主席、中央财经领导小组组长习近平发表重要讲话，强调“丝绸之路经济带和 21 世纪海上丝绸之路倡议顺应了时代要求和各国加快发展的愿望，提供了一个包容性巨大的发展平台，具有深厚历史渊源和人文基础，能够把快速发展的中国经济同沿线国家的利益结合起来。要集中力量办好这件大事，秉持亲、诚、惠、容的周边外交理念，近睦远交，使沿线国家对我们更认同、更亲近、更支持”。

对于“一带一路”这样宏大的战略构想，集中资源在关键节点上获得突破，发挥“集中力量办大事”的中国优势，将能收到超乎寻常的效果。

3. 对外战略的转变——从“韬光养晦”到“奋发有为”

韬光养晦的三十年改革开放

20 世纪 80 年代，中国的领导层把国家发展的重心调整为“以经济建设为中心”的改革开放战略。由此，中国对外战略的中心任务就是，为中国的现代化建设创造良好国际环境，一切服务于经济建设这个大局。

同时，在冷战结束前，中国的对外交往的主要目标是维护国际战略格局的平衡，在美苏争霸的国际政治大环境下，采取“谁搞霸权就反对谁”的对外工作方略。

到了二十世纪九十年代，冷战结束后，美国成为世界上惟一的超级大国。在这样的国际形势下，为了营造有利于中国经济建设的国际环境，这一时期处理与美国的关系就成了中国外交的重心。中美关系成为中国外交事业的重中之重。一时间，中美之间无小事，从台湾问题、“藏独”问题等政治议题，到中国加入 WTO 的经济议题，凡是涉及中美关系的问题，都被列为中国外交优先处理的事务。在这一时期，只要中美关系不出现根本性的危机，中国的外交就没有大的问题。

而在处理与周边邻国关系和地区安全、地缘政治热点问题的时候，中国基本上都采取“劝谈促和”的态度；对于与有关国家的领土、岛屿等主权争端，则在很长一个时期里采取“搁置争议”、“共同开发”的立场，避免因为历史问题激化矛盾，影响经济建设这个中心。总的来讲，这一时期的外交任务就是“维稳”，采取战略守势。即使出现危机，也基本上采取“灭火”式的方式，大事化小，避免事态激化。对于国际社会中发生的诸多争端和热点问题，中国采取了低调、相对“超脱”的灵活姿态，全力营造有利于国内经济建设的国际环境。此种低调务实的外交风格，曾被改革开放总设计师邓小平概括为“韬光养晦”“有所作为”。

这种“韬光养晦”“有所作为”的方针在此后的三十多年时间内经受了国际风云突变的考验。例如东欧剧变、苏联解体等重大国际政治事件，以及海湾战争、科索沃危机、反恐战争、金融危机等复杂的国际性问题，在这些事件中中国都采取了超越意识形态和社会制度，在“和平共处五项原则”基础上与各方发展友好关系的相对“超脱”态度，避免卷入冲突和纠纷，专心致志搞经济发展、积聚国力。

从韬光养晦到奋发有为

三十年改革开放和埋头于经济建设，使中国一跃而成为当前世界第二大经济体。因应国内外形势的新变化、新发展，中国领导层提出“一带一路”构想，中国的对外战略方针将围绕着“一带一路”建设展开。从目前已经公开的战略构想来看，“一带一路”已经成为经济“新常态”下中国统筹国际国内大局的总战略。

“一带一路”倡议的提出，意味着中国对外战略的总方针从“韬光养晦”“有所作为”到“奋发有为”的标志性转变。

与此前中国在国际社会给人们留下的低调、超脱的印象和行事风格相比，“一带一路”给世界带来了很强的视听冲击，它意味着中国不仅善于谋划自己的和平发展，还高调向世界宣示，中国不但努力寻求实现中华民族伟大复兴的“中国梦”，还积极向国际社会提出倡议，一道实现“亚洲梦”“世界梦”。

“一带一路”倡议的提出意味着中国的目光将更多地投向世界，而不仅仅是自身建设，沿线国家将成为下一步中国对外战略中优先关注的对象。这也给中国的外交提出了新的要求，就是积极进取、主动出击，对于“一带一路”沿线国家积极提出合作倡议，积极推动地区多边政治、经济合作机制的建立，服务于“一带一路”建设的需要。

从国家领导人层面来看，自习近平当选国家主席以来主动访问了俄罗斯、哈萨克斯坦、乌兹别克斯坦、塔吉克斯坦、吉尔吉斯斯坦、印度尼西亚、马来西亚、韩国、蒙古、斯里兰卡、印度、马尔代夫、巴基斯坦等众多的“一带一路”沿线国家，在对这些国家的访问中提出了一系列重大合作倡议，积极推动中国与这些国家的合作向着纵深发展。

同时，"一带一路"的提出，意味着在继续推动国内全面深化改革的同时，也强调在为国际社会提供更多公共产品上奋发有为，"亚洲基础设施投资银行""丝绸之路基金""金砖国家新开发银行"的推动建立，是中国外向型战略的重要体现。

"一带一路"构想提出后，中美关系也被纳入"一带一路"的宏观战略框架来考量，同美国构建新型大国关系成为实施"一带一路"倡议的组成部分。换言之，中国越来越强调中美关系要服从和服务于"一带一路"构想，而非像以往那样，服从和服务于稳定中美关系的大局。

在当前的国际政治格局中，中国主动高调提出"一带一路"这样宏大的合作倡议，难免会引发一些国家的猜想和疑虑，甚至会在国际上招来质疑和消极的应对，乃至于中国与沿线国家之间的关系在短期内会受到影响。但是直面"一带一路"建设中的矛盾和挑战，本身就是一种"奋发有为"的体现。

"奋发有为"也意味着中国对国际社会要负起更多的责任。中国不应该隐瞒自己对未来国际秩序的想法，而要让自己的战略意图更加透明。中国的"奋发有为"绝不像欧美国家在历史上谋求地区和世界霸权，而是谋求建立"命运共同体"。只要中国坚持"平等互信"、"包容开放"和"合作共赢"的新型国际关系精神，多做对自身和国际社会有益的事情，那么，无论是"韬光养晦"还是"奋发有为"，对于世界的和平与繁荣都只会带来积极的作用，而不是相反。

崛起之梦——中国要不要当领跑者

中国在世界的地位和位置已经悄然发生了巨变，经过 30 多年的改革开放，2013 年，中国从世界第 29 个贸易体变成第一大经济体，这让世界上很多人把中国视为世界经济的火车头。"一带一路"构想的提出，更使得国内外一些人开始设想这样的可能性：中国有一天会不会重新领跑世界？

20世纪后期直至21世纪，美国在政治、经济、军事、文化各个领域尽占优势，一直是全球的领跑者。反观中国，则从19世纪后期至20世纪中后期，在世界历史进入近现代史的长达一百年时间里经历了事关生死存亡的艰难抗争。直到21世纪来临，中国经济经历了二三十年的高速增长，才重新焕发出新的面貌。

曾经一段时间里，中国人热衷于得到世界第一，奥运会金牌数不断增长，GDP、经济总量节节攀升，外汇储备达到世界第一，高铁总里程加起来比全世界其他国家的总和还长，甚至吉尼斯记录这种趣味性的世界记录也频现中国人的身影。这种争当第一名背后的心态是值得玩味的。这是什么样的心态呢？正如本书中一再提到，古代中国的政治、经济曾在东亚乃至世界上占据着压倒性的优势，这孕育出一种强烈的民族自尊。这种民族自尊又因为中国体量的庞大和领跑千年的悠久历史而高涨。近代史的惨痛经历和强大的反差改变了以往中国人的心态，充满着“励精图治”“奋发图强”的呼喊。另一方面，中国人一直被受害者意识、弱者心态所笼罩，被自卑和自负的心态所交织。

由于近几十年经济飞速增长，导致中国人引领世界的呼声渐渐被传达了出来。但是，中国真的要超越世界第一强国美国，乃至于把美国打翻在地，“重新”领跑世界、当世界的老大吗？这种心态未必正确。

中国是多极世界中的一极，目前其国力还远不足以成为世界上唯一的超级大国、获得美国在20世纪90年代以及21世纪初期那样的国际地位。在每个领域都领先，这是不可能的。中国发展到这个时候，应该更加注重发展的质量，而不是发展的总量，注重所谓的幸福指数，而不是物质的炫耀。建立自己的文明体系和幸福指数体系，消除攀比意识和自卑感。在与美国既竞争又合作的过程中，取长补短、办好中国自己的事，这是中长期发展的一种最好的模式。

这种心态对于建设"一带一路"也是很重要的，它将促使"一带一路"建设采取平和、务实的推进方式，不但注重量的建设，也注重质的建设，从而消除周边以及世界上一些国家对于中国崛起的复杂心态乃至负面心态。

4. 塑造国家安全环境

拓展中国的战略纵深

国家领导人习近平曾指出，贯彻落实总体国家安全观，必须既重视外部安全，又重视内部安全。对内求发展、求变革、求稳定，建设平安中国；对外求和平、求合作、求共赢，建设和谐世界。

"一带一路"倡议不仅是经济发展战略上的宏大战略，也意味着构建国家安全战略。

从中国当前面临的世界安全形势看，一些国家仍在一定程度上坚持冷战思维，在外交、军事、安全、经贸等领域实施了一系列举措，存在着围堵和遏制中国发展空间的意图，以便遏制中国的发展势头。"一带一路"倡议，有利于中国在战略空间上"东出海""西挺进"，实现陆上和海上战略互补，开辟更大的战略回旋空间，从而打破来自外部势力的战略围堵意图。

目前，中国的主要工业设施和基础设施都集中于沿海地区，沿海的东部地区也是中国经济最发达、最活跃的地区。此外，中国的资源、能源进口也主要是依赖于海路。而中国的沿海地区是直接暴露在外部威胁的地区。如果遇到外部打击，将使中国在短时间内失去经济核心区域和设施。

处于战略后方的中西部地区受到的外部直接威胁相对较少，这些地区相对而言地广人稀、工业设施比较少，还有很大的发展工业和基础建设的潜力。在"一带一路"倡议中，这些地区恰恰处于对外开放的窗口地区。"一带一路"经济带建设将带动和加大中国西部开发的力度，有利于拓展中国的战略纵深，从而有利于国家的安全。

从国家长远战略利益看，没有一个安全的"大周边"环境，没有亚欧非地区的安全环境，中国的发展将是高成本、难以保证和难以持久的。周边安全、合作伙伴安全是中国长远发展的前提和保证。同时，当今世界的安全不是单向的、孤立的，没有哪个国家能实现脱离世界安全的自身安全，也没有建立在其他国家不安全基础上的安全。只有摒弃冷战思维，创新安全理念，才能走出一条共建、共享、共赢的亚洲安全之路。

"一带一路"发展战略以经贸合作为主线，实现区域互联互通，建设安全高效的陆海空通道网络，形成更大范围、更宽领域、更深层次的区域经济一体化新格局，彼此之间经济联系更加紧密，使沿线各国政治互信更加深入，人文交流更加广泛，军事互信更加巩固，使不同文明互鉴共荣，各国人民友好相处，这也有利于塑造中国"大周边"的安全环境。通过"一带一路"建设推动亚欧非等沿线国家提升国家治理水平，用合作促进共同安全，有效管控分歧和争端，从而塑造更好的区域安全和世界安全环境，无论对于中国还是对世界都是善莫大焉。

地缘政治

从地缘政治的角度来看，"一带一路"建设也是很有意义的。

正如前面曾经回顾的，在古代历史上，由于地理的分割，使得古"丝绸之路"东端起点的中国处于相对封闭的地理环境之中，而且当时的几大文明之间受到地理的阻断和隔绝，但在科技发达、全球化的今天，政治的地理格局则大大不同，地缘政治成了一个国家发展战略中绝不可忽视的因素。

对比英、美这两个近现代历史上相继引领全球的大国就能看出，中国地缘政治环境要复杂得多，而英、美的地缘政治环境要相对优越和简单得多。英国与欧洲大陆隔海相望，在历史上，军政力量进则深入欧洲大陆，退则踞守英伦三岛。继英国人建立全球帝国之后，20 世纪开始称霸世界的美国地处北美，严格说起来只有两个陆上领国，北邻老牌盟友加拿大，两者之间的边境线几乎是不设防的；南接经济相对落后、关系友好的墨西哥。

中国则有 14 个陆上邻国，分别是俄罗斯、蒙古、朝鲜、哈萨克斯坦、吉尔吉斯斯坦、塔吉克斯坦、巴基斯坦、阿富汗、印度、不丹、尼泊尔、缅甸、老挝、越南，海上则有韩国、日本两个近邻，以及菲律宾、印尼、马来西亚、新加坡、文莱等远邻。这些邻国的政治状况、经济发展水平、军事力量等各方面差异极大，有一些与中国保持了长期的良好关系，但也不乏有一些邻国与中国有着复杂的历史问题和领土纠葛。

而"一带一路"经济带的建设，不同程度上要与这些国家打交道，有一些国家还处在"一带一路"的关键节点上。

可以说，"一带一路"建设面临着较为复杂的地缘政治环境，但从另一方面看，中国也恰好可以利用领土相接、经济相联的地理特征，加深发展与有关邻国的互惠互利的新型合作关系，利用各自的资源和地理优势，在经济建设上形成互补，构建经济共同体，并使这些国家共享中国经济腾飞的成果，进而形成命运共同体，建立和谐共荣的周边环境。将不利的环境转化为有利的环境，这是中国的"一带一路"建设可以预期的一个重要战略成果。

5. 应对 TPP、TTIP 的挑战

TPP 和 TTIP 是怎么回事

过往中国人最为熟知的一个世界性的贸易组织是有“经济联合国”之称的 WTO（世界贸易组织），它拥有 162 个成员国，成员国贸易总额达到全球的 97%。世贸组织与国际货币基金组织（IMF）、世界银行（WB）一起被称为世界经济发展的三大支柱。在国人的印象中，只要“入世”，那么，中国的产品就将在一个没有贸易壁垒的环境中行销全世界。

中国曾经为加入 WTO 进行了长达十几年的谈判。然而，就在 WTO 给中国经济带来的好处显现之时，一个即将替代 WTO、比 WTO 的准入规则更加严格的贸易组织产生了，这就是人们今天关注的 TPP（跨太平洋战略经济伙伴协定）。

在有关学者看来，一些西方政客、企业都对准许中国加入 WTO 感到后悔，他们片面地认为，获准进入全球市场让中国经济获得了巨大收益的同时，中国为此付出的代价却很小。这些人认为，加入 WTO 并未阻止中国“操纵”人民币汇率、将大量廉价资金输送给大型国企，也未阻止中国“侵犯”知识产权规则。通过 TPP，就是要针对中国量身制定更为“严苛”的游戏规则。

20 世纪末、21 世纪初的近二十年来，囿于 WTO 多哈贸易谈判的历史性受阻，以美国为首的“跨太平洋战略经济伙伴关系协定”（Trans-Pacific Partnership Agreement，简称 TPP）、“跨大西洋贸易与投资伙伴协议”（Transatlantic Trade and Investment Partnership，简称 TTIP）为代表的全球新一轮贸易谈判正在展开。一个新的横跨大西洋和太平洋的全球经济贸易秩序规则呼之欲出，美欧、美日、美欧日等发达国家“强强

联合"的态势不断增强，形成左右国际经贸秩序之势。美国在太平洋和大西洋"双管齐下"的"两洋贸易战略"将对世界政治和经济格局产生重要影响，并对中国、印度等新兴经济体产生不可低估的影响。

TPP 和 TTIP 谈判要以高端开放为契机，塑造排他性的、更高标准的全球贸易与投资新规则，以掌控和影响下一轮国际贸易规则主导权，继续主导亚太政经格局，这无疑将大大压缩全球市场与投资来源，对新兴国家特别是中国发展构成新的挑战。美国与欧盟经济总量占全球的45%，贸易额占全球的40%。如果美欧达成全面的自贸协议，将构成世界最大的自贸区。处在这两大自贸区之外的国家的贸易和出口则会相应地明显下降。据有关机构分析，届时中国对美国的出口可能减少30%以上。

有人把 TPP 和 TTIP 的主要动因意图归纳为这几条。

第一，经济上"抱团取暖"，借助 TPP 和 TTIP 尽快走出国际金融危机的阴影。国际金融危机至今已有 6 年之久，但美国仍未摆脱危机影响，欧洲深陷债务危机。美国希望通过建立 TPP 和 TTIP 分享全球特别是亚洲等新兴经济体高速增长的红利，全面打开亚太市场，实现"出口倍增计划"。

第二，拆散东亚现有合作架构，重构亚太和全球贸易版图，强化保持全球经济的主导地位，在战略上保持主动。TPP 和 TTIP 的建立，既有经济又有政治方面的考虑。在政治上，拉拢欧洲和中国周边国家，维持和强化美欧日及亚太军事外交同盟，现有 TPP 和 TTIP 加入谈判的伙伴多数是美国的军事盟友。

第三，到现在为止，欧美国家一直不承认中国的市场经济地位，设置了种种针对中国的贸易壁垒。根据之前达成的 WTO 协议，到 2016 年，中国将自动获得市场经济地位，这样一来欧美国家的各种贸易壁垒将被打破，中国企业外贸出口再也不需要寻找"替代国进口价格"应对反倾销、反补贴指控。这在某种程度上是以美国为首的发达国家不愿意看到的。构建进入标准比 WTO 更为苛刻的 TPP、TTIP，在许多学者看来，针对中国的意图颇为明显。

TPP 和 TTIP 将打造一个以高度自由化为堡垒的市场准入屏障，使中国等相对滞后国家因无法高尺度互惠开放本国市场而加入，在新规则的制定中无发言权，从而阻隔中国经济影响力在全球的扩展。TPP 和 TTIP 谈判几乎把中国最主要的贸易伙伴“一网打尽”。TTIP 中的美、欧是中国最大的两个出口市场。TPP 现已有 12 个成员国，把东盟、日本与美国连在一起，中国排名前 10 位的贸易伙伴基本上都在其中。如果 TPP 和 TTIP 最终达成协议，那么除中国和金砖国家之外的主要经济体都进入到这两大贸易区之内，中国届时的处境将十分被动。

但也有人这样认为，TTP 与 TTIP 与其说是美国和西方国家想掀起新一轮高质量的经济全球化浪潮，不如说是想退缩保护主义和选择闭关自守，所以结果与其说中国将被排挤在世界经济大门之外，面临再次入世的选择，不如说是美国和西方国家将自己关在世界经济大门之外，以求自保。

“一带一路”对冲 TPP 和 TTIP

在一些专家看来，“一带一路”是中国在贸易投资领域突破 TPP、TTIP，在金融领域突破 IMF、WB，推动国际区域共赢合作、融入全球经济的国家战略。

有一种观点认为，中国提出的“一带一路”倡议是为了对冲 TPP 等贸易协定带来的影响，甚至是打造“第三个贸易轴心”。但这种看法未必完全准确。从中国目前的诸多举措来看，中国“一带一路”倡议所表达的信息和反映出的国际间利益诉求，比许多舆论认为的“应对美国主导的 TPP 和 TTIP 协议”的战略目标更为丰富和深远。

从"一带一路"倡议和 TPP、TTIP 协议的字面上看，可以分别看作是中美双方各自主导展开的经贸合作，其直接影响区域范围的差异比较明显。例如，中国的"一带一路"倡议沿线是欧亚大陆上的国家，包含了广大经济后发国家；而美国主导的 TPP 和 TTIP 协定囊括的是两个大洋沿岸的发达国家与经济新兴国家，各自的倾向性明显。

在"一带一路"倡议提出之前，中亚和南亚一度是中国对外投资基础设施建设的重点，比如在巴基斯坦瓜达尔港及其附属设施建设的投资，中国与泰国等国有关高铁建设的谈判，与哈萨克斯坦等国在资源输送、公路、管道建设的合作，都能或多或少地看出今天"一带一路"倡议的雏形。

但是，这种仅靠中国单方面的对外投资会带来诸多问题：一是不能达到足够的效率和规模，要实现收益需时较长，收益效率低，不一定能及时满足中国对各方面资源的需求；二是国家财政难以承担过多的投资项目，并需承受可能的投资失败、项目流产的风险；三是类似的两国间合作项目不一定能赢得第三方的认可以及合作需求，因此难以达成持续的大范围的经贸合作。"一带一路"倡议所倡导的是开放包容的多边合作，大大消除了单边推进的不利影响。

除了能减少上述中国对外投资所面临的风险，"一带一路"倡议有利于缓解当前中国经济所面临的包括产能过剩和资本过剩等问题，前者主要由人民币升值、市场需求反应滞后、国内需求收缩等因素引发；后者则是由于应对次级贷款危机和量化宽松政策等引起。

从目前来看，"一带一路"经济带建设战略更倾向于利用现有技术优势和对外关系上的便利，整合上述那些已有的投资项目和合作体系，更倾向于是一项宏观战略，而非细致到战术层面的"计划"。

在 2015 年初中国"两会"的新闻发布会上，记者曾把 TPP 和 TTIP 作为一个影响未来中国经济发展的重大问题提出来，中国商务部部长高虎城这样回应 TPP 和 TTIP 对中国可能造成的影响及中国的态度：

"TPP 和 TTIP 的谈判不仅是涉及到参加成员的经济总量占全球 GDP 的 60%，更重要的是这两个谈判有一个共同特点，即开放的标准高、涵盖的领域广、规则要求严。有一点是可以肯定的，这两个协议一旦达成，将对全球贸易投资自由化和区域经济的一体化进程产生重要而深远的影响，中方对此保持关注。

"中方历来的立场是对于一切有利于世界贸易自由化和区域经济一体化的自贸协定安排，只要是秉持开放和透明态度的，中方是持开放态度的。所以我们同美方和欧方都建立了关于 TPP 谈判和 TTIP 谈判进程的信息交流机制，目前这种良性的互动机制运作正常。今后随着 TPP 和 TTIP 谈判的深入和其内容的进一步披露，中方将进一步进行研究和评估这两个协议对全球和区域的影响。"

他进一步强调说："对中方而言，我们在关注 TPP 和 TTIP 谈判进展的同时，将继续坚定不移地推进和加快中国自贸区战略的步伐，为中国对外贸易和投资的发展创造一个更好的国际环境和更为有利的制度性保障，助推中国经济的发展。"

6. "一带一路"推进方式的争议

"一带一路"——靠市场的力量推进

有学者认为，无论"新丝绸之路经济带"还是"21 世纪海上丝绸之路"，更多是一个大的战略方向，并不意味着有一个明确的时间表和过分细化的对外投资方案。在 2015 年"两会"期间，有一些代表委员建议中央政府尽快拿出一个有关"一带一路"的顶层设计、相应配套政策细则，以及具体项目规划，他们希望"一带一路"能变得可"触摸"、可操作性更强一些，然后开始逐个推进项目建设。

这种急迫感很有可能造成“欲速则不达”的效果。“一带一路”倡议必然涉及到大量的境外项目，要在沿线国展开。而在当前的国际政治的框架下，无论该国的基建和其他产业发展需求有多高，这些国家对合作对象的选择在国际基建市场上仍然有较大的余地，要顾及地缘政治等方方面面的因素。合作共建需要大量的协商工作。

此外，正如前面回顾的古代“丝绸之路”的形成，主要是民间自发而非国家主导推动。时转世移，在建设“一带一路”经济带的战略中，正确定位国家力量的作用也非常关键。国家发改委城市高级规划师张国华曾这样说：“配置资源的方式有四种，暴力、宗教、政治和市场，‘一带一路’建设中，这四种力量如何角力，究竟是市场占据上风还是其他作为主导，关乎着‘一带一路’建设的最终成功与否。”这个话可谓非常深刻。中国并不能完全把建设国内经济的模式照搬到与其他各国共建“一带一路”倡议的合作中去。

有一种观点认为，就目前的亚欧政治生态来看，在“一带一路”倡议的推进过程中，过于强调国家主导、国与国的关系这种过浓的“国家”色彩，反而会增加推进的难度。“一带一路”建设操作的主体应该是企业，操作方式是市场化的方式，淡化政治色彩。

沿途60多个国家，40亿人口，除了欧洲和美国等发达国家，全球几乎都含在其中。这是多么大的一局棋，必然也十分复杂，几乎是大半个联合国。来源于崛起中的中国的一切，都不会太容易。国家色彩越浓，推动进程越难料。相关经济学者建议，国家退居后面，自由经济和文化、宗教等宜先行。

站在宏观经济的角度看，资源的配置有几种方式，借助市场的力量来配置，运用政治、军事的力量用计划来配置。那么，“一带一路”倡议作为一个有重要经济内涵的战略，也存在资源配置问题，是国家主导，用政治力量来配置，还是籍由市场为主导的力量来配置，这是应当明确的问题。乃至于关乎“一带一路”最终能否成功实施。

从现实来看，经过多年的改革开放实践，早已证明了市场经济在建设经济中的重要作用。

所以由国家配套，而由市场主导，才是“一带一路”倡议应该采取的一个基调。“一带一路”倡议从根本上说，要发动市场的力量，而不仅仅是靠中央政府，或者商务部、发改委等一个或者几个部门来推动。“一带一路”建设发展必须靠中国的企业家，结合沿线各国的实际情况，寻找商机和政府的政策配合以及政府融资渠道的配合。也就是说，“一带一路”的长久共荣，需要靠企业家的力量、市场的力量、民间的力量去发展。

“一带一路”将会是持久战

有的学者提出，“一带一路”必然是一场持久战。中国周边国家以及“一带一路”的沿线国家发展情况不一样，有些国家对中国比较了解，经济发展的体制、格局和中国比较接近，中国的企业家、中国的投资者去那里运营就相对比较顺利。

而另一些沿线国家在短期内对中国有不同的看法，甚至出于宗教、文化、历史的原因对中国可能有误解。与这些国家展开合作不能急于求成，要逐渐从文化上、理念上以及人员的交往中增进了解，先鼓励人民去那里旅游、学习，企业家去那里考察，等条件进一步成熟了再进行投资。

此外，“一带一路”建设是不可能靠中国政府或者中国企业家单边的热忱能够带动起来的，相反，一定是主权各国的政府及其地方政府与中国的企业家和中国政府合作、联合，共同发力、共同开发才能成功构建起来。“一带一路”倡议在沿线各国最终落地，必须是通过当地的政府一起来运作的。

中国推动，但不是中国主导

中央党校国际关系研究室副主任赵磊认为，中国在"一带一路"中的角色，应该定位为"推动"而不是"主导"，这个观点也很有道理。针对有些舆论将"一带一路"同历史上一些其他重大计划类比，赵磊反驳说，中国不能把当下的举措同历史上一些重大举措进行简单类比，因为面对的时代境况不同，目的也不同。

"我们是推动而不是主导，是共赢而不是单边决定。"赵磊认为，我们的"一带一路"是边干边学，只要在合作过程中发现沿线各国共同推崇的新契机，我们就会去做。"'一带一路'没有任何先决的政治条件和要求，就是希望大家一起努力，让金融危机后的国际社会重新焕发活力。"

例如中国主导的亚投行的建立今年引起广泛关注，让国际社会看了一场关于中国与世界各国合作中如何推行包容与开放理念的"直播"，中国不要一票否决权等做法，让世界看到了一个大国的诚意。

俗语说，"国之交在于民相亲"，但在赵磊看来，现在世界各国间很多时候连"民相知"都做不到，中国和沿线国家之间同样缺乏一些深入的了解。中国与这些国家之间可以交流的东西很多，例如国际化的人才理念和思想、全球化的标准服务，以及更大的话语权等等——这些都可以通过"一带一路"去实现。

时代变迁，如今的"一带一路"所涉国家与古代大不相同。与此同时，每个国家都有着不同的宗教、制度与文明，无论是"冷战思维"还是"圈子文化"，都不能适应"一带一路"的宏大愿景。应该充分意识到，"一带一路"倡议无论是规划还是实施，都不是一个国家所能独立完成的，应当是各国共同参与的系统工程。这就需要充分顾及所在国的意愿，了解对方的需求和问题所在，做深入细致的工作。

对外宣传宜“六多讲、六少讲”

国际问题专家龚婷提出，中国在推进“一带一路”倡议、对外传播“一带一路”理念时，应该做到“六个多讲”和“六个少讲”。她的观点，可谓深刻指出了当前“一带一路”对外宣传中的一些关键问题。

“一带一路”倡议提出及《愿景与行动》文件公布以来，国内外舆论对中国的意图、政策手段、前景及影响展开了热烈讨论。应该客观正视的是，沿线国家及域内外大国围绕“一带一路”的舆论环境既有积极和期待的一面，也有消极和疑虑的一面，甚至在一定程度上存在误读和理解偏差。

为了及时纠正误解、增信释疑，为倡议的推进和落实创造积极的国际舆论氛围，国内相关政府部门、政策及学术研究界、企业界、媒体界在对外介绍时，有必要围绕“一带一路”的几个基本问题达成共识，明确什么应“多讲”、什么应“少讲”，主动树立起“一带一路”对外传播的话语主导权。

（1）多讲“倡议”和“合作”，少讲“战略”和“地缘政治”

“一带一路”是以经济合作为主要内容的倡议，中国没有特别的地缘战略意图，然而部分国际舆论将“一带一路”解读为中国向周边及欧亚大陆推行的具有扩张性质的地缘政治战略，曲解和误读倡议的目的和意图。应更多使用“倡议”“经济合作”等软性词汇，避免使用“战略”“地缘政治”等硬性词汇。各省市在表达和宣传本地区在“一带一路”中的作用时，慎用“排头兵”“桥头堡”“重要节点”等具有强烈军事色彩的词汇。同时，尤其应该注意在英文语境下用词的准确性。对“一带一路”的英文表达应多用 Initiative、Economic Cooperation 等词汇，少用 Strategy、Plan、Geopolitics 等词汇。

（2）多讲"共商、共建、共享"和"对接"，少讲"中国主导"

中国无意追求"一带一路"建设的主导权，更无意谋求在地区事务上经营势力范围，《愿景与行动》文件明确提出共建以"共商、共建、共享"的原则"积极与沿线国家的发展战略相互对接"。推动"一带一路"建设不是给东南亚、南亚、中亚、中东、欧洲等地区的沿线国家强加落实中国版的"亚欧大陆发展纲要"、不强求签订双边或多边条约框架，也不事先预设区域一体化的具体目标，而是在自愿参与、平等协商、充分了解沿线国家发展诉求的基础上寻求优势互补、利益汇合点和最大公约数，因时制宜、因地制宜地探索能够实现互利共赢的合作方式及机遇。

（3）多讲"开放包容"，少讲"中国中心"

在"一带一路"沿线，各主要大国和地区及国际多边组织先后提出了一系列地区合作倡议，比较典型的包括美国"新丝绸之路"计划、俄罗斯"欧亚经济联盟"、印度的"季节"计划、上海合作组织框架下多边经济合作、联合国亚太经济社会委员会推动的泛亚铁路计划和亚洲高速公路计划、亚洲开发银行牵头的中亚区域经济合作计划、欧洲—中亚交通与能源倡议等。"一带一路"是开放包容、互利共赢、非排他性质的合作倡议，不是零和博弈，也不是对抗游戏，更不是对已有合作倡议的排斥、挤压和替代。中国与俄罗斯、美国、印度、欧洲等在各自倡议下进行对接、形成良性互动的氛围，在主动寻求利益契合点和合作面的同时不回避分歧和竞争面，但没有必要夸大各方利益的对立和冲突。中国与联合国、世界银行、亚洲开发银行等国际和地区组织在具体项目合作上也可以营造多方参与的氛围，并充分发挥现有机制和倡议的多边合作延展效应。

（4）多讲"经济合作"，少讲"中国版马歇尔计划"

"马歇尔计划"与"一带一路"没有可比性，存在本质区别：从时代背景来看，美苏全面对立导致“冷战”，而全球化时代相互依存加深导致国家间对合作共赢的诉求上升；从目的来看，“马歇尔计划”是美国对欧洲经济援助、实现欧洲复兴以遏制苏东社会主义阵营的地缘计划，而“一带一路”则是重点推动基础设施互联互通、贸易投资便利化、金融合作的经济合作倡议；从方式来看，美国对欧洲的援助施以联合援助等附加条件，而中国在《愿景与行动》文件中明确表示将不干涉他国内政作为共建原则之一；从实施主体来看，“马歇尔计划”由政府主导，而“一带一路”坚持企业主体的市场运作。

（5）多讲“惠及所在国民生”，少讲“中国海外利益”

基础设施互联互通建设是推进“一带一路”的优先领域，中国企业在“走出去”过程中极易面临法治、环境、劳工、人权、公益慈善、反腐败等企业社会责任问题。中国企业必须学会在“走出去”过程中围绕“惠及所在国民生”改进履行社会责任的方式，从而提高在重大项目合作上的风险预警和管理能力、避免和减少损失，并以此降低“中国威胁论”“中国掠夺论”等论调的国际舆论基础，提升国家软实力和国际形象。

（6）多讲“中国是秩序维护者”，少讲“美国衰落”和“排挤美国”

部分舆论夸大“一带一路”和亚投行的战略意图，认为美国的衰落不可避免、美国被排挤在中国主导的地区秩序之外。事实上，在未来很长一段时间内，美国的绝对国力仍将雄踞世界首位。中国是现存国际秩序的支持者和维护者，无意挑战甚至推翻之，也无意将美国排除在亚洲之外。“一带一路”将成为亚欧大陆发展振兴的又一个有力倡议，亚投行将对地区和国际多边金融机制形成有益补充，开放包容是“一带一路”和亚投行的核心精神和共建原则。

第五章　“新常态”下的“一带一路”

在经历了数十年的两位数高速经济增长，创造了让世界瞩目的发展速度之后，中国经济进入了“新常态”发展期。“一带一路”倡议可以看作是中国经济运行进入“新常态”时期，打造中国经济未来可持续发展的综合性战略决策。它意味着中国未来经济发展模式的转变，从引进投资、建设产能，转向对外投资、输出产能，实现产业升级，突破所谓的“中等收入困境”。它将深刻地改变中国的经济生态面貌。

1. 为“新常态”中国经济注入新的活力

新常态

从2014年以来，中国经济运行进入“新常态”的声音不绝于耳，到底什么是“新常态”呢？

2014年5月，中共中央总书记习近平在河南考察时首次提及“新常态”概念，提出当前中国经济发展要适应“新常态”，保持战略上的平常心态。

2014 年 8 月份，在上半年的国内经济统计数据公开之后，《人民日报》连续在头版刊登了三篇系列评论，评论认为，“还能不能继续保持那样的高速度？应该说，是做不到、受不了、没必要。”“经济增速换挡回落、从高速增长转为中高速增长。这就要求我们在宏观调控上既坚持底线思维，保持‘忧患心’，又坚持战略思维，彻底摆脱‘速度情结’‘换挡焦虑’，保持‘平常心’。”

中国经济进入“新常态”阶段，呈现出的主要特点是：

（1）速度——从高速增长转为中高速增长，不再单纯追求 GDP 的数量和增速，而是主动放慢速度追求经济增长的质量和效益；

（2）结构——经济结构不断优化升级，中国经济不再笼统地追求各行业的全面增长，而是实施产业结构的调整、优化和升级；

（3）动力——从要素驱动、投资驱动转向创新驱动，通过技术进步和创新实现中国经济的可持续增长，使中国经济迈上新台阶。

最新中国的 GDP 数据无悬念地显示，世界第二大经济体以两位数增长的时代已经过去。对中国来说，8% 的经济增长率多年来一直是中国政府的底线，但今后中国经济增长低于 8% 将是新的常态。此外，从更广阔的视野来看，无论是中国，还是整个亚太地区，经济发展都处在一个新旧动力交替当中。

从世界近现代的经济史来看，在欧洲近代崛起过程中，工业化导致一个国家的经济起飞，先是有一个“快速”增长时期，然后进入中速增长期，最后进入一个长期停滞时期。观察 1957 ~ 2009 年日本 GDP 的增长轨迹发现，1957 ~ 1974 年期间 GDP 的平均增长率为 8.89%。同时，其经济增速不断放缓。1974 ~ 1992 年，平均增长约为 4.29%。增长趋势到 1990 年结束，然后到现在的“日本病”平均增长仅有 0.85%

左右，可谓连下三个台阶。1996 年日本的产能过剩率大约在 32% ~ 33%，然后发生了经济危机。同样韩国经济也是在产能过剩率达到 31% ~32% 之后，1996 年发生了一次危机。有学者认为，目前中国经济的产能过剩率约为 31% 左右，这表明中国经济已进入一个长期下行的阶段。

面对经济"新常态"，中国有必要加大力度支持新技术、新模式、新业态、新产业发展，为它们"培土施肥"，打造中国经济新的"发动机"；必须致力于传统产业"挖潜开荒"，推动高端化、低碳化、智能化改造，促进"老树发新芽"；着力提升农业、制造业、服务业等领域的竞争力，构建区域协同发展的新格局，培育新的经济增长极，用中国经济结构的优化托举发展跃上新台阶。

经济"新常态"背景下，经济建设一项最重要的内容就是加快构建开放型经济新体制，而"一带一路"倡议既是开放型经济新体制的重要组成部分，又是中国国内转方式、调结构、区域协调发展的重要举措。

从中国国内的区域经济发展来看，过去先后提出了"西部大开发战略""东北老工业基地振兴战略""中部崛起战略"。目前，根据新的发展形势，结合对外开放战略，中国政府提出了"一带一路"倡议构想，在中国国内区域发展战略上，"一带一路"将和"京津冀协同发展""长江经济带"等区域经济带协调发展，是适应经济新常态、引领新常态的重大战略举措。

一个走向新常态的中国经济，对亚太地区和世界都是利好消息。进入新常态的中国经济由于总量规模很大，对世界经济的拉动作用将不会降低，对世界市场的需求也不会减弱。同时，中国经济走向新常态，意味着经济结构不断优化，这对全球经济的再平衡和健康发展都有重大的正面效应。

中等收入困境

有一些学者从“中等收入困境”的角度来解释中国经济进入“新常态”的种种表现。

世界银行曾在《东亚经济发展报告（2006）》中提出了“中等收入困境”（Middle Income Trap）的概念，其基本涵义是指：鲜有中等收入的经济体成功地跻身为高收入国家，这些国家往往陷入了经济增长的停滞期，既无法在工资方面与低收入国家竞争，又无法在尖端技术研制方面与富裕国家竞争。

譬如，智利、马来西亚、阿根廷以及东亚和东南亚一些国家，在20世纪70年代均进入了中等收入国家行列，但直到2007年，这些国家仍然挣扎在人均GDP3000～5000美元的发展阶段，并且见不到增长的动力和希望。所以，世界银行把这个很难突破的“瓶颈”称作“中等收入困境”。

2014年，世界上共有60多个国家和地区的人均GDP超过1万美元，大多属于发达国家和地区。2014年中国的人均GDP约为7485美元（约合人民币46531元），高于2013年的6767美元，经济总量确实在不断扩大，但是人均水平还是很低，在世界上排90名左右，仍然是一个发展中国家。按照中国现在的人均GDP水准，已经达到了中等收入经济体的水平。数据显示，在发达国家，居民收入一般占人均GDP的比重为55%，但中国的很多省区远达不到这个标准。例如广东等发达省份的人均GDP已超过1万美元，但居民收入占人均GDP的比重为40%，其他一些省份则更低。这和中国目前的经济增长主要由投资驱动，没有转型为消费驱动、创新驱动有关。

如果按照“中等收入困境”的思路，那么，中国经济发展接下来的关键一步，就是如何突破这个困境，把自己提升为高等收入经济体。

在世界上很多国家和地区，人均 GDP 跨过 1 万美元大关，才意味着经济的优化和社会的平衡。比如韩国、日本等国在达到这一标准时，国家的产业升级、收入分配和社会保障、公共服务等领域都随之达到了较高水平。世界银行根据"二战"以后一百多个国家的情况来统计，结果发现只有为数极少的十几个国家成功迈过了中等收入险境，由发展中国家跻身成为高收入的发达社会。

"中等收入困境"的背后有着深刻的原因，例如，西方发达国家对于资本、科学技术、资源产品和金融资产定价权的优势和垄断地位，并非简单地通过降低人力成本或土地使用成本就可以解决。

例如西方发达国家相对世界其他地区的绝对技术优势，使其产品附加值大幅增加。落后国家只能做一些低技术含量的低端产业，产品竞争力弱、利润率低，人均国民收入自然无法有质的增长、突破"困境"，于是就流传着中国制造 8 亿件衬衫才换来一架波音飞机的故事。再如，西方资本总是趋利而行，不断把生产企业向那些生产成本更低的国家和地区转移，而无意真正帮助当地进行产业升级换代，尤其是对于中国这样大体量、足以挑战西方优势的国家。

总的来说，人们之所以将"中等收入困境"和中国目前的经济运行联系起来，实际上也反映了人们对于中国经济未来能否成功转型、实现可持续发展的一种焦虑心态。中国必须立足于自己才能突破"中等收入困境"，必须搞自主创新，必须升级产业，提升产品附加值，才能突破"中等收入困境"。

"一带一路"建设可谓是中国在政府层面上主动出击，突破所谓困境的积极战略。

日本的历程和经验

有人认为，中国当前的经济状况，类似于 20 世纪 70 年代刚刚经历了二三十年经济高速增长的日本。

日本历史上属于“儒家文化圈”，人口密集，曾在“二战”后迅速崛起为仅次于美国的世界第二大经济体，创造出所谓的“经济奇迹”。对日本经济崛起经验的考察，有利于我们预测未来中国经济的走向，进一步认识“一带一路”规划的意义。

“二战”后的30年是日本经济的“黄金发展时期”，这一期间，日本在政治、军事上全面依靠美国，一心发展经济。从1945年到1973年，日本每年平均经济增速在9%以上，特别是1966～1970年，连续5年经济增长率达到了两位数以上。例如，1972年，日本实际经济增长率为11.5%，远超当时美国的6.4%和英国的3.4%。但20世纪70年代中后期，日本经济的高速增长戛然而止，经济增长率骤降至5%以下，增长趋势大为趋缓。1971～1993年年平均增长率只有3.9%。20世纪90年代后日本进入“失去的20年”，日本经济开始了停滞阶段。

“二战”后初期，日本确立了“贸易立国”“赶超欧美”的战略目标，重点发展重工业，并以此带动其他产业发展。到了1970年，日本制造业中有62.3%为重化工业，出口产品中约77%为重化工产品。支撑日本经济高速增长的一个重大因素，是大量剩余劳动力从农村转移到城市（特别是东京、名古屋和大阪三大都市圈），有效地满足了城市工业部门和服务业的劳动力需求；另外，日本的土地要素在其工业化和城市化过程中对经济的贡献超过20%。这一时期，日本的城市用地价格急剧上升，1973年的城市用地平均价格是1955年的22.9倍。

1973年，可谓是日本经济增长的分水岭，惊人的高速增长戛然而止，原因是多方面的。此时的日本经济陷入到所谓的“中等收入国家困境”之中，已经出现经济增长动力不足的现象。

20世纪70年代，日本的人口红利基本消失，过度追求经济增速所带来的问题日益突出，例如，过度投资导致生产设备普遍过剩、产品积压；过度投资还引发了房地产热，从各种建设投资的增长率来看，1971年增长率为14%，到了1972年高达28.1%，1973年高达29.2%，房地产价格在1973年达到了顶点；此外，日本的产业污染在20世纪70年代初达到顶峰，国内多次出现因工业污水排放导致居民死亡的案例。

1973年的"石油危机"对严重依赖资源进口的日本造成的冲击几乎是致命的，日本的工业生产下降了20%以上，GDP下降了7%，经济增长明显放慢，导致日本经济不得不开始转型。

在"石油危机"的打击下，日本政府和企业达成了"资源无限供给的时代已经结束，廉价石油时代将一去不复返"的共识，意识到必须转变经济增长模式，即从过去的数量增长向质量增长转变。

日本在接下来的几年时间里，成功地调整产业结构，把以电子计算机、宇航等知识密集型产业作为主导性产业发展。这些产业耗能少、附加价值高，成为日本摆脱能源制约、提高产品国际竞争力的有效途径。另一方面，通过淘汰高能耗的产业，对资本能源密集型产业进行改造和整合，比如钢铁、电解铝等大的耗能行业进行减量经营，并通过立法进行抑制。

此外，政府鼓励企业大力研发节能技术，重点发展机械、汽车和家电等低耗能产业，尽可能地减少能源消耗和对石油的依赖。日本单位GDP能耗自1974年后快速下跌，十年降幅超过20%。日本的产业结构逐渐从过去的"重厚长大"转向"轻薄短小"，大力发展第三产业，实现产业结构向服务化和高附加值化方向靠拢。

在经济政策上，日本淡化了GDP目标，不再追求高速增长期9%以上的高增速。其次，日本吸取了1973～1974年恶性通胀的教训，在中速增长期采取了稳健的货币政策，针对恶性通货膨胀，日本迅速采取了紧缩政策，央行连续提高利率、政府压缩开支，通货膨胀得到了控制。同时，在20世纪70年代，日本的环境污染治理在环境立法、民间维权和技术研发这三驾马车的推动下，取得了很大进展。经济增长速度放缓，日本民众的生活环境却变好了。

“石油危机”之后，日本设备投资需求骤减，产能严重过剩；同时，由于建设材料的价格异常高涨，建设活动急剧缩小，拉动日本经济增长的基础设施建设停滞。日本迫切需要打开国外的市场，采取了扩大出口的经济政策，对美贸易顺差显著增大，形成了内需低沉不振而出口增长的局面。

20 世纪 70 年代，日本工业不论在产品质量上还是在经济总量上都对美国工业造成了巨大的挑战。日本汽车质量过硬，并且多是小型车，更节省燃料，深受美国消费者欢迎。以至于时任美国总统的尼克松称：“与‘二战’时相比，美国遇到了甚至连做梦也想不到的挑战。”在 20 世纪 80 年代到 90 年代中期，日本企业曾风光一时，日本制造称雄全球，到 1995 年，世界五百强日本企业独占 149 家，仅比美国少两家。

但是，现代经济活动的核心——金融霸权始终牢牢控制在美国手中，美国通过《广场协议》逼迫日元升值，以降低日本制造业竞争力。另一方面，美国企业已开始在 IT 互联网领域发力，迎接并主导了信息互联网产业，并在近 20 年彻底拉开了与日本的差距。最核心的就是美国原创科技领域的领先，日本还在大力发展制造业的时候，美国已投身到了 IT 产业。

从日本的经济发展历程来看，如何解决好产能过剩问题，如何推动建立一个公平合理的国际贸易金融秩序，如何解决好产业转移、产业升级，由“贸易立国”转向“投资立国”，同时开拓新的消费市场，这些都是关乎经济可持续发展的要素和摆脱“中等收入困境”、经济迈上新台阶必须解决好的问题。“一带一路”的宏伟蓝图恰恰在这几个方面大有可为。

2. 打造中国经济“走出去”的2.0时代

中国已成为资本净输出国

“一带一路”倡议被誉为是中国“第三次改革开放”的标志。前两次改革开放的标志分别是深圳特区的建立和中国加入WTO。和前两次以引进外资为重点的改革开放不同，“一带一路”的着重点在于对外投资。

中国改革开放三十多年后，从20世纪80年代资本高度短缺的国家，到现在呈现出资本过剩，这是一个了不起的成就。资本过剩怎么办？肯定要走出去。

改革开放以来，中国的经济发展和国际合作主要致力于引进外资、引进国外先进生产技术、管理模式。这种以“引进来”为主的模式已经持续了三十多年。但到了2014年，中国实际对外投资已经超过利用外资的规模，成为资本净输出国。

2014年，中国共实现全行业对外直接投资1160亿美元，同比增长15.5%，对外直接投资规模与同期吸引外资规模仅差35.6亿美元，这是中国双向投资按现有统计口径首次接近平衡。如果加上包括第三地融资再投资，2014年中国的对外投资规模约在1400亿美元左右。这个数据大约高于中国利用外资200亿美元，就是说中国的实际对外投资已经超过利用外资的规模，预计今后几年对外投资增速可能更快。

目前中国对外投资位列世界第三。值得注意的是，中国对外投资的存量和一些发达国家的差距依然很大，中国6600亿美元的存量只占世界的2.5%，相当于美国的10%左右，中国的海外净资产相当于日本的一半左右，扩大对外投资规模，中国还有很漫长的路要走。用联合国贸发会议的跨国性指数（TNI）来衡量中国对外投资质量和水平，目前中国跨国性较强（TNI 超过 20%）的企业寥寥无几。

总的来说，中国对外直接投资起步比较晚，对外投资总规模比起美国、欧盟、日本等发达国家还较小，这也说明在引导和推动中国企业更好地开展对外投资合作方面还有很多工作需要做。

在“一带一路”所涵盖的相当多的国家中，人均 GDP 才 3000 多美元，跟中国有一个发展差，存在着非常大的市场。

美国、日本的对外投资历程

“对外贸易”和“对外投资”是一个国家发展对外经济的两大主要方式。从历史上看，以日本、美国为代表的发达国家在积极开展对外贸易的同时，也一直将对外直接投资作为输出产能、扩大海外市场的重要手段，两国的对外投资战略为经济增长发挥了巨大作用。

（1）日本模式：政府主导的“国际协调型”投资战略

日本经济在“二战”后的崛起初期，也同样经历了高储蓄、高投资、高增长、低消费的“三高一低”阶段，于 20 世纪 80 年代实现了对欧美发达国家的赶超，成为世界经济舞台中的“后起之秀”。在这一过程中，日本向海外直接投资增长异常迅猛，日本人出色的对外投资战略为其经济增长发挥了巨大作用，成为后发型国家以投资驱动实现跨越式增长的典范。

日本在 20 世纪 60 年代开始尝试以对外直接投资的方式，输出纺织品等低附加值的消费品；70 年代，日本对外投资迎来第一个小高峰期，产业转移以高能耗、原料需求量大的产业为主；80 年代是日本对外投资的爆发增长期，在日本政府货币兑换放开、税收优惠等政策的扶持下，对外投资迅猛扩张，超过美国成为当时世界第一的对外投资大国；90 年代之后，日本“泡沫经济”破灭使国内经济增长趋缓，对外投资增长回落后趋于稳定发展。

20 世纪 60 年代之前，日本的对外投资微不足道。60 年代起，日本开始向东南亚矿物资源比较丰富的国家进行直接投资，比如对印尼的石油、马来西亚的铁矿石以及菲律宾的铜矿开采进行投资，等等。这种"资源开发型"的对外投资多以贷款形式进行，因此也被称为"融资买矿"，主要目的是为了解决日本原材料资源不足的问题。

20 世纪 60 年代后期到 70 年代上半期，为了确立国内钢铁、化工、汽车、机械等"资本密集型"产业的主导地位，日本开始把纺织业向国外转移。恰在当时，"亚洲四小龙"具有低廉且高素质的劳动力资源，成为日本纺织产业转移的理想场所。

20 世纪 70 年代后半期，由于 1973、1978 年两次"石油危机"，日本成功地将能耗高、原料需求量大、环境污染严重的产业加速转移到了发展中国家，而这一转移过程正好又与当时"亚洲四小龙"发展重化工业的战略步调相吻合。同时，日本集中发展国内"技术密集型"的电动机械、汽车、半导体等主导产业。

20 世纪 80 年代中期，在国际社会的压力下，日元被迫大幅度升值，日本由此开始了大规模对外直接投资。1984 年日本的对外直接投资首次突破了 100 亿美元大关，到 1989 年已达到 675 亿美元的高峰，一跃而成为世界最大的投资国。这一阶段，日本对欧美国家的投资以金融、地产业、汽车、电子等行业投资为主，对亚洲新兴经济体则以高附加值的技术型投资为主，对东南亚国家以制造业投资为主，对中国以劳动密集型投资为主，日本的全球投资战略的格局基本形成。

20 世纪国家 90 年代日本"泡沫经济"破灭，对外直接投资开始明显下降，同时，美国 90 年代对外直接投资的崛起也挤压了日本在欧美投资的竞争力，从此以后日本直接对外投资趋于平稳增长的态势。

日本的对外直接投资模式是：由政府主导向外产业转移，由低级向高级产业、由发展中国家向发达国家推进的投资战略。日本企业的海外投资，首先以开发天然资源、解决原材料的投资活动为最初出发点；其次，开展了向东亚地区劳动密集型产业的投资，以及在发达国家建立销售网络而进行的商业领域的投资；然后逐渐向发达国家进行技术密集型的制造业投资；最后进入发达国家的金融、保险、不动产业的投资。

纵观日本20世纪后半期的经济发展历程，走过了一条从“贸易立国”转向“投资立国”的过程，把国内已失去比较优势、而在发展中国家尚处于成长期的制造业输出到东亚国家，使其逐步转变成日本在海外的生产基地和加工组装基地；而在国内，则重点进行关键设备和技术的生产及研制，产业结构不断升级，最终在亚洲经济中形成了以日本为领头的格局。

（2）美国模式：跨国公司主导的海外市场扩张

由于在两次世界大战中美国积累了大量资本，国际投资输出保持快速增长，“二战”后至20世纪70年代末，资本富裕的美国赶超英国成为全球最大的对外投资国。1950年至1980年，美国对外直接投资扩张了近20倍，其中对发达国家的投资比例从1950年的48%上升至1980年的74%，占绝对主导地位。这一时期，美国对外的投资行业以资源品行业和制造业为主，这两个行业的对外投资金额占到总额的70%～80%。

20世纪70年代初期“石油危机”之后，美国加大了对国外资源开发的投资力度，积极开展了对委内瑞拉、墨西哥等国家的石油开采类投资，对加拿大的采矿业投资。在欧洲则以制造业投资为主。

20世纪80年代，美国对外投资增长缓慢，但对发达国家投资依然占绝对主导地位。这一时期对外投资的行业特点是，对石油矿业、制造业投资占比下滑，而服务业投资迅速崛起。

20 世纪 90 年代，美国再次迎来对外投资扩张的高峰期。2000 年，美国跨国公司对外直接投资金额达 1.3 万亿美元，相比 1990 年的 0.46 万亿上升 160%。投资行业的分布上，服务业超过了制造业成为美国对外投资最多的行业，其中对金融、保险和房地产部门的投资额遥遥领先于其他部门，占比超过 40%。这一时期，美国国内的服务业也处于快速扩张时期，占 GDP 的比重由 1990 年的 59% 上升至 1999 年的 65%，而传统工业的占比持续萎缩。1992 年，美国提出了建设"信息高速公路"，持续推动国内科技、网络行业的发展。

20 世纪 90 年代美国 GDP 保持高速增长，经历了七年之久的繁荣期，被称为"新经济时代"。1991 ~ 1999 年，GDP 保持 4% ~5% 高速增长，而且低通胀与低失业并存。与日本情形相似，美国在产业升级、币值支撑、外贸受阻、政策扶持等多方因素推动下，对外投资也出现快速发展，并以服务业输出为最大亮点，与其国内的"新经济时代"相辅相成。

与日本"政府为主导、产业升级为目的"的"国际协调型"对外投资战略不同，美国对外投资的最大特点是以跨国公司为主导、以追逐利润为目的。美国拥有众多实力雄厚的跨国公司，是对外直接投资的主要排头兵。不同时期美国对外直接投资的步伐，实则是跨国公司为了各自的战略规划、谋求"利润最大化"的自发性投资行为；而"跨国并购"则是最主要的投资方式。

从美国对外投资的行业来看，不是像日本那样由政府主导，逐步转移落后、过剩产能，而是由跨国公司主导转移国内处于优势地位的产业，如高端装备制造业、服务业、新兴技术产业，从而实现跨国公司向海外市场的扩张，成就了多个领先全球的跨国集团。

(3) 美日对外投资加速时期的共性

总结日本 20 世纪 80 年代、美国 20 世纪 90 年代对外直接投资加速时期所处的环境，可以看出两国具备四个共同的背景：第一，国内正在经历产业升级，传统重工业发展遭遇瓶颈、占GDP比重下降，而第三产业正在崛起；第二，出口增长遇到瓶颈、贸易摩擦升级，企业寻求直接对外投资的动力上升；第三，国内政策扶持力度加大，为企业对外投资排除路障；第四，本币处于升值通道或币值稳定，国际购买力增强，成为企业能够开展对外投资的资金实力。

如果我们考察这四个背景会发现，中国目前的经济运行同样出现了类似的局面。

中国经济“走出去”的1.0时代

由于中国对外直接投资政策管制放开的较晚，过去十余年间中国投资“走出去”停留在“1.0时代”。与发达国家在“二战”后积极开展对外投资不同，改革开放后数十年内，中国企业的对外投资活动均受到政策限制和约束。

1991年国家计委向国务院递交的《关于加强海外投资项目管理意见》中，仍指出“中国尚不具备大规模到海外投资的条件”，这一表述从政策层面制约了中国在90年代对外投资的势头。

随着中国经济对外开放程度逐渐扩大以及经济体制改革不断深化，国内企业进行海外投资的条件逐渐成熟。1997年12月，中国开始首次将“走出去”作为重要战略提出，并置于国家发展战略的重要位置。

2000年10月中国“十五”规划中正式提出将实施“走出去”战略。对外开放战略出现重大转变，至此，国内企业对外投资开始正式得到政策层面的支持。随后在2004年，商务部宣布放宽对外投资审批标准，并在2005年实施人民币汇制改革。中国企业捕捉到了政策风向的转变，逐步加快向海外投资的步伐。

2005年中国对外直接投资首次超过100亿美元，至2013年的短短八年时间里，中国企业对外直接投资流量增长了九倍，突破1000亿美元，连续两年坐稳全球第三大对外投资国的位置。

考察美、日等发达国家对外投资的行业变迁历程，基本都是沿着“资源品——制造业——服务业与新兴产业”的转移路径分阶段进行的。从中国对外投资的行业特征来看，最初也以资源类投资为先驱；近几年，服务业对外投资也得到较快发展。但制造业、基建领域的对外投资则相对较弱。

2003年，中国对外直接投资流量不足百亿美元，但其中接近一半投资于采矿业，以向非洲、东南亚等能源资源丰富的地区投资为主，以补充中国的能源供给。到了2013年，中国对外直接投资流量超过千亿美元，其中“租赁与商业服务”行业迅猛增长，在中国的对外直接投资中占比第一，采矿业的投资金额仍然占据第二的位置。

自2008年以来，中国的服务业向外投资的节奏明显加快，主要集中在电信、金融、旅游、商贸等行业，与美日服务业对外投资崛起的趋势是一致的。以技术含量较高、经济附加值可观的电信服务为例，“中兴”等中国技术成熟的企业近几年纷纷投资于非洲等技术落后国家，并提供通信增值服务。

目前中国对外投资中一个显著的问题是，制造行业、基建行业对外投资的体量一直较小，与美日国家存在较大差距。一方面，中国制造业的相对优势集中于钢铁、水泥等技术附加值较低的行业；而家电、汽车行业中所谓的“中国制造”，则仍高度依赖进口零部件及技术，使中国的制造业企业在对外投资中相比美、日、德等制造业大国处于劣势。另一方面，2008年金融危机后，由于中国政府实施4万亿“救市计划”，掀起国内新一轮制造业及基建投资的浪潮，但从另一个角度来看，这项巨额投资计划使得中国制造业、基建企业向海外投资的意愿受到一定程度的影响。

总的来说，从20世纪90年代到近几年开始的中国“走出去”战略的1.0时代，中国的国家政策已由严格限制对外投资转向逐步放开。不过，对于对外投资的区位和行业选择，中国政府部门并没有提出明确的政策指引和导向，当前的中国企业对外投资多集中于资源类与服务业。

“一带一路”与中国经济“走出去”的2.0时代

在中国经济进入“新常态”、全球贸易格局生变的大环境中，中国将“一带一路”上升为国家战略，试图通过扩大对中亚、西亚等睦邻友好国家的“基建输出”，打造新的贸易长廊，这将是中国对外投资发展历程上的“里程碑”，标志中国的“走出去”战略将迈向“2.0时代”。在国家政策的保驾护航之下，制造业和基建行业投资将迎来快速发展。

近几年内需增长乏力、产能严重过剩、结构性调整迫在眉睫，而美国绕开中国推行的TPP与TTIP将重新制定全球的贸易规则，中国经济迫切需要利用海外直接投资打破发展的僵局，此时“一带一路”倡议应运而生。“一带一路”试图打造有别于TPP及TTIP的第三个贸易轴心，将直接提升中国境外直接投资、消化过剩产能、消除贸易壁垒，使中国对外投资发展步入全新的“2.0时代”。

正如前文已经提到的，美日对外投资快速扩张的大背景是，其国内的经济同时具备了产业升级、出口受阻、政策扶持、本币升值四个共同特征，而此时的中国已经基本满足了上述四个条件。

第一，目前中国传统行业的国内市场饱和、产能严重过剩，而在2013年第三产业占比首超第二产业，国内的产业升级转型趋势已势不可挡；第二，近年来，中国遭遇的贸易摩擦不断升级，2014年中国遭受22个国家的97起贸易摩擦调查，此外，美国主导的TTP与TTIP贸易区绕过了中国，制定新的贸易标准，对外贸易形势异常严峻；第三，"一带一路"倡议构想落地，从国家政策层面对于对外投资起到开拓市场空间和保驾护航的作用；第四，人民币近期虽有贬值压力，但整体币值较为稳定，国际购买力是有保障的。

由此可见，中国加速扩大对外投资的条件已经成熟。近年来，中国直接对外投资金额已逐步超过了外资对中国投资额，出现了资本净流出的态势。

为推进境外投资便利化进程，中国近期实行了新修订的《境外投资管理办法》，确立"备案为主、核准为辅"的新型管理模式。国内企业在境外投资开办除金融企业之外的企业事项，98%的内容都不需要审批，只需备案。

美、日两国在对外投资加速时期均形成了化解落后产能和促进新兴产业增长的良好循环机制，从而实现优化经济结构、保持较快增长的局面。随着"一带一路"倡议的推进带来的中国"走出去"战略的升级，也将为中国经济找到新的增长点。

中国"走出去"的2.0时代，在"走出去"的行业上最大的亮点将出现在制造业、基建行业。参考美、日经验，对外制造业投资在美、日两国对外投资加速时期占据着重要的位置。在国际市场上，"中国制造"的汽车、家电等高附加值行业的产品竞争力不如美、日、德等国，但在钢铁、建材等低附加值行业却具备竞争力，且这些行业在中国国内目前存在大量过剩产能；此外，中国的机械、船舶、军工等高端装备制造业领域也已得到了迅猛发展，"制造大国"走出去的潜力尚未充分挖掘。

中国的基建行业也具有显著优势，多项基建工程保有量已居于全球最高水平。以保有量全球第一的高铁为例，中国建造高铁的平均成本仅为国际水平的三分之一，且中国铁路纵贯多种地貌气候，其丰富的技术和经验在全球领先。

目前，制造业和基建行业这两个在中国具有比较优势、同时国内市场严重饱和的行业，在中国的对外投资中却占比极低。“一带一路”经济带建设将有效为这两个行业开启新局，将对外释放产能与国家战略有机结合。“一带一路”沿线多是新兴经济体和发展中国家，普遍面临着制造业落后、基建设施不足等问题，同时又具备丰富的能源储备，在客观上有着对中国经济“走出去”的潜在需要。

随着后续政策的落地，“一带一路”倡议中的交通和物流通道将得到中国基建行业的有力支持。实现贸易和投资便利化，不但有利于中国制造业盘活现有资源，与能源储量丰富国家的深度合作，将保障中国的能源供给，同时也将为沿线国家带来提升经济活力的巨大机遇，将实现一举三得的“多赢”局面。

总的来说，在中国经济“走出去”的2.0时代，一方面，要继续坚持“引进来”战略不动摇，在引进外资的同时，更加注重外资的质量，多考虑外资所能外溢带来的先进技术和管理以及外资项目对中国产业转型升级和结构调整的影响力，要让外资的进入最大限度地为某个行业或领域做到提质增效。另一方面，要积极实施“走出去”战略不放松。

经过三十多年的改革开放，中国的一些企业在技术、资本、管理等方面已经具备一定的竞争力，参与国际竞争的能力不断增强，具备了“走出去”的条件，特别是当前中国经济处于转型升级的关键时期，国内资源环境约束加剧、劳动力成本上升、企业利润率水平降低，更应当积极主动地抓住“一带一路”倡议机遇，发挥行业的优势，加快“走出去”的步伐，加强对外投资，特别是对“一带一路”沿线国家的投资，拓展企业国际化经营的战略布局，从而推动区域经济国际化水平的提升。

3. 给过剩产能和巨额外汇储备拓展新空间

中国产能过剩的现状

按照世界公认的标准，当一个产业的产能利用率低于75%时，就属于产能严重过剩。按照这个标准，目前中国的39个行业中，有21个都属于产能严重过剩。

例如，截止到2014年底，全国新型干法水泥生产线累计1759条（含部分已停产但未拆项目），设计熟料产能17.7亿吨，全国实现水泥产量24.8亿吨，占世界水泥总产量的近60%。同期国内水泥年消费量约为24.5亿吨，全国人均水泥年消费量1.8吨，这一数字是世界其他国家人均水泥年消费量的6倍。

此外，2012年中国粗钢产能是10亿吨，占全球46%，产量是7.2亿吨，产能利用率是72%；电解铝产能是2765万吨，产量是1988万吨，占全球42%，产能利用率是72%；平板玻璃产能是10.4亿标箱，产量是7.1亿标箱，占全球50%，产能利用率是68%。这些行业都呈现出严重供大于求的现象。

产能过剩的问题，直接导致相关企业的利润大幅下滑。再以中国的造船业为例，自2008年全球金融危机爆发以来，由于该行业受全球经济发展缓慢、航运供求关系未见好转、造船产能过剩问题突出、造船成本控制压力加大以及日元贬值等诸多因素带来的负面影响，船舶制造企业面临的"接单难、交船难、融资难、盈利难"问题依然是当前企业发展的突出问题。

产能过剩还导致国内生态环境的急剧恶化。例如，河北省存在着产能过剩严重且行业结构不够合理的问题，2014年河北省的全年化解粗钢产能500万吨，这一产量超过了2013年澳大利亚全年粗钢产量。在华北十个严重污染城市中，河北就占了七个。环境保护部发布的2015年6月京津冀、长三角、珠三角区域及直辖市、省会城市和计划单列市等74个城市空气质量状况中，6月空气质量相对较差的10个城市依次是唐山、郑州、济南、邢台、保定、邯郸、衡水、太原、石家庄和廊坊，河北城市的空气质量问题最为突出。

产能过剩的问题引起了国家层面的高度重视。国家主席习近平曾四次明确批示，要做好化解产能过剩工作。早在2012年12月的中央经济工作会议上，习近平就指出，要在国际金融危机形成的“倒逼机制”中把化解产能过剩矛盾作为工作重点；总的原则是尊重规律、分业施策、多管齐下、标本兼治。此后，在2013年4月、7月和9月，习近平多次强调要做好产业结构调整，化解产能过剩。

这些产能过剩的行业，一方面不得不限产减产，另一方面需要积极地增加市场需求。在国内进行基建建设只是解决产能过剩的途径之一，例如国内实施的“京津冀经济带”和“长江经济带”等发展战略；另一种解决途径，就是开拓海外市场。

“一带一路”建设将给过剩产能带来新出路

“一带一路”规划的实施，需要首先建设顺畅的交通动脉，铁路、公路、桥梁等基础设施项目将处在优先的位置。随着“一带一路”规划的不断推进，高铁、高速公路、工业园区、城镇化建设等都将对建材产品的市场有所拉动，特别是中国西北部基础设施薄弱的地区最具有建材市场空间深挖潜力。

中国水泥的高消费是“依靠投资拉动”的经济发展方式的结果，是未来市场空间的提前且集中释放的产物。在短期内，投资拉动增长特别是在基础设施建设领域的投资，仍对维持经济稳定增长起着不可替代的作用，但这种经济增长方式是难以长期持续的。

就国内水泥消费而言，据统计“一带一路”规划中所重点圈定的18个省份的新型干法水泥熟料产能约8.1亿吨，人均熟料产能1.5吨，还要高于1.3吨/人的全国平均水平，其中新疆、内蒙、宁夏等地超过的更多，新疆人均熟料产能达3.5吨，可谓是产能过剩严重。但这些地区处在“一带一路”规划国内部分的核心区域，其在“一带一路”规划中的有利位置将为该地区的相关行业带来重大利好。

在投资拉动后劲不足、市场空间没有充足释放动力的背景下，“一带一路”的建设，不但可促进中国西部欠发达省区的基建需求得到释放，还可有效托举包括水泥在内的中国传统产业进入洲际市场，创造海外发展空间。

目前，中国传统的贸易出口国如美、欧、日等发达国家和地区，并不适合这样的基建输出，而“一带一路”经济带所涵盖的周边经济后发的发展中国家，则在基建方面有着巨大的需求。

从海外消费市场来看，“一带一路”规划贯通了中亚、东南亚、南亚、西亚乃至欧洲的部分区域，其所涵盖的沿线区域大多是新兴经济体和发展中国家，经济普遍处于上升期，对发展经济和改善民生有着迫切的需求。

根据《愿景与行动》文件的精神，基础设施的互联互通是“一带一路”建设的优先领域，沿线国家将共同推进国际主干交通通道建设，合作开展道路、桥梁、港口、机场等基础设施建设，仅“一带一路”的“六大走廊建设”中的高铁建设总里程预计将达8万公里以上。而根据推算，每1亿元铁路基本建设投资，大约需要0.333万吨钢材，基础设施建设对钢铁需求的巨大拉动能力将在“一带一路”沿线地区得到释放。

根据统计，“一带一路”沿线65国在2013年的水泥总消费量约8亿吨，人均水泥消费量不超过0.17吨。如果按人均水泥年消费0.3吨的低水平计算，以水泥总产能不超过10亿吨的当前水平，满足沿线国家基础设施建设的水泥产能缺口在1.7亿~2亿吨。"一带一路"建设这一利好可显著刺激中国水泥出口份额提升，加快国内企业在海外建厂。

"一带一路"周边的多数发展中国家近年经济增长放缓，重要原因之一，就是这些国家的基础建设相对落后。再以铁路建设为例，中亚地区及东南亚多数国家的铁路里程与国土面积之比在1%以下，相比之下，美国的这个比例为2.5%，而欧盟和日本等发达国家这个比例普遍在5%以上。

中国恰恰积累了铁路基建的大量经验以及雄厚的资金。与发达国家相比，中国高速铁路发展起步虽晚，但发展最快。截至2014年底，中国的铁路营业里程已达11.2万公里，其中高速铁路总里程为1.6万公里，而且预计至2015年底，中国高速铁路总营业里程将达到20260公里。"一带一路"沿线国家的铁路基建设施和相关技术相对落后，在"一带一路"顺利实施的前提下，中国的铁路基建事业将有望扩大走出去的规模。

总的来看，在"一带一路"建设中，通过"资金+技术+产品"配套转移、走出去，将在很大程度上给中国目前一些行业严重过剩的产能寻找到新的"出路"。

当然，尽管"一带一路"规划为提振过剩产业开出了"药方"，但一些行业如钢铁行业中的专家认为，与中国当前巨大的过剩产能相比，"一带一路"建设所增加的消费在一些行业领域内是有限的，未必能从根本上完全缓解中国的产能过剩问题。

中国钢铁工业协会公布的2014年前三季度钢铁工业运行情况的数据显示，由于下游行业需求增长乏力，1~9月份全国粗钢（折合量）表观消费量约5.6亿吨，同比减少516万吨，下降0.9%，而粗钢产量却保持高位，同比增长2.34%，市场供大于求的矛盾依然突出，钢材价格难以回升。大中型钢铁企业基本处于盈亏边缘。相关数据显示，2014年，全国钢材过剩产量将达到2.74亿吨。但是，如果"一带一路"所带动的钢铁需求量与国内铁路建设相同，即2100万吨，占过剩产量的7%，拉动能力仍然有限。此外，"一带一路"涉及的基础建设有多少项目，这些项目何时正式动工，能拉动多少钢铁需求，还有待观望。

此外，中国过剩产能一部分是可以协商利用的。但是，"一带一路"更多合作项目是按照有关国家的实际需求，将中国的优势资源与有关国家的优势互补互用，共同开发。"一带一路"将兼顾各方利益和关切，寻求利益契合点和合作的最大公约数，各施所长、各尽所能，把各方优势和潜力充分发挥出来。"一带一路"倡议的顺利推进无疑有利于中国过剩的产能走出去，但不能仅仅把"一带一路"倡议看成是单纯为了化解中国的过剩产能问题。

更有效地利用外汇储备

国家外汇管理局公布的2015年中国国际投资数据显示，到2015年一季度末，中国对外金融资产63808亿美元，其中对外直接投资9858亿美元，对外负债49769亿美元，对外金融净资产14038亿美元。

在对外金融资产中，除中国对外直接投资9858亿美元外，证券投资2487亿美元，金融衍生工具175亿美元，其他投资13439亿美元，储备资产37848亿美元，分别占对外金融资产的15%、4%、0.3%、21%和59%；在对外负债中，外国来华直接投资27515亿美元，证券投资9679亿美元，金融衍生工具150亿美元，其他投资12424亿美元，分别占对外负债的55%、19%、0.3%和25%。

另据预测，至2015年底，中国的外汇将维持在3.5万~4万亿美元的水平。

伴随中国经济高速运行和加深融入全球经济体系，中国对外资产负债表快速扩大。中国对外资产的负债结构可谓不尽人意。虽然有巨额的净资产，但同样存在净值负收益。

近来外汇储备的快速增长，与中国经济基本面转好有密切关系，也说明国际投资者对中国经济发展充满信心。同时巨额的外汇储备也带来了一系列的安全问题。由于投资渠道有限，中国外汇储备也存在着利用效率较低的问题，基本配置在发达国家，且以购买国债资产为主。这些外汇储备的一部分可以作为与"一带一路"周边国家经贸合作的资本金，通过资本运营，向周边国家输出国内的过剩产能。

2014 年的数据显示，中国对外资产的 61% 是收益较低的官方外汇储备，对外负债的 58% 则是回报率较高的外商直接投资，国际收支平衡表中投资收益为逆差 599 亿美元，二者收益率差异为 12. 7% 。假定人民币汇率保持升值趋势的话，则最终用人民币衡量的对外投资净收益负值可能更大。

"一带一路"建设致力于推动中国与广大沿线发展中国家的经济合作共建，从而拓宽中国以非外汇储备形式持有外部股权债权的空间，有利于提高中国储蓄在国外的配置效率，在造福于沿线国家经济发展与民生改善的同时，也有助于改善中国对外资产负债结构。

4. 为中国建设能源生命通道

维护能源生命线

中国虽然地大物博，但人口总量大，随着经济的高速发展，资源消耗速度惊人，尤其是对石油、天然气、矿产资源需求极大。目前中国已成为全球第一能源消费大国，占到全球能源消费总量的22.4%。而且由于中国仍处于经济快速发展阶段，能源需求还将进一步增加。

为了满足经济发展的需要，中国每年都要从海外进口大量的石油和天然气，过高的依存度使原油进口的生命线显得十分脆弱。近60%的石油进口依赖度和超过30%的天然气进口依赖度，使中国国家安全系数大打折扣。

毫无疑问，中国作为世界最大的能源消费国，能源供给安全是国家安全的重要组成部分。能源行业与国家经济、军事安全以及大气防治、新型城镇化、经济改革等重大课题均密切相关。安全、顺畅的能源通道可谓是国家经济建设的生命线。

中国不仅面临着进口油气资源总量持续攀升的局面，同时获取资源的难度也在不断加大，进口油气通道的安全性更是令人担忧。中国主要从中东、非洲、东南亚地区进口油气资源，所进口油气中80%的运输要通过马六甲海峡。经马六甲海峡进入南中国海的油轮是经过苏伊士运河的3倍、经过巴拿马运河的5倍，作为世界上最繁忙的海上通道之一，马六甲海峡运输能力已趋于饱和。这里海盗、恐怖分子活动频繁，劫掠事件时有发生。中国对马六甲海峡的过度依赖给能源供应带来潜在的威胁，以致于人们称之为中国的"马六甲困境"。

"一带一路"倡议构想将为中国极大拓宽能源和原材料输送渠道。

众所周知的是，"一带一路"经济带覆盖了诸多资源大国，集中了俄罗斯、哈萨克斯坦、土库曼斯坦、阿塞拜疆以及伊朗、沙特等重要的油气资源国。最新发布的《2014年国内外油气行业发展报告》数据显示，2013年，"一带一路"的油气储量分别为461亿吨和108万亿立方米，占世界的20%和56%；油气产量分别为12.1亿吨和1.48万亿立方米，占世界的30%和43%。

根据海关数据，2013 年中国进口天然气总计 529.3 亿立方米，其中管道进口天然气占比 53%，来源国为土库曼斯坦、乌兹别克斯坦、缅甸和哈萨克斯坦；进口 LNG（液化天然气）占比 47%，来源国除了中美洲特立尼达和多巴哥外，其余均在“一带一路”倡议构想所辐射的范围内。

加强与“一带一路”油气资源国的合作，不仅可以扩大油气来源，稳定供给量，而且可以实现运输通道的多元化，降低对马六甲海峡油气运输通道的依赖度，提高进口油气资源的安全系数。如果“一带一路”的既定目标顺利实现，届时中国将拥有东北方向从俄罗斯、北部方向从蒙古、西北方向从俄罗斯、西部方向从中亚和西亚及东欧、西南方向从巴基斯坦、南部方向从泰国和印尼、东南方向从南美洲向中国输送能源和原材料的通道，从而在破解能源进口的“马六甲困境”上又进了一步。

此外，借助“一带一路”建设，构建全球能源互联网，可以从根本上解决中国能源紧张和环境污染问题。

有专家这样总结“一带一路”框架下能源合作的重大意义：

首先，能源通道合作有利于油、气、煤等传统能源“引进来”。“国家能源战略”提出，要坚持投资与贸易并举、陆海通道并举，着力拓展进口通道。东北（中俄油气管道）、西北（中亚油气管道与中俄油气通道）、西南（中缅、中巴油气管道）和海上（波斯湾、印度洋至马六甲海峡的油气航线）等四大战略通道，加上中吉乌铁路、欧亚大陆桥等通道，都有利于中国能源的来源多元化与能源安全。

其次，有利于光伏、风能、核能、电厂技术装备及过剩新能源产能“走出去”。沿线国家巨大的市场潜力，为中国富余新能源产能转移提供了广阔的空间。能源“走出去”战略将促进中国经济结构调整，推动产业从资本技术密集型向高附加值型升级，提升在全球产业链和价值链中的地位。

再次，建立互联互通的"一带一路"共同能源交易市场，有利于实现区域能源一体化。"一带一路"连着能源产地、能源通道与能源市场，有利于能源产业链与价值链一体化。

最后，有利于扩大开放与区域经济一体化。加强"一带一路"内的能源合作，有利于推进物流、贸易和投资便利化，使区域内各经济要素有序流动和优化配置，带动沿线国家经济转型和发展，形成新型跨区域一体化格局。

"一带一路"的新丝路概念一经提出，便引起相关国家的积极反响和国际舆论的密切关注，特别是能源领域的合作更被认为是"一带一路"倡议的"重中之重"。中国可以通过技术、装备出口，工程队伍走出去合作开发能源资源，从而使中国的经济建设在全球开放的格局中得到安全可靠的能源保障。

按照《愿景与行动》文件，中国将与周边国家加强能源基础设施互联互通合作，共同维护输油、输气管道等运输通道安全，推进跨境电力与输电通道建设，积极开展区域电网升级改造合作。同时，加大煤炭、油气、金属矿产等传统能源资源勘探开发合作，积极推动水电、核电、风电、太阳能等清洁、可再生能源合作，推进能源资源就地就近加工转化合作，形成能源资源合作上下游一体化产业链，加强能源资源深加工技术、装备与工程服务合作。

在未来，中国将加强俄罗斯、中亚、中东、非洲、美洲和亚太五大重点能源合作区域建设，建设能源合作伙伴关系，培育自由开放、竞争有序、监管有效的全球能源大市场，共同维护市场稳定；制定和完善全球能源治理原则，形成消费国、生产国平等协商、共同发展的合作新格局。

目前，中国的境外资源输入已形成西北、西南、东北、海上四大油气战略通道，包括中俄、中亚天然气管道、中缅油气管道、海上油气进口通道。这四大油气战略通道均包含在“一带一路”的地理版图之中。中国将依托“一带一路”建设，对俄罗斯、中亚、东南亚、欧盟等主要区域形成辐射效应，建立“能源自由贸易区”。

中亚地区是中国油气进口的重镇。目前的中哈原油管道、中国—中亚天然气管道可谓是陆上“丝绸之路经济带”的生命线。中哈原油管道是中国第一条陆路进口跨国原油的管道，它的建成拓展了中国原油进口渠道，这使其在地缘政治格局中具有突出的战略地位。中哈原油管道自2006年正式投入商业运行以来，截至2015年3月已累计向中国输油超过7700万吨。

中国—中亚天然气管道起于阿姆河右岸的土库曼斯坦和乌兹别克斯坦边境，经乌兹别克斯坦中部和哈萨克斯坦南部，从霍尔果斯进入中国，成为“西气东输二线”。管道全长约一万公里，其中土库曼斯坦境内长188公里，乌兹别克斯坦境内长530公里，哈萨克斯坦境内长1300公里，其余约8000公里位于中国境内。管道分AB双线敷设，单线长1833公里，是世界上最长的天然气管道。继A、B、C线建设完成后，中国—中亚天然气管道D线亦开工建设，并计划于2016年投产，与国内正在规划的西气东输五线相连。届时，中国从中亚进口天然气输气能力将从每年550亿立方米提升到850亿立方米，成为中亚地区规模最大的输气系统。

除中亚外，中俄油气管道建设也意义重大。2014年5月，俄中双方签订供气合同，依据双方商定，从2018年起，俄罗斯开始通过中俄东线天然气管道向中国供气，输气量将逐年增加，最终达到380亿立方米。此外，中俄天然气西线管道谈判也已开始。中俄东线、西线油气管道建成投产后，全球陆上供气中心将向亚太地区转移。

另外，当前的国际能源市场上呈现出供大于求的现状，对于中国而言是实现能源供应多元化的好机会。中国可以与"一带一路"沿线的国家共同合作开发，以中国的资本、技术优势换取资源，可以为俄罗斯、中亚等国家油气资源提供消费市场、能源输送通道建设，从而保证中国能源运输安全。

提升在国际能源市场上的话语权

"一带一路"倡议的实施使中国的油气产业对外合作变得更加主动，合作模式从"一对一"的单点合作向"一对多"的整体协同行动转变，为中国能源对外合作带来前所未有的机遇。

业内人士普遍认为，加强与"一带一路"沿途国家的能源合作，将持续有效地扩大中国海外油气资源获取的途径和规模。这种能源合作格局的调整和优化，不仅缓解了中国进口油气紧张的局面，同时，由于"一带一路"沿途上集中了俄罗斯、中亚和中东等国家和地区重要的油气资源供应国以及亚洲地区主要的能源消费国，油气管道及公路、铁路、港口、码头、存储设施等基础设施的建设和完善，将促进区内供需双方以及过境国之间构建全方位资源、技术、资金和市场等多种元素融合的新型合作机制，形成世界上供应链、产业链合作程度最广、最深的油气合作局面，给目前国际油气供需秩序带来重大变革。

事实上，欧亚大陆区域内供需双方对油气进出口都有着多元化的迫切需求。俄罗斯和中亚等资源出口国，其传统的出口市场主要集中在欧洲。2013 年，俄罗斯及中亚地区 66% 石油出口目的地是欧洲，管道天然气出口到欧洲的比例更是高达 84%；而以中国、印度为代表的亚洲能源消费国油气进口主要来自于中东和非洲等地。区域内供需双方迫切需要搭建起合作共赢的平台。"一带一路"经济带建设战略正好起到了"牵线搭桥"的作用。

“一带一路”建设所促成的新型的油气合作模式的建立，对中国参与国际计价油种的运作，构建全球能源贸易网络十分有利。另一方面，中国从国家和企业两个层面积极参与国际能源事务以及贸易规则的制定，也将增加中国在国际能源市场上的话语权和影响力。

2014年中俄东线天然气合作项目的签约，开启了中俄能源合作的“大时代”。俄罗斯发布的《2035年前能源战略》草案也将亚太市场作为重点，预计到2035年对亚太地区的天然气供应比例将从目前的6%提高到31%。俄罗斯及中亚地区对包括中国在内的亚太地区天然气供应量的增加，将会有效缓解亚洲LNG的进口溢价。

由于历史的原因，中国乃至整个亚洲国家对国际油气价格的形成和制定缺乏足够的话语权和影响力。定价的缺失导致了“亚洲溢价”，尤其是LNG进口价格远远高于其他地区。

近年来，中国一直在积极尝试建立原油期货和天然气现货交易中心，致力于建立反映中国以及亚洲其他地区油气供需基本面的价格基准。“一带一路”将推动能源供需大格局的建立，从而为中国乃至亚洲能源供应提供多元化的选择，为亚洲的能源消费国在提高话语权和定价权方面奠定基础。中国与亚洲主要油气消费国的紧密合作，或将改变国际能源市场的游戏规则，中国在世界能源舞台上的角色也将越来越重要。

“一带一路”助力治霾

从能源革命的视角看，发达国家目前多处于后工业化社会，其利用新能源和天然气取代原有的煤炭为主的能源消费，能源使用结构已大大改善，实现了能源清洁化；而以中国为代表的诸多发展中国家，能源结构仍然比较传统，对煤炭、石油的大量消耗带来了严重的环境问题。

从能源结构变迁的历史上看，在世界范围内的1850～1910年是

"煤炭时代"，世界范围内煤炭的使用高峰期在1913年，当时煤炭占一次性能源消费总量的70%。1910～1970年，能源需求的增量一半以上是石油供给的，被称为"石油时代"。此后，又进入了"油气时代"。

2014年的统计数据显示，一次性能源消费结构中，中国目前煤炭占67%、原油占17.5%、天然气占5.6%，还处在"煤炭时代"；相比之下，美国的相应比例分别为19.7%、36.4%、30.2%，进入了"油气时代"。从2009年起，中国一次性能源消费量已经超过美国，2014年继续拉大了距离。可以说，中国目前的能源结构和100年前的世界能源结构相同，不从根本上调整能源结构，中国就没有办法根治雾霾问题。

以全球能源网络的视角看来，只有构建全球能源互联网，统筹全球能源资源开发、配置和利用，才能保障能源的安全、清洁、高效和可持续供应。中国能源基础设施建设的一个好的现象是，从电网运营来看，特高压技术已经成熟，加上多年的电网运营经验，为区域内电网互联互通奠定了基础。

在"一带一路"建设中，加强与周边国家电网互联互通，一方面可推动周边各国电力基础设施建设、带动中国电工装备出口，实现互利共赢；另一方面，通过与周边国家电网互联，实现"电从远方来，来的是清洁电"，这将提高中国能源利用效率，统筹解决能源和环境问题，从而为缓解中国东、中部地区的严重雾霾问题发挥重要作用。

"一带一路"经济带的电网通道同时也是新能源开发建设通道。"一带一路"沿线途经的沙漠地带是太阳能、风能开发基地，可以作为电网配套电源。中亚地区煤炭、水力和风电资源丰富，能源外送需求大，联网潜力巨大。俄罗斯远东和西伯利亚地区具有丰富的水力、煤炭资源，远东地区与中国相邻，具备向中国华北、华中等地区送电的条件。蒙古国太阳能、风能和煤炭资源丰富，与京津冀负荷中心相距只有

1000千米左右，具备很好的输电条件。

不仅如此，由于跨区域的东西地区存在时差，通过电网互联，进行有效的电力调度，可以很好地解决新能源波动、使用间歇性等问题。

目前，中国已经与周边国家建立了广泛的电力合作。中国国家电网公司与俄罗斯、蒙古国、吉尔吉斯斯坦、朝鲜等国已建成18条互联互通输电线路，中国累计已接受俄罗斯电量143亿千瓦时，向朝鲜、蒙古国分别送电6亿千瓦时、1730万千瓦时。随着“一带一路”建设的推进，国内电网向西还可与欧洲电网相联，直接进口电能；向南经过东南亚国家，通过海底电缆等方式与菲律宾、澳大利亚等国家的电网实现互通。

“一带一路”不是“满世界找油”

仅仅从保障中国自身能源安全的角度，来理解“能源领域合作”这个“一带一路”建设的“重中之重”，未免失之偏颇。过分强调这一点，甚至在国际社会会造成中国建设“一带一路”的目的“不过是为了‘满世界找油’”的负面印象。

事实上，中国不但将为资源丰富的“一带一路”沿线国家提供稳定的能源输出市场，而且也有可能成为广义上的“能源输出大国”，改善“一带一路”经济带上的广大发展中国家的能源供应和当地民生。

特高压技术可谓是全球能源互联网的核心，经过十年不懈努力，中国的国家电网公司已掌握了建设、运营特高压交直流混合电网的核心技术和全套设备制造能力。中国成为世界唯一成功掌握并实际应用特高压这项尖端技术的国家。

过去的数十年间，中国推行的跨区电网联网工程，实现了技术方面的重大突破，建成了世界上首条1000千伏特高压交流试验示范工程，初步形成了以特高压为骨干网架的坚强智能电网。特高压输电技术可以使电力输送跨越2000～5000公里乃至更远的距离，具有大容量、低损耗、环保性高等特点，能够促进新能源产业发展。在"一带一路"倡议的带动下，能源互联网技术的推广应用获得了更大的舞台，为下一步洲际联网、全球联网奠定了基础。

例如海上、西北、东北和西南的四大能源供应通道的成功建设，将使中国能根据国计民生需求比较从容地适当调节各个能源通道的输入量，同时能够满足不同能源输入通道上的能源通道过境国的能源需求，缓解其能源紧张局面。

这不但有利于各方长远的能源安全，也降低了中国能源通道的政治风险。例如，目前按照相关协议，四大能源通道之一的"中缅油气管道"送往中国的油气在过境缅甸时，缅方每年可以从这个通道获取200万吨原油和24亿立方米天然气，用于缅甸当地的经济发展。

"一带一路"经济带的各国资源禀赋并不一样，各国的能源资源丰富，与中国的互补性很强。通过中国的特高压技术构建跨国能源互联网，将中亚五国的煤炭、水力和风力发电与蒙古国的太阳能、风能进行全网配置，满足亚洲市场的巨大需求，将促进能源供求在"一带一路"经济带范围内的平衡。

中国的周边及邻近国家中，如哈萨克斯坦、吉尔吉斯斯坦、塔吉克斯坦、印度、巴基斯坦、尼泊尔、孟加拉国、阿富汗、越南、泰国、蒙古国、朝鲜等国都或多或少存在着缺电或季节性（如冬季）缺电的状况。相比之下，中国近年来全国电力供应相对充裕。例如，中国东北地区电力供应富余较多，西北地区电力供应能力也有一定富余，南方区域电力供需则总体平衡。

在中国国家经济结构调整、GDP增速趋缓的大背景下，国内的电力需求增速呈下降趋势。中国火电装备制造产能及施工能力严重过剩，煤炭需求也陷入长期疲软。“一带一路”建设将推动中国利用资金、产能优势，在周边缺电国家因地制宜地协助兴建高效能的清洁火电厂，大力推动与周边邻近国家实现电力联网，调剂多余的电力供应，并为中国西部的大型可再生能源基地提供新的出路。

随着全球能源互联网构想逐步赢得国际认同，中国特高压技术和电工装备产品也将赢得更广阔的市场前景。全球能源互联网构想的落地，必将推动能源行业技术更新换代和产业升级，带动中国标准、中国技术、中国产品“走出去”。

中国还可以向“一带一路”沿线国家输出自己的能源发展模式和经验。

与发达国家相比，中国的能源管理体制、价格体系、利用效率以及环保等诸多方面仍然有较大差距，但是对于不少发展中国家来说，中国改革开放以来的能源发展历程依然是一个典范。根据世行数据，如果将中国、印度这两个人口相当、经济发展起点大致相同的发展中大国相比，目前中国的用电人口已经占总人口的99.8%以上，而印度仍有25%的无电人口。印度的电力状况是整个发展中国家的缩影，目前第三世界整体上大约仍有25%总数高达13亿的无电人口。中国在30年时间里解决了近5亿农村人口的用电问题，实际上就体现了中国经济的硬实力和管理水平的软实力。可以说，中国有足够的技术自信和其他发展中国家分享农村电气化发展的成功经验。

总之，“一带一路”建设，不但意味着保障中国自己的能源供应，也可以顾及到沿线国家的能源需求。“一带一路”上的能源供应通道不但把油气输往中国，过境国也可以借助这条通道受益；同时，在周边国家援建清洁火电厂，并大力推动电力联网，分享能源发展特别是中国农村电气化的成功经验，体现中国作为新兴经济体的软实力，不仅有助于进一步提高中国“负责任的大国”的国际地位和形象，也为处于产能过剩的中国能源制造业走出去创造新的机遇，使中国成为"能源输出大国"，在更广阔的空间实现能源安全。

5. 提升中国经济在全球化中的角色和地位

推动人民币国际化

人民币国际化可能是"一带一路"上最顺其自然也最受人期待的"终极成果"。

随着全球经济格局与世界主要经济体经济实力对比的演变，国际货币体系与特定主权国家货币的国际地位会发生相应调整。虽然新兴经济大国的经济地位与其货币在世界金融领域的地位并非在历史上所有阶段都一致，然而二者终究会实现其内在的一致性。

现有的全球金融秩序形成之初，中国作为一个世界大国并没有机会和能力参与构建。原因是，这一秩序构建之时中国国力衰微。然而，自20世纪80年代初，中国通过全面参与多边组织（包括国际货币基金组织、世界银行、关贸总协定以及世界贸易组织）多次证明了中国的外交政策旨在营造双赢合作的局面。

伴随中国经济在全球经济体系中地位的提升，人民币在世界贸易中逐步增加使用是大势所趋。人民币国际化既是中国经济开放成长的自然过程，对于货币发行国的中国来说，也意味着责任和担当。

共建"一带一路"经济带倡议将探索使用区域内货币进行贸易结算和发债融资等金融与货币合作途径，中国作为共建"一带一路"的倡导国，人民币国际使用将获得前所未有的机遇。

有专家称，作为"一带一路"建设的配套融资机构，无论是亚洲基础设施投资银行（亚投行）还是"丝路基金"，在运行的初期仍将会使用美元作为结算货币。但是在运作成熟之后，将会逐渐鼓励使用人民币结算。这样就会以投资的方式把人民币带出去，推动人民币的计价结算，带动人民币在亚太地区的使用和流通。

例如，在“一带一路”规划中，在亚欧大陆高铁工程及相关配套设施的建设中，中国将成为主要出资国、主要技术输出国、主要工程施工国以及主要劳动力输出国。如果这些项目的建设主要由中国提供贷款，同时沿途国家贷款并引进中国企业进行相关的施工建设，则涉及到的资金将用人民币进行结算。

人们会做出这样的设想，终有一天，人民币或成为“一带一路”沿线地区的主要国际间结算货币，进而推动人民币在世界更大范围内成为主要结算货币，甚至于改变当前美元一家独大的世界结算货币地位，从根本上改变世界金融秩序。

应该看到，人民币“出海”的步子愈加稳健。在 2014 年 9 月，英国发行了 30 亿元人民币债券，人民币也因此间接成为了英国储备货币，这代表着英国这一老牌发达国家对人民币的信任，这昭示着人民币在国外的储备地位大大提升。中国还与俄罗斯等国家签订了价值 3 万亿元人民币的货币互换协议。

有理由相信，“一带一路”是增强人民币实力的窗口，政策推动、企业加速“走出去”都将为人民币编织一张更广阔的国际网络。

提升中国在全球化经济中的角色

改革开放后的三十年间，中国一直处于世界经济产业链的低端，在产品制造业的国际化分工中，扮演了承接发达国家劳动密集型产业、向发达国家输出廉价加工品的角色。经过改革开放的几十年在全球化竞争中的历练和壮大，中国已经成功转变为“中等收入水平国家”，中国经济的发展面临着结构性提升和产业升级换代的问题。

目前，曾经引为中国经济发展优势的中国劳动力成本呈现不断上升趋势。经济学人智库（EIU）发布的一份最新报告称，中国制造业劳动力成本还将逐年稳步攀升，预计从2013～2020年，中国全国的劳动者年收入平均增速将维持在12%左右。当然，尽管收入增速明显，但中国的劳动生产率也将同时保持相对较快的增长，未来几年内仍将保持制造业劳动成本竞争优势。这份报告预测，在2013～2020年间，中国制造业劳动力成本仍将低于其他一些存在着竞争的经济体。比如到2019年，中国每小时劳动力成本将会达到巴西的35.2%、墨西哥的55.2%和土耳其的75%。

但相对于印度、印度尼西亚及越南等新兴的劳动力密集型制造业国家，中国的劳动力优势则会逐渐失去。例如，据预测，中国制造业劳动力成本将在2019年分别达到越南劳动力成本的177%及印度的218%，而这一对比数据在2012年分别是147%及138%。上述的新兴国家因劳动力供给充足，薪酬增长一直维持在低速增长水平。

此外，上一轮由美国及西方发达国家主导的全球化进程，一方面极大地推动"二战"后世界经济的复苏和几十年的持续增长，改革开放后的中国也是其中最大的受益者之一。中国通过30年在美式全球化环境下的血汗打拼，终于换来了一个一线大国的坯子，但这仅仅是序曲。而另一方面，中国外汇储备接近4万亿美元，约占到世界外汇储备的三分之一。同时中国还存在普遍的过剩产能，在500个主要产品产量中有220种居世界前列，钢、铜、煤炭等在过去高投资的增长方式下保持了较高产量，至今仍居高不下。

但在这种全球化的经济结构中，在生产的全球化分工上，基本上形成了美国的设计、日韩的元器件、中国的装配、各资源国的原材料和能源，销往全球（包括中国但不首发）的分工；在投资方面是发达国家产能 FDI（直接投资），新兴市场国家的美元外汇储备往往只有通过购买美国国债来作为投资保增值的方式。

中国将在维持原来的大循环，即传统的三个世界——资源国、消费国、生产国的格局基本不变的情况下，全力布局小循环：即以中国为核心—周边国资源国（包括非洲）—科技国（美国）—品牌国（欧洲）的新动力格局，进而构造对外交往的全新利益格局，突破原来的三个世界和 G2 的格局，打破以中国制造、美国消费为主的循环圈，从输出廉价的中国制造，升级到输出工程、服务、产能、投资和资本，以致最终的货币，即人民币国际化，参与全球货币竞争。

转变经济增长方式，实现产业转型和升级，提升中国在国际化分工中的角色，是中国实现可持续发展的必经之路。中国这样一个大体量的经济体的结构性转换升级，必然对中国的改革开放格局提出更高的要求，需要中国重新定位在全球化时代的政治、经济领域的角色，“一带一路”倡议恰恰满足了这一要求。

目前，中国仅仅依靠低成本的价格竞争力优势，将不足以长期维持中国在全球范围内的制造业优势。面对这种情况，一大批劳动力密集型产业需要向国外转移，一部分制造业生产企业也要走出去，这已经成为大势所趋。

自工业革命以来，类似的转移已经出现过多次，为承接国创造了工业化、现代化的窗口机遇期。能够抓住这个窗口机遇期的发展中国家，就能够实现二三十年的快速发展，摆脱贫困，成为新兴工业化经济体。

未来，中国一方面与发达国家仍有很大扩大合作领域的空间，另一方面，中国与世界新兴经济体及广大发展中国家经济合作的重要性也会显著提升。共建“一带一路”，可谓是中国“构建全方位开放新格局，深度融入世界经济体系”的重大部署。

中国劳动密集加工产业转移的新特点在于规模庞大。按照2014年公布的第三次工业普查结果显示，中国制造业的就业人员是1.24亿人，相当于20世纪60年代日本劳动密集产业向外转移时的12倍，20世纪80年代“亚洲四小龙”劳动密集产业向外转移时的22倍。从共赢的角度来说，借助“一带一路”，劳动密集型产业转移、基础设施建设两个战略都可以为与中国进行发展合作的发展中国家造血。

第六章 “一带一路”将带给世界什么

中国“一带一路”倡议的成功推进，有助于中国与沿线国家更好地实现经济较快可持续的发展目标，会创造和培育国内、区域以至全球范围的新经济增长点，惠及沿线65个国家，也将改变现有的国际政治和经济地理格局，改进和完善全球治理结构，把21世纪经济的全球化提升到更高水平，推动新的全球化时代的来临。

1. 助推全球化进入4.0时代

全球化3.0时代

有这样一个讲述全球化的故事：一个英国王妃和她的埃及男友在法国的隧道里发生了交通事故，被撞的汽车是荷兰工程师设计的德国轿车，司机是比利时人，事故原因是他喝了苏格兰出产的威士忌，整个车祸经过被意大利的自由摄影师跟踪拍下，这名摄影师当时驾驶的是一辆日本摩托车，后来，事故中的受害者由一个美国医生进行急救，医生所使用的是巴西生产的药物。

这个英国戴安娜王妃遭遇车祸的著名故事发生在1997年，全球化3.0时代。

从近现代的历史来看，全球化的历程经历了三波浪潮，分别可以称为全球化1.0时代，即大航海时代；全球化2.0时代，即英国和英镑时代；全球化3.0时代，即美国和美元时代。结合中国倡导的"一带一路"建设，经济日益壮大的中国正在推动升级版的全球化4.0时代。

"二战"后，欧亚两大洲的经济发展遭到战争的重创，新兴民族国家虽然纷纷获得政治上的独立，但经济上几乎一穷二白。战后初期的美国实施了对西欧地区的大规模援助计划——"马歇尔计划"，不仅消化了美国的产能，修复了欧洲和日本两个产业转移中心，还促使世界经济迎来了长达20年的资本主义"黄金时代"，一举奠定了市场经济牢不可破的世界格局和演进路径，也正式开启了全球化3.0时代。

有数据显示，积极投身全球化的发展中国家能享受更快的人均GDP增速——从1960年代的3.1%年均增速跃至21世纪初的5.5%；反之；封闭孤立的发展中国家则同期从3.2%衰退至2.9%。

自20世纪80年代以来，经济全球化再次成为支配世界经济发展的新趋势。这次经济全球化无论在发展的深度、广度还是在推进速度上，都超越了以往。这对于构建"一带一路"倡议经济带有以下几方面的影响：

一是，对市场经济的广泛高度认同，使得"一带一路"倡议的实施有一个良好的规则环境，造成了一种经济制度上自由畅通的态势。

本轮的经济全球化与早期的经济全球化最重要的区别之一，就是逐渐建立起了一套对全球市场开放的国际经贸规则体系。例如：包括WTO的多边经贸规则体系，IMF和世界银行主导的金融开放与援助发展的全球规则体系，以及区域经济一体化组织建立的跨境制度规则体系。这是世界经济发展历史上第一次通过国际经济组织、区域经济一体化组织初步建立全球或某一区域国家间通行的国际市场规则和行为规范。

在这一轮的全球化浪潮中，发展市场经济成了各国经贸联系的共同基础，世界各国开始反思并改革自身的经济运行体制，而只有当各国对发展市场经济、加快市场化改革达成了广泛的共识，经济全球化才可能得以顺利发展。

经济全球化和一体化除了各个国家以发展本国的市场经济为核心，其另一个核心就是全球开放，每个国家的经济领域向全球市场开放。例如，经济全球化和一体化不仅要求世界各国进一步降低关税、取消非关税措施、开放本国市场，而且市场开放的范围是全方位式的：从传统的货物市场扩大到服务市场、知识产权市场、金融市场以及各类经济活动要素市场等等。同时，经济全球化还要求一个国家的政府所实施的宏观经济管理体制和调控体制开放、透明，实行非歧视原则，并接受国际监督，而不仅仅是一国自身的事。

二是，经济全球化和一体化模糊了民族国家的经济主权界限，给“一带一路”倡议这样的国际性跨区域经济带建设扫清了诸多政治上的障碍。

“二战”后，世界范围民族主体的国家纷纷独立，形成了明晰的国家主权界限，这往往成为国际间经济互联互通的最大障碍。民族国家在经济全球化中的地位和作用是一个重要而又敏感的问题。

但是经济全球化和一体化从两个方面对民族国家提出了挑战：一方面，民族国家的经济主权在极大程度上逐步让渡给“超国家”的组织和机构，这包括国际多边协议和规则及各种国际机构规定中所要求的民族国家的经济主权部分让渡。例如，WTO 规定的降低关税、取消非关税措施、实施服务贸易市场准入等多边贸易协定；IMF 规定的实行货币可兑换、资本账户开放以及健全国际金融监管机制等规定；再如知识产权保护、竞争政策、劳工和妇女权利保护等，都会制约本国政策的实施和有效范围。此外，地区一体化组织规定的自由贸易协定、经济一体化协定以及各种跨境宏观政策约束等项规定也要求国家的经济主权被让渡。例如，在欧洲已明显出现了各民族国家融合为大联邦经济体的趋势。另一方面，民族国家的经济主权也被微观组织机构蚕食，如跨国公司、非政府机构以及其他一些微观组织。

技术创新和技术进步也对民族国家的传统管理方式带来诸多的新挑战。在这种情况下，各国经济管理体制不得不因全球经济一体化的需要进行相应的调整和转变。

可以说，在经济全球化背景下，主权的重要性越来越体现在政治领域而非经济领域，这对于构建国际性的跨区域经济带是十分有利的。

世界经济主导权的竞争

目前世界经济面临的一个主要问题是，由谁来主导国际规则的制定。由于世界新兴经济体的日益崛起，相较之下，昔日集中于欧美地区的发达国家的实力日渐衰落。但是在短期内，欧美发达国家仍然在根本上主导和影响着世界经济格局，仍然具备雄厚的经济实力，是控制国际贸易秩序和规则的主导力量。

不仅如此，发达国家并不愿意轻易让出这种对世界经济秩序的主导权，因为发达国家制定并主导世界贸易秩序，从中获取了极大的经济利益。美国主导的 TPP 和 TTIP 谈判，就是以高端开放为契机，力图继续影响和掌握下一轮的国际贸易规则的主导权。

发达国家主导世界经济秩序，无疑对中国经济未来的进一步发展造成了很大的挑战和制约。如果没有强有力的应对措施，任由这些发达国家继续主导世界经济秩序，制定世界贸易规则，那么，中国的经济将不可避免地在诸多方面受制于人，甚至始终居于被支配的地位。通过“一带一路”经济带建设，中国将进一步加强与周边友好国家的贸易合作，也可以减缓 TPP 和 TTIP 等协议对中国贸易的不利影响，巩固中国的强区域影响力。

“一带一路”开启全球化 4.0 时代

为什么中国要推出“一带一路”总体规划，而亚欧大陆又需要“一带一路”经济带建设这样的倡议出台呢？因为旧有的全球化模式出现了重大问题。

尽管上一轮全球化进程极大地推动了世界经济的持续增长，中国也是其中最大的受益者之一，但美国和美元主导的全球化 3.0 模式具有先天缺陷。

在全球化 3.0 的经济结构中，在货币方面，美元形成多重投放，它是美国的货币，但是一旦美元出了问题，就是其他所有人的问题。最显著的例子就是 2008 年的金融危机、后续的欧债危机和可能即将爆发的新兴市场危机。

2008 年的美国金融危机引发了世界范围内自“1930 年经济大萧条”以来最为严重的全球性金融危机。在这次金融危机中，随着虚拟经济的灾难向实体经济扩散，欧洲、日本等世界经济发达地区以及世界新兴经济体的经济增速放缓，失业率激增，一些国家开始出现严重的经济衰退，有些至今没有从危机中走出来。其对全球经济连锁反应式的影响至今仍在持续。

美国自从雅尔塔体系确立了自己在金融市场的龙头地位和头号经济强国的定位，美国的危机就是世界的危机，美国更可以借着自己在金融界的地位通过其他国家来转嫁自己的危机，所以 2008 年金融危机对全球包括中国都造成了严重的影响。危机爆发的次年前 4 个月，中国进出口总值同比即大幅下降了24.3%，企业在美国股市上的市值大跌。而且，中国的美元资产承受着巨大的风险。

根据IMF的测算——全球经济目前仍然未能走出危机。按照以前的经验，下跌之后通常都有一个强烈反弹然后逐渐回归的曲线，而这次危机唯一的例外是下跌之后再没有恢复，由此全球丢失了1.5%的潜在增长水平和能力。贸易方面更是如此，危机前世界贸易增长通常都是GDP增速的一倍，GDP增长4%～5%，贸易就会达到7%～8%，而贸易正是全球经济增长的火车头。而危机以来贸易增长的速度低于全球实际经济增长的速度，这在以前从来没有发生过。更有甚者，现在全球FDI占GDP的比重比2007年下跌了一半，这几乎是不可想象的。投资下降、贸易下降、全球资本流动下降，那么问题就来了，全球化究竟怎么了？

答案是明显的——由于美国的制造业回流和能源独立使得它的需求总体内卷化，这就导致对全球其他经济体（包括制造国和资源国）的滴涓效应下降，这才是全球化停滞和世界经济复苏乏力的根本原因。全球经济正处于无明显增长动力的垃圾时间，而且由于美元流动性即将减缩，全球经济和金融市场可能还蕴含着再次下行的巨大风险。

在升级了的全球化4.0版本中，中国以贸易加深跨国经济联系，以投资输出产能和资本，并在这两个过程中嫁接人民币国际化战略，最终中国经济的影响力会伴随着人民币的国际化而提升。

必须注意到，中国反复强调的是"一带一路"的开放性和包容性，这正是在吸取旧秩序的经验和教训——全球化4.0不是要塑造一个平行的霸权结构，正好相反，它只是想改进全球化3.0中因为个别国家一股独大、"有钱任性"导致的全球治理结构难以优化和进化的缺陷。这也是"先边缘再中心，先增量再存量"的中国自身改革经验和灵感的发挥。

在亚投行成立的过程中，曾出现戏剧化的一幕：英国在西方发达国家中率先决定加入。在英国的示范作用下，除了美日以外的世界各发达经济体几乎全部转投到了亚投行。据悉，这可能与中国并不谋求因为一股独大而形成的一票否决权有关，这会有效提升亚投行的治理水平。对比美国国会对IMF份额改革的消极态度，全球化4.0正在理念上全面超越旧有的全球化3.0，但这也仅仅只是开始。

作为前所未有的国际合作倡议和理念，“一带一路”建设不仅可以动员和组织沿线各国积极行动，还可吸引区域外国家和资本积极参与。这将为促进各种文明和平共处、相生相容，打造政治互信、经济融合、文化包容的利益共同体、命运共同体和责任共同体，共同维护区域乃至世界的和平稳定，共建共享发展成果等提供重要示范，并促进既有全球治理规则的改革与完善，推动形成国际合作以及全球治理新模式。

2. 重塑全球金融秩序

“一手印钱、一手借债”的美元霸权

中国倡导共建“一带一路”虽不到两年，但近来已因亚投行变局引发全球关注与震撼，甚至有国际人士评论其为可与战后建立布雷顿森林体系比拟的事件。

1944年7月，“二战”正酣之际，美国推动建立了三个世界体系：一个是政治体系——联合国；一个是贸易体系——关贸总协定，也就是后来的WTO；一个是货币金融体系，也就是布雷顿森林体系。布雷顿森林体系的建立意味着美国从昔日的日不落帝国——英国手中接过了全球货币霸权的地位。

布雷顿森林货币体系（Bretton Woods system）是指在“二战”后确立的以美元为中心的国际货币体系，曾在“二战”后促进了资本主义

世界经济的恢复和发展。但由于美元危机与美国经济危机的频繁爆发，以及制度本身不可调和的矛盾性，该体系于1973年宣告结束。

布雷顿森林体系建立之初，美国曾经对全世界做出承诺，就是要各国的货币锁定美元，而美元锁定黄金。例如，以每35美元兑换1盎司黄金。有了美元对全世界的这个承诺，美国将不能为所欲为地滥印美元。如果多印35美元，意味着美国的金库里必须多储备1盎司黄金。但是，美国之所以敢做这样的承诺，是因为当时美国掌握了全球80%左右的黄金储备。

但美国在“二战”结束后连续卷入了朝鲜战争和越南战争，尤其是越南战争，差不多耗费了8000亿美元的军费。随着战争花费越来越大，这时的美国政府财政赤字巨大，国际收入情况恶化，爆发了多次美元危机，美元的信誉受到冲击。大量资本出逃，各国纷纷抛售自己手中的美元，抢购黄金，使美国黄金储备急剧减少。在20世纪70年代，美国相继两次宣布美元贬值。当时，欧洲的出租车上挂着“不再接受美元”的牌子，甚至乞丐也在自己帽子上写着“不要美元”。

1971年7月，第七次美元危机爆发，尼克松政府宣布实行“新经济政策”，停止履行外国政府或中央银行可用美元向美国兑换黄金的义务。1973年，美元停止兑换黄金和固定汇率制的垮台，标志着战后以美元为中心的货币体系——布雷顿森林体系的瓦解。

问题在于，美元突然刹车，但在国际间结算中全世界一时找不出第二种可以替代美元的货币，美元成了一种无奈的选择。而美国在1973年成功地迫使石油输出国组织（欧佩克）接受全球的石油交易必须用美元结算的要求。由于石油是各国发展经济的大宗必需商品，这样一来美国等于又把全世界纳入到了自己的金融体系中。

这在理论上意味着，美元与黄金脱钩，美国可以随意印刷美元，乃至于全世界替美国消化通胀，被人们认为从全世界身上“剪羊毛”。

例如，一方面美国大量印刷钞票，从以亚洲国家为首的地区购入大量消费品，致使中国、日本等国的美元外汇储备急剧增加，同时美国的贸易赤字不断扩大，美国继续印刷美元填补赤字。另一方面，美国发行大量的债券，中国、日本等国大量购买此类美元资产，从而使美元源源不断地流回美国。最近十数年来，美国对中国等亚洲国家和地区一直维持着这样的美元环流。这样的一手印钱、一手借债、两头获利的方式，使美国金融经济繁荣而实体经济空心化。这被有些学者称为美元的隐性殖民扩张——世界主权国家都脱离不开美元，最终实物财富通过与美元的兑换源源不断地进入美国。而当亚洲各国央行大量抛出本币而购入美元以求汇率平衡时，美国开始动用政治大棒，逼迫日本停止汇市干预，逼迫中国的人民币升值。

美元霸权给美国带来了诸多经济利益。美国可以较容易地应对国际收支失衡；美国企业对外支付没有汇率变动风险；美国金融机构盈利空间大。同时，可能给其他国家经济造成各种负面影响，例如美元汇率的变化引发了 1997 年的“亚洲金融危机”。

尽管布雷顿森林体系于 1973 年崩溃，但由美国主导的世界银行、国际货币基金组织（IMF）等机构仍是世界重要机构。目前全球金融秩序仍以美国为主导，各主要国际金融机构，很多情况下是美国意志的体现。例如，美国在 IMF 的出资额与对应的表决权均在 17% 左右，并享有一票否决权（vetopower）。然而，尽管近年来中国的国际影响力日益增大，但相应的话语权却没有提升。

“一带一路”的金融战略

从如上分析可以看出，由于历史原因和现实政治博弈，世界经济对于美元的使用形成了高度的依赖。从 1971 年开始，美元就从一种由黄金支撑的货币转变为一种只有美国可以任意发行的全球性储备货币工具。世界各国的外汇储备中美元储备平均占比达 65% 以上，其中，新兴市场经济体的美元占比更高。外汇交易中，用美元交易的比重平均约90%。

美元霸权本质上是一种地缘政治现象，即作为一种不兑现纸币的美元担当着国际金融体系结构的首要储备货币的角色。

应该说，美元霸权的形成，与美国在"二战"后世界政治中的地位是分不开的。"二战"后，美国崛起为世界超级大国，而从历史上来看，每个大国的崛起，都不可避免地要参与到影响和参与全球化进程中去，或者说，每一次全球化都是被一个崛起的国家所推动的。例如，"二战"后，美国特色的全球化，表现出来的就是美元的全球化。

"一带一路"倡议也可以认为是中国特色的一个全球化战略的初始阶段。但这个战略并不意味着完全和当今的全球一体化接轨，因为那意味着继续和美元全球化接轨。

在"一带一路"区域内，通过基础设施投资，进行要素和资源整合提升区域各国竞争优势，形成包括贸易、国际物流、产业加工、商贸服务的国际贸易产业链，最终可能发展成为亚欧共同经济带，可能改变世界经济的现有格局。

亚投行的出现是世界经济重心向亚洲区域转移的必然结果。世界经济曾经历了中国与周边各国的朝贡贸易体系、英国与金本位制、美国与美元本位制等几次转换。在"一带一路"倡议的推动下，随着世界经济重心转移至亚洲，现行世界贸易和金融秩序显然已经不适应世界经济发展的要求。布雷顿森林体系崩溃以来，世界经济危机周期性发生，目前各国还挣扎在经济低迷之中，中国的"一带一路"倡议和亚投行的设立顺应了世界经济重心转移和发展的潮流，在世界范围内赢得了广泛欢迎。

尽管"一带一路"倡议的机遇与挑战并存，但可以确定的是，人民币将在沿线国家投资项目中扮演更重要的角色。人们有理由相信，在“一带一路”等机制运作成熟之后，将会鼓励使用人民币，这样能够以投资的方式把人民币带出去，推动人民币的计价结算，带动人民币在亚太地区的使用和流通。

值得注意的是，人民币已经不断得到全球各界的认可。加拿大央行前副行长 Tiff Macklem 于 2015 年在上海陆家嘴论坛上表示：“随着人民币跨境使用越发广泛，在其渐渐成为一种国际货币的时候，就有一个历史性机遇建立一个新的布雷顿森林体系，来适应现代后危机时期的金融体系。”

由“一带一路”倡议所推动的人民币国际化，将大大增强国际金融体系的稳定性。随着“一带一路”建设的推进，亚投行、丝路基金逐步发挥作用，中国因素在跨境基础设施投资与产能合作中的作用日益突出，采用人民币投资的领域与地区将日益扩大。

“一带一路”建设将促进与人民币相关的各项金融改革与开放，包括人民币计价债券市场发展、人民币跨境支付清算系统建设、区域性信用评级体系建设、跨境监管合作、区域性汇率协调机制形成，从而增强人民币的国际货币职能。同时，更具国际竞争力的人民币，对于维护区域内货币稳定、建立富有竞争力和更加稳定的区域性货币体系作用显著，还将对国际货币金融体系改革、消除国际金融体系的脆弱性和不稳定性发挥积极作用。

3. 中国版的“再平衡”战略

全球政治进入“再平衡时代”

人们可以预见，“一带一路”倡议的推进，将深刻改变当今世界的政治格局，重塑世界经济地理，推动全球基础设施现代化，促进全球经济增长，推动新的全球一体化秩序的形成。

传统的全球化由海而起、由海而生，是由世界上的沿海地区、海洋国家先发展起来的。这种全球化进程造成了内陆国家、内地的落后，形成巨大的贫富差距和经济发展不平衡。上一拨全球化进程由欧洲开辟，由美国推行，从而形成国际秩序的"西方中心论"，并导致东方从属于西方，农村从属于城市，陆地从属于海洋等一系列不平衡、不合理的全球化态势。

中国倡议的"一带一路"建设正在推动全球再平衡。"一带一路"首先秉持的是开放和包容的理念，鼓励向西开放，带动西部开发以及中亚国家、蒙古国等内陆国家的开发，向国际社会推行全球化的包容性发展理念；同时，"一带一路"是中国主动向西推广中国优质产能和比较优势产业的战略，将使沿途、沿岸国家首先获益，也将改变历史上中亚等丝路沿途地带只是作为东西方贸易、文化交流的过道而成为发展"洼地"的面貌。这就超越了欧洲式全球化所造成的贫富差距、地区发展不平衡，从而推动世界各地区均衡发展，在全球化时代建立持久和平、共同繁荣的世界。

"一带一路"倡议中的"经济带"概念，是对地区经济合作模式的创新。倡议中规划的几个跨区域经济走廊——中俄蒙经济走廊、新欧亚大陆桥、中国—中亚经济走廊、孟中印缅经济走廊等，以经济增长辐射和带动周边经济欠发达地国家和地区，超越了传统发展经济学理论。

中国作为世界最大的贸易国家和第二大经济体，奉行不结盟政策，提出与作为海上霸主的美国建设新型大国关系。中国还提出21世纪海洋合作新理念，主张创新航运、物流、安全合作模式，通过特许经营权、共建共享港口等方式，推进海上与陆上丝路对接。

中国既不走西方强国在崛起过程中进行海洋的扩张、冲突、到全世界殖民的老路，也不走与美国的海洋霸权一争高下的对抗之路，而是寻求有效规避传统全球化风险，开创和谐共生、可持续发展的新型海洋文明。

“一带一路”倡议强调共建、共享、共赢理念，强调开放、包容原则，这就要求沿途、沿岸国家不仅要与本地区已有合作架构兼容，还要与域外力量相包容，而不是排挤俄美欧日等域外势力。这是用行动践行“中国梦是与世界各国人民追求美好生活的梦想相通”的理念。

总之，当今世界全球化秩序和规则的种种问题，同时就是中国推动“一带一路”建设的机遇和动力所在。“一带一路”既是成就中国梦，又要助推世界梦的实现。

“一带一路”——中国版的“亚洲再平衡”

据测算，目前亚洲地区共需8万亿美元左右的基础设施投资。如果“一带一路”能吸引4万亿美元的各类资本参与，则可拉动约16万亿美元的总产出，即使用10年完成这些项目的投资建设，其拉动的年均产出也将达到1.6万亿美元以上，对世界经济增长的贡献十分明显。而且，“一带一路”基础设施投资拉动的投资、消费大多会留在沿线国家。

这说明，在一定程度上，“一带一路”建设是中国为沿线国家提供的公共产品，将为各国分享中国的发展红利提供更多现实机遇。基础设施投资具有巨大拉动效应，远比一般的政府性援助作用更大、效果更佳。

同时，国际产能合作也将为沿线国家的产业发展带来新机遇，加快其工业化进程。“一带一路”带动的基础设施投资和产能合作，不仅会引致区域贸易更加活跃，而且将激发区域内多种产业投资，降低区域内贸易成本，并加速区域经济一体化，引发更大范围、更深领域、更多形式的区域经济合作，成为亚洲命运共同体形成的内生动力。

中国"一带一路"倡议被一些学者看作是中国版的"亚洲再平衡"战略。

美国的"亚洲再平衡战略"是在中国经济快速崛起、中国在东亚的影响力不断上升的背景下提出的。从本质上说，美国的"亚洲再平衡战略"是要维护东亚在政治、经济和安全上从属于美国冷战后建立的地区秩序，事实上是维护一种不平衡秩序的战略。例如美国推动的TPP建设，在世界舆论看来，虽然也寻求推动世界经济的发展，但其把掌握"下一代贸易规则"制定权的意味也颇为明显。

与美国这种制衡性的、基于秩序考虑的战略不同，作为"中国版的亚洲再平衡"的"一带一路"倡议，其最直接的追求目标是提升亚洲内部的一体化水平，实现亚洲经济的均衡增长，是从合作出发的、基于亚洲经济发展考虑的战略。

"一带一路"倡议的成功实施，将彻底改变亚洲内部经济发展的不平衡局面，塑造一个一体化的亚洲，同时，将对亚太地区国际秩序产生重大影响。

虽然"一带一路"倡议是由中国提出的单边倡议，但不是自利的，它反映了中国三个层次的需求：中国新一轮改革开放的需要；推进亚洲区域合作的需要；以及促进世界和平发展的需要。这使"一带一路"与美国提出的"亚洲再平衡"战略明显不同。

只有积极推动亚洲一体化，在合作进程中建设共同繁荣的亚洲，"一带一路"才能真正重塑亚洲政治经济格局。从这个意义上看，"一带一路"是建立在时代发展需要基础上的中国版"亚洲再平衡"战略。

联通亚、欧经济圈

在"一带一路"倡议所连接的亚欧版块上，居住着全球大多数的人口，有着全世界重要的原料和能源产地、巨大的市场，也是全球重要的科技发源地。一旦“一带一路”顺利推进，带动上述资源完成整合，可以预见亚欧大陆未来将真正成为一个整体，在全球将占据主导地位，甚至从而改变美、英等国自大航海时代以来建立的海权国家的地缘优势。

有人甚至这样预期，随着“一带一路”规划的推进，世界中心也许会逐渐由以往以“美—大西洋—欧洲”为核心的“基督教文明圈”，开始转向以“中—欧亚腹地—西欧”为核心的“多元文明圈”。

“一带一路”建设有一个非常重要的组成部分，就是亚欧大陆北、中、南三条高铁线路的建设，总里程约为40000公里。这些横贯亚欧大陆和连接整个东南亚的高铁线路一旦完工，将把整个亚欧大陆连成一个整体。

举一个最现实的例子，以前中国到欧洲的货物，不管内陆还是沿海，90%以上都要“一江春水向东流”，先运到沿海，然后走海运到欧洲，从起点到终点的运送时间需要40天左右。重庆至欧洲国际铁路大通道——“渝新欧”国际铁路联运大通道自2011年正式运行以来，其运费为每个40英尺集装箱6500美元左右，而相应的海上运费是5000美元左右，“渝新欧”的运费虽然比海运贵1500美元，但从时间效益上来说，“渝新欧”节省了20多天时间，企业的资金可以得到更快的周转。假设1个集装箱的货值为1000万元，仅财务成本就能节约3万元，相当于5000美元。

再如“郑新欧”国际运输班列，铁路货运班列始于郑州，经新疆阿拉山口出境，途经哈萨克斯坦、俄罗斯、白俄罗斯和波兰后到达德国汉堡，全程10214公里，运行时间16天左右，比走海运到欧洲节约时间15天左右。

还有“蓉欧”快铁运输班列，从中国的成都青白江集装箱中心站出发，经新疆阿拉山口出境，途径哈萨克斯坦、俄罗斯、白俄罗斯后，直达波兰第三大城市罗兹奥莱霍夫站，全长9826公里，站到站运行时间12～14天，并可在1～3天内分拨至欧洲任何地方。比当前货运班列节省8～10天，比海运节约1个月以上，运输成本仅为空运的1/8～1/4。

"一带一路"的物流通道联通的不仅仅是中国和欧洲，还联通了广大的东亚地区和沿线国家。

以韩国为例，韩国与欧洲最常用的物流网络有两种，一是海运，二是铁路。海运价格低廉，但耗时较长，从韩国出发到欧洲港口需四五十天。韩国物流业界人士表示，虽然可以利用西伯利亚铁路，但连接韩国与欧洲间最短的物流网是中国的新亚欧大陆桥。"一带一路"建设助力新亚欧大陆桥的迅速推进，韩国因此多了一个通往欧洲的新选择，无疑是很大的利好。

2015年2月25日正式开通的这一铁路线，是中国"一带一路"建设重要成果之一，对韩国更是有着特殊的意义。在中亚国家哈萨克斯坦，韩国三星和LG品牌产品占据当地电子产品市场高达80%的份额，在大型购物中心，谜尚、菲诗小铺等韩国化妆品代理店正在不断增加。然而，韩国与哈萨克斯坦之间，每周的直航航班只有5个班次，可提供的坐席仅为675个。目前，很大一部分韩国产品是通过横跨中国大陆进行运输，产品通过船只运送到中国江苏省连云港，然后通过"连新亚"定期货运铁路运抵阿拉木图。韩国的商界人士认为，与"一带一路"经济带相关的基础设施建设资金需求规模是巨大的，市场空间广阔，对韩国商品的需求也会相应增加。

帮助东盟打造"钻石十年"

中国—东盟关系已走过了"黄金十年"（2003～2013年），目前又跨入了"钻石十年"。在已过去的"黄金十年"，中国—东盟建成了发展中国家最大的自贸区（2010 年），就在自贸区建成的第二年（2011 年），东盟即超越日本，成为中国第三大贸易伙伴。

研究数据显示，2014 年，中国与“一带一路”沿线国家的贸易额已经超过 1 万亿美元，约占中国对外贸易总额的 1/4。其中，在海上丝绸之路沿线，中国与东盟的贸易额已由 2001 年的 400 亿美元增加至 2014 年的 4800 亿美元，年均增长率为 21.1%，高于同期中国贸易总额增速约 4 个百分点。而中国与东盟的双向投资规模则从 10 年前的 300 多亿美元累计增加至目前的 1200 多亿美元，年均增长率为 14.9%。

未来一段时期内，在升级版的“中国—东盟自贸区”和“区域全面经济伙伴关系协议”（RCEP）的制度性框架下，预计中国与东盟间贸易额 2020 年还将扩大至 1 万亿美元，双向投资额将达 1500 亿美元。同期，随着中国经济由要素驱动向创新驱动、由外需拉动向内需驱动的转型与升级，预计中国将从世界各国进口约 10 万亿美元的商品，对外投资将超过 5000 亿美元。

在未来 10 年中，随着“海上丝绸之路”的构建，以及中国与东盟合作的进一步深化，中国与东盟的区域一体化和共同体建设将从地区战略目标转化为实现地区和平与稳定的战略手段之一。

推动沿线发展中国家经济增长

随着中国经济的崛起和腾飞，中国在更多方面有能力帮助别国，特别是作为制造业大国，中国不仅可以输出丰富多彩、价廉物美的日常用品，而且能够向世界提供更多的技术和设备。作为全球主要外汇储备国，中国能够携手各国共同应对金融风险，中国有实力投资海外，与急需资金的国家共同把握发展机遇。千百年来，不同的文化在古丝绸之路上交相辉映、相互激荡，积淀形成了世人共知和推崇的和平、开放、包容、互信、互利的丝绸之路精神，而且不断注入时代内涵。作为多元文明碰撞与交流的遗产，丝路精神并非中国独享，它一直是全人类的共同财富。

经济后发的国家通常有一些类似的结构性特点，例如，基础设施条件差，资源开发能力弱，体制政策效率低，缺乏熟练工人和各类人才等等。当一个国家的经济进入快速成长轨道，其根本动力当然是自身努力以及内在因素，其发展意愿与体制政策选择具有决定性作用。但同时，切实有效的外部合作也能对突破贫困陷阱、进入经济起飞状态发挥重要助推作用。中国凭借新兴大国经济的组合优势特点，有可能通过倡导共建"一带一路"为沿线国家提供全新的合作发展契机。

凭借制造与建造方面的出色能力，中国能为"一带一路"沿线的经济后进国家提供性价比最好的基础设施建设解决方案；借助阶段性充裕的国民储蓄和外汇储备资源，中国能有效帮助沿线国家超越储蓄与贸易"双缺口"对起飞发展的制约；中国部分劳动密集型产业、产品或产品区段，随着国内要素价格上升会在市场机制和比较优势规律作用下逐步向国外转移，为沿线承接转移国家创造非农就业、提升人力资本、发挥比较优势提供现实机遇；中国与有关国家共享改革发展经验，有望为沿线国家体制与政策诱致性改革变迁提供善意有效的推动力。

当然，"一带一路"并非仅限于中国与相关国家的双边关系，而是亚欧大陆之间广大发展中国家之间的区域合作行动。不过中国作为最大新兴经济体，已经并将继续在这个进程中发挥特殊作用。通过共建"一带一路"，中国将有机会向世人展示自己是很多发展中国家的最好合作发展伙伴，中国和平发展伟业也有望从中获得广泛助益。

第七章 世界各国的“丝路计划”

1. 大国及地区的丝路计划与基建计划

美国的新丝路计划

20世纪90年代，随着苏联解体，冷战宣告结束。美国为帮助新独立的中亚地区国家发展当地经济，摆脱俄罗斯、伊朗的影响，走上所谓的“自由民主”之路，同时也为了利用里海地区重新被发现的油气资源来实现其能源进口多元化的目标，就曾经提出一个“丝绸之路计划”。

美国国会于1999年5月通过《丝绸之路战略法案》（Silk Road Strategy Act of 1999）。该计划强调通过经济手段加强这一区域同外界的联系。里海的油气资源成为美国关注的重点，该计划的目标是，加强中亚与南高加索国家和欧洲的经济、能源联系，而非南北方向与俄罗斯和伊朗的联系。

2011年美国为了顺利从阿富汗撤军，并防止撤军后阿富汗安全形势急转直下，导致其在中亚、南亚地区的战略利益受损，再次提出新版的"新丝绸之路计划"，试图以阿富汗为枢纽，加强中亚与南亚国家的经济合作。

2011 年 7 月，美国国务卿希拉里·克林顿在印度参加第二次美印战略对话期间提出"新丝绸之路"计划。2011 年 9 月，联合国大会期间，美国主导召开"'新丝绸之路'部长会议"。11 月的阿富汗问题伊斯坦布尔会议、12 月的阿富汗问题波恩会议，以及 2012 年 5 月的北约峰会中，"新丝绸之路"计划都是重要议题。

美国提出"新丝绸之路计划"的背景有几个方面：

首先是久拖未决的"阿富汗战争"让美国财政难以为继。维持高额战争开销对于美国经济复苏产生了极大的消极作用。有关统计表明，美国政府在"阿富汗战争"中的战争费用约 2.3 万亿 ~ 2.6 万亿美元之巨，美国民众的反战呼声不断上升。

从阿富汗局势看，阿富汗社会的安全局势同样不容乐观，反美主义盛行。在经济方面，经过多年战乱，阿富汗以农牧业为主的经济遭到严重破坏，目前已经沦为世界上最不发达的国家之一。据 2011 年数据，2010 年阿国内生产总值只有 156 亿美元，在 184 个成员中排名第 108 位，人均 GDP 只有 517 美元，位列第 169。长期战乱导致阿富汗国内物资匮乏，600 多万人沦为难民。美国虽然也投入了一定资源用于阿富汗经济重建与人道主义项目，但与其反恐战争的军事投入反差巨大，仅占到战争支出的 6% 左右。这给阿富汗及整个地区的民众留下了美国"只反恐不顾民生"的负面形象。以上这些因素促使美国从单纯注重军事战略、依靠自身和少数北约成员，转变为军事战略与经济战略并重。

此外，美国全球战略重心调整和转移也是一个重要背景。自"9·11"以来，美国的战略重心基本上集中于"伊拉克战争"和"阿富汗反恐战争"，在某种程度上忽视了东亚与东南亚地区。在美国忙于反恐的十年里，亚太地区悄然崛起为世界上最具活力的地区。在经济与政治两个层面，世界力量中心从西方转移至东方。为了应对国际格局的新变化，美国开始逐步将战略重心从伊拉克和阿富汗转移到经济上充满活力的亚太地区。有学者甚至认为，推出“新丝绸之路”计划是美国体面退出阿富汗的战略选择。

总的来说，美国通过“新丝绸之路计划”想达到这样几个战略目的：

首先，通过“新丝绸之路计划”的实施，打通中亚—阿富汗—南亚的贸易通道，为阿富汗提供能源、创造就业机会，从而使阿富汗社会能在美军撤离后维持一个稳定、繁荣的局面。

其次，加强与印度的战略伙伴关系，借印度的力量对中国及伊斯兰世界加以制衡。“新丝绸之路计划”的规划中，试图推动中亚—南亚的能源合作，这对能源短缺的印度而言有较大吸引力，推动地区合作稳定阿富汗经济也符合印度的利益。

第三，主导阿富汗及周边地区发展进程，保持并强化美国对该地区的影响，同时，弱化俄罗斯和中国的影响，以防止俄、中两国垄断中亚事务。美国试图通过“新丝绸之路计划”为中亚国家寻找新的能源出口方向，防止它们在经济上过度依赖俄罗斯和中国，也防止军事力量大范围撤出中亚后，丧失对这一地区的控制权。

第四，防止伊朗对阿富汗地区施加影响。伊朗和阿富汗有近1000公里的边境线，在阿富汗的各个历史时期内，伊朗一直在对这个国家施加影响，甚至常将阿富汗看作是自己的势力范围。在2002年的阿富汗问题东京会议上，伊朗宣布向阿富汗提供5.4亿美元的援助，是非经济合作发展组织（OECD）成员国中援助额最多的国家，且援助也基本到位。由于美国坚持通过经济制裁迫使伊朗放弃核计划，且其中东战略要抑制伊朗成为地区霸权国家，所以，美国反对“伊朗—阿富汗—巴基斯坦"的横向主轴地区能源合作，而力推竖向主轴的"新丝绸之路计划"。

从2011年7月美国政府宣布"新丝绸之路计划"至今，几乎没有取得大的成果，其深刻原因在于：一方面美国的"新丝路"战略虽然把阿富汗规划为枢纽地位，但阿富汗安全形势一直不稳；另一方面，这一地区的事务并非事关美国最核心国家利益，而只是其局部战略，所以，计划更多的只是政策层面上的，并没有全力以赴地推进。

从美国的小布什政府到奥巴马政府对推动中亚地区合作都是雷声大雨点小，不愿投入过多政治、外交和经济资源解决妨碍地区合作的问题。例如，在政治层面甚至历来少有高官访问中亚地区。在该计划所涉及地区内的国家如中亚、南亚地区各国分歧重重、合作难以展开的情况下，以阿富汗为"枢纽"的地区间合作是无本之木，难以迅速见效。

美国还基于自身的战略考虑，阻碍该地区之间国家的合作。如出于对制裁伊朗的需要反对伊朗和巴基斯坦的能源合作，反对伊朗—巴基斯坦—印度之间的天然气管道项目（IPI），引起饱受能源紧缺困扰的巴基斯坦的极大不满。

此外，美国的"新丝绸之路计划"对阿富汗的经济规划主要定位以喀布尔等大城市为中心，而忽略了该国广大的农村地区，然而这些地方的战略重要性却非常重要，大量边远地区无法从计划中受益，仍旧不能从根本上扭转阿富汗的经济态势。

从2011年到现在四年过去，美国在"中亚区域经济合作会议（CAREC）"框架下所做的努力取得了一些进展，2012年《杜尚别宣言》提出一批建设项目得到部分实施，有些项目对区域经济应有积极意义。然而与超前设计能力比较，美国在实施战略的落地行动方面似乎仍面临短板约束，系统跟进和落实措施明显不足，总体看收效并不理想。甚至有海外媒体评论说希拉里的"新丝绸之路"现已不见踪影，也听不到“美国正在为中亚国家的经济发展做贡献”这样的话了。

与此形成反差的是，近年来，中国与这些国家双边与区域经济合作则更为务实且推进活跃。如 2013 年 9 月中国国家主席习近平访问哈萨克斯坦期间，两国签署 22 项经贸合作协议，总金额达 300 亿美元；2014 年 12 月中国总理李克强访问哈萨克斯坦签订 140 亿美元大单，推进两国在能源、基建、金融等各领域合作；2015 年 4 月 20 ~ 21 日习近平访问巴基斯坦，更是带去价值 460 亿美元投资计划，两国在一天内签署 51 项协议和谅解备忘录，宣告 5 项重大电力工程破土动工。

如何理解上述这种反差？首先与中美两国相关政策优先程度有关。美国的“新丝绸之路”战略主要着眼点在安全领域，为美军从阿富汗撤出后做善后安排。虽然也包含经济发展规划设计内容，然而美国无心同时也无力投入与其战略设计需要相一致的大规模资源，与当年帮助欧洲战后重建的“马歇尔计划”不可同日而语。

相反，中国对于中亚及区域国家在经济及其他领域合作给予很高的政策优先度。比如，习近平与李克强在 2013 年 3 月就任中国国家主席与国务院总理后，分别于当年和次年访问中亚多国，提出并推动共建“一带一路”规划。2015 年 5 月 7 日，习近平再次到访阿斯塔纳，“同（哈萨克斯坦）纳扎尔巴耶夫总统共同规划中哈各领域互利合作发展蓝图，包括推动建设丝绸之路经济带、协调双方在一系列大项目合作上的立场”。中国首脑外交这样超乎寻常的安排，集中体现中国最高决策层把致力于与周边国家合作发展作为最为优先的经济外交目标之一，决心通过制定实施“一带一路”的“五通”规划谋求自身与沿线国家共同发展，构筑中国与区域国家的命运共同体。这显现出中国对该地区的重视态度远远超过了美国，合作成果反差巨大也就不足为奇了。

日本的亚洲基建投资计划

从 2004 年开始，日本政府曾展开过一个“新丝绸之路外交”。2004

年8月26日，日本外相川口顺子在访问乌兹别克斯坦首都塔什干时，发表了政策演说，指出日本对中亚援助的核心是能源与环境，日本准备为乌兹别克斯坦南部的铁路建设提供164亿日元的有偿贷款。日本将接收中亚各国的研修生来日学习，在未来3年内从中亚接收1000名留学人员。日本将向中亚各国提供财政支援，以帮助中亚国家获得出海口，为此，日本政府建议中亚各国加快建设地区性铁路交通网，随后铺设一条通过阿富汗的铁路。

2015年5月21日，日本首相安倍晋三宣布了一项今后5年大约1100亿美元的亚洲基础设施建设投资计划，其中大约半数的资金来自日本国际协力事业团和日本国际协力银行等国家机构。

安倍晋三说："我们打算积极利用这些资金，以长远视角，使亚洲遍布高质量、创新性的基础设施。"日本媒体报道称，该计划意在表明日本致力于通过人力资源开发和技术转让，帮助在亚洲建设"高质量的基础设施"。日本《读卖新闻》则评论，日本希望利用这项计划提高存在感，与倡议设立亚投行的中国展开主导权之争。

中国有关专家认为，日本这一计划包含抢占亚洲基础设施建设市场、削弱亚投行的影响力等目的。同时，由于日本国内呼吁加入亚投行的声音正在加大，这也是安倍政府应对国内舆论压力的举措。

在2015年7月4日，日本首相安倍晋三参加了与柬埔寨、老挝、缅甸、泰国和越南领导人举行第七届日本与湄公河流域国家首脑会议。处于湄公河下游的这5个国家都是发展迅速的经济体。安倍晋三在会议上表示："未来三年，日本将以政府开发援助（ODA）的形式提供总额7500亿日元（约合60亿美元）的支持。"他还说："湄公河地区对基础设施有巨大需求，是我们最重视的地区之一。"他表示："日本将从质量和数量上为这一地区的基础设施开发做出贡献。湄公河地区和日本将是共同发展的伙伴。"

有评论家认为，由于中国的经济实力日益增强，外交影响力也随之加大，这增加了日本加强其在这场地区影响力争夺战中的紧迫感。

中国带头、他国跟进，这在近年来的国际关系中并不鲜见。中国对非洲贸易和投资发展迅速，已连续多年成为非洲最大贸易伙伴，现在又把中非经贸关系新的增长点放在了基础设施上。面对这一局面，美欧和日本、印度等国纷纷扩大对非经贸合作。中国与东盟关系在本世纪度过了突飞猛进的“黄金十年”，现在又迈进“钻石十年”，这给了美国、日本、印度等域外国家以启发，它们都增加了对东南亚国家的投入。

考虑到亚洲的基础设施建设存在的巨大资金缺口，中国对日本增加对亚洲基础设施的投资也是乐见其成的，从更高的层面来看，良性的竞争对亚洲发展是有益的。

印度的经济带战略

（1）季风计划

不少印度媒体和分析家乐于将印度政府提出的“季风计划（Project Mausam）”看作是对中国“一路”规划的某种回应。印度的“季风计划”主要是指，以印度文化对环印度洋区域深远的影响力，以及环印度洋国家和地区间历史悠久的贸易往来为依托，以印度为主力，推进这一地区各国加强合作，共同开发海洋资源，促进经贸往来等。

就现有信息来看，印度提出的“季风计划”尚缺乏具体内容细节，只是停留在战略设想层面上，但从名称来看，蕴含着印度政府的远大战略追求，即在从南亚次大陆到整个环印度洋的广大区域内打造以印度为主导的地区合作新平台。

（2）香料之路

印度政府提出的“香料之路（Spice Route）”，是与“季风计划”

同时推出的另一个倡议。与"季风计划"一样，目前具体内容和构想也尚未明确。在古代历史上，"香料之路"是沟通亚、非、欧三洲之间贸易往来的主要海上通道，特别是在15世纪，欧洲人发现海上新航路后，葡萄牙人、荷兰人沿着新航路将大批香料运入欧洲市场，这条将香料从东南亚诸岛运往欧洲市场的海上航路就被称为"香料之路"。印度作为世界上公认的香料王国，希望利用这一名称来拓展印度与东南亚国家、欧洲国家的经贸文化往来。

印度外交人士在回应提问时曾着力表明，不论是印度的"季风计划"还是"香料之路"都不是和中方的"一带一路"相对的，二者并非平行或互相取代的关系。他们不希望印度政府自己的"季风计划"或"香料之路"被解读为对抗中国"一带一路"的需要。

（3）印度与伊朗合作翻修查巴哈尔港口

印度政府于2014年决定参加伊朗东南部查巴哈尔港的翻新计划，并为此约拨出8600万美元，由印度方面对这个海港实施加深工程。

由于中国援建的巴基斯坦瓜达尔港距离查巴哈尔港不到200公里，且两个港口都定位为中亚国家的主要贸易出海口，自从中国帮助巴基斯坦建设瓜达尔港以来，印度就加大了对伊朗查巴哈尔港的支持力度，并积极合作建设该港口通向阿富汗及中亚各国的公路，以跳过中国和巴基斯坦，与中亚国家加强贸易联系，同时遏制瓜达尔港成为中亚贸易出海口。

俄罗斯的"欧亚经济联盟"

欧亚经济联盟是由俄罗斯主导的独联体内经济一体化项目，于2015年1月1日正式启动，已包括俄罗斯、白俄罗斯、哈萨克斯坦、亚美尼亚和吉尔吉斯斯坦五国。欧亚经济联盟的前身是俄白哈三国建立的关税同盟。欧亚经济联盟旨在扩大联盟市场的规模，催生新的投资项目，巩固成员国之间的经贸联系。从2015年1月1日起，俄罗斯、白俄罗斯和哈萨克斯坦三国公民在欧亚经济联盟任何一国就业不再需要获得专门的工作许可。

中国长期以来与上述几国政府有着良好的经贸合作。公开数据显示，2014年，中国从俄罗斯、哈萨克斯坦和白俄罗斯分别进口货物415.6亿美元、97.0亿美元和7.4亿美元，中国对三国的出口货物分别为536.9亿美元、127.2亿美元和11.1亿美元。在白俄罗斯，被誉为中国在海外最大的工业园——中白工业园正悄然起步。据悉，该产业园中，中方将占股60%，白方将占股40%。该产业园将聚焦生物医药、电子通信科技、高端制造等领域。目前，已有多家企业对入园颇感兴趣。此外，中国与哈萨克斯坦的产能合作已达成28项协议，投资总额达230亿美元。在俄罗斯，中俄在高铁、航天、造纸、水泥制造等领域均已达成合作共识，双边贸易额有望创新高。

这些无疑为“一带一路”与“欧亚经济联盟”的对接和后续项目合作奠定了良好的经济基础。

从外因来看，由于“乌克兰危机”导致的西方国家对于俄罗斯的封锁，迫使俄罗斯主动转向亚洲；从内因来看，随着中国经济的崛起，尤其是俄罗斯主导产业以来的国际油价的持续低迷，作为新兴经济体的中、俄两国经济实力对比近年也发生了非常大的转变；同时，中国提出的共建“一带一路”愿景与行动，以及中国倡导成立的包括金砖银行、亚投行，这些都给俄罗斯带来了合作机会。“一带一路”与欧亚经济联盟的对接，既可以促进欧亚经济联盟的发展，也有助于促进共同推动建设“一带一路”经济带。

对于“一带一路”与欧亚经济联盟对接的前景，中俄学者普遍持积极态度。俄罗斯阿里巴里分析中心分析师米哈伊连卡指出，欧亚经济联盟和中国提出的建设丝绸之路经济带倡议在本质上相同的，都是为了促进亚欧地区经济的发展。两国签署了丝绸之路经济带建设和欧亚经济联盟建设对接合作的联合声明，这为亚欧大陆的经济谋划了一个光辉的前景。俄罗斯科学院院士、经济全球化专家博戈莫洛夫说，欧亚经济联盟与"一带一路"对接，可以有效带动沿线国家，尤其是中亚地区国家基础设施建设和整体经济的全面发展。

中国有关学者认为，一方面"一带一路"首先秉承的是开放包容的理念，并不是要开启全新的合作空间，而是要在现有各种合作条件的基础上，寻找新的、更大的机会，并促进合作的产生。而中国与欧亚联盟各成员国在经贸领域更多的是互补协作，而不是相互竞争的关系。

欧盟的"容克计划"

2014 年 11 月，欧盟委员会主席容克提出为期三年、总规模达 3150 亿欧元的投资计划，即"容克计划"。该计划旨在带动私人资本、资助投资项目、重振欧洲经济，其内容涵盖了科技创新、交通、基础设施建设、宽带网建设等，以推动欧洲的再工业化、建立一体化数字市场、港口铁路网改造。

"容克计划"的再工业化、单一数字市场、港口铁路网改造等和中国的"一带一路"倡议有高度的相通、契合之处。注重基础设施建设的"容克计划"如果与中国"五通三同"的"一带一路"倡议实现对接，将为双方的经贸关系带来新的动力和巨大机遇。

目前中欧双方均有意实现"一带一路"与"容克计划"的战略对接。欧盟委员会主席容克在接受新华社采访时表示："中国'一带一路'计划的宗旨和价值值得肯定，这一计划不仅可使中国自身获益，欧洲国家也可借此加强与亚洲经济的动态联系。"

在 2015 年 3 月发布的首次中德高级别财金对话联合声明中，中方明确表示欢迎并愿意参与"欧洲投资计划"和欧盟"地平线 2020"计划，德方则欢迎中方与欧投行和 EFSI 合作开展联合项目融资或支持建立投资平台。

2. 其他沿线国家的经济带建设规划

印度尼西亚——“全球海洋支点愿景”

自 2014 年 10 月 20 日佐科・维多多（Joko Widodo）就任印尼第七任总统以来，提出了“全球海洋支点愿景”的纲领和蓝图，愿景突出了大力推进基础设施建设和捍卫海洋主权这两条主线。印尼的国家发展重心将逐步由陆地转向海洋。

印尼近年来的经济发展虽然取得了引人注目的成绩，但是也积累了不少弊端。最为关键的是，印尼作为一个群岛国家，一直以来国家整体发展的方向却偏重于陆地，这种国家定位与发展重心的不一致，使得印尼出现了海洋基础设施严重不足。有评论称，当今印尼“几乎所有的基础设施都跟不上经济的发展速度”。有鉴于此，印尼政府计划未来五年投入巨资来新建或改建各类公路铁路 8600 公里、49 座大坝、35000 兆瓦的发电站以及 24 个港口。其中最为引人注目的，就是佐科提出建立“海上高速公路”的概念，这一概念要求印尼成为沟通太平洋和印度洋的通衢，同时有效地联通印尼国内的上万个岛屿，改变各个岛屿互不相闻的局面。

佐科在 2014 年北京 APEC 工商领导人峰会上，介绍了印尼下一步的国家港口发展计划。该计划将耗资 699 万亿印尼卢比（约合 574 亿美元），主要内容是建设 24 个商业港口、1481 个非商业港口以及采购相关船只。

2015 年 3 月，佐科访华并出席博鳌亚洲论坛年会。在和习近平会见后，中印在联合声明中指出，习近平主席提出的建设“21 世纪海上丝绸之路"重大倡议和佐科总统倡导的"全球海洋支点"愿景构想高度契合。双方同意发挥各自优势，加强战略交流和政策沟通，推动海上基础设施互联互通，深化产业投资、重大工程建设等领域合作，推进海洋经济、海洋文化、海洋旅游等领域务实合作，携手打造"海洋发展伙伴"。

2015年4月22日，中国和印尼发表联合新闻公报，公报称双方承诺积极落实《中印尼经贸合作五年发展规划》，尽快签署优先项目清单。两国重申将全面对接中方建设"21世纪海上丝绸之路"战略构想和印尼方"全球海洋支点"发展规划。中方重申将积极参与印尼铁路、公路、港口、码头、水坝、机场、桥梁等基础设施和互联互通建设，并愿意通过多种方式对相关项目提供融资支持。

哈萨克斯坦——"光明大道计划"

2014年11月，哈萨克斯坦总统纳扎尔巴耶夫提出实施"光明大道"新经济计划，其核心内容是实施基础设施，尤其是交通基础设施的大规模建设，目的在于激发经济活力、确保哈萨克斯坦的经济稳定增长和在国内创造更多就业机会。

根据这个计划，哈萨克斯坦将实施17项大型基础设施建设项目，其中12项为公路建设项目，5项涉及铁路、港口及机场建设项目，最终建设成以首都阿斯塔纳为中心，向全国辐射的公路、铁路、电力输送网络，并将建设大量的学校、医院、公共服务设施和居民住宅。"光明大道"计划预计将创造50万个就业机会。

哈萨克斯坦有关人士认为，"光明大道"计划与中国的"一带一路"倡议形成良好呼应和对接，这两大构想的互补性将促进哈中经贸和投资合作全方位发展。

蒙古国——“草原之路”

“草原之路”是蒙古国提出的通过运输贸易振兴本国经济的倡议，由 5 个项目组成，总投资预计约 500 亿美元，项目内容包括：连接中国、俄罗斯的长达 997 公里的高速公路、1100 公里电气化铁路、扩展跨蒙古国铁路以及天然气和石油管道等。

在 2014 年 9 月 11 日于塔吉克斯坦首都杜尚别举行的中、俄、蒙元首会晤中，中国国家主席习近平提出了共建丝绸之路经济带的倡议，指出可以把“丝绸之路经济带”同俄罗斯的“跨欧亚大铁路”、蒙古国的“草原之路”倡议进行对接，打造中蒙俄经济走廊，获得俄方和蒙方积极响应。

韩国——“欧亚计划”

韩国总统朴槿惠于 2013 年 10 月首次提出了“欧亚计划”。该计划包括：逐渐实现从釜山出发，贯通朝鲜、俄罗斯、中国、中亚直到欧洲的“丝绸之路快车”；建设连接欧亚东北部的道路和铁路设施；构建复合物流网络，并积极将其延伸到欧洲；构建欧亚能源网等。

目前，韩国企业联合体正在间接参与朝鲜、俄罗斯的经济合作项目——“罗津—哈桑铁路项目”。韩国将在 2015 年 7、8 月份启动“欧亚丝绸之路特级列车”项目，以推进其欧亚倡议的核心课题——“丝绸之路快车”。

肯尼亚——“拉穆港—南苏丹—埃塞俄比亚交通走廊”

2012 年 3 月，肯尼亚联合南苏丹和埃塞俄比亚启动了“拉穆港—南苏丹—埃塞俄比亚交通走廊”项目，这个走廊将把这三个非洲经济体联系在一起，有助于推动地区贸易和非洲一体化的理念。

这一庞大的交通走廊项目包含拉穆港和连接拉穆港—南苏丹的铁路、公路、石油管线等诸多组成部分，总投资额约250亿美元，被认为是非洲国家独立以来"非洲大陆最大的工程"。这个项目建成后，预计将帮助南苏丹摆脱对苏丹港口及原油管道的依赖，减少双方摩擦；为埃塞俄比亚增加了一个货物进出口通道，从而有效加快埃塞南部地区的经济发展；同时，以拉穆港为起点的拉穆走廊将发展成与以蒙巴萨港为起点的北部走廊同等重要的东非交通大动脉，为肯尼亚带来可观的石油输送运营收入，大幅加快肯尼亚的经济发展。

该经济走廊与中国的"一带一路"倡议有契合之处，对于打通内陆国家经济通道意义重大。目前，中国的交通建设股份有限公司参与了拉穆港1~3号泊位的建设。

第八章　“一带一路”的大国态度和地缘挑战

事实证明，中国倡议、中国方案、中国理念具有建设性，并正在产生引领效应，带动本地区和整个世界共同向好。中国的行动之所以能够产生示范和引领作用、得到积极响应，最根本的原因在于其追求合作共赢，不寻求排他性利益。

当然，由于国际政治的复杂性，其良好的初衷和善意的做法有时也难免遇到误解、质疑甚至敌意、排斥。美日对亚投行的冷淡态度，个别西方舆论对中国在非洲“新殖民主义”的诋毁，印度对“一带一路”倡议的暧昧立场，美国对接受“中美新型大国关系”概念的犹疑，都说明中国“带头”面临的困难。

中国带头，并非当头。在国际关系中，中国已经带了一个又一个好头，今后仍应积极进取。不论遇到什么困难，知难而进、增信释疑、持之以恒，这是中国应有的态度。假以时日，中国倡导的以合作共赢为核心的新型国际关系理念和实践必将为越来越多的国家所接受和支持。这是中国应有的信心和定力。

1. "一带一路"的国际战略背景

和平与发展依然是两大主题

2015 年 3 月 8 日，外交部部长王毅在十二届全国人大三次会议记者会上明确提出，2015 年中国外交的关键词是"一个重点、两条主线"。其中，"一个重点"就是全面推进"一带一路"，"两条主线"就是做好和平与发展这两篇大文章。

20 世纪在全球范围内政治和经济领域都发生了前所未有的大变局，发生了一系列改变世界历史的大事件，例如两次世界大战、冷战，世界政治、经济经历了近现代化的变革。到了新的世纪，可以说，和平与发展依然是当代世界的两大主题。在经济全球化的时代大背景下，综合国力的较量早已取代单一的军备竞赛成为国际竞争的主要内容。这种背景下，发展先进生产力、增强经济实力、具备国际市场竞争力已成为各国发展的首要目标。

在这种时代背景下，世界各国在经济领域的重大任务是，对本国财税体制、投融资体制、贸易体制、科技教育体制进行相应的改革和调整，形成改善供给效率、挖掘增长潜力、建立公平竞争的激励机制和政策平台；调整本国的企业制度、企业组织管理、企业创新机制，形成适应全球化的微观基础；开放本国的农业、高新技术产业、金融、电信、物流等领域，发展全球竞争力。

在维护世界和平方面，现有的在国际间形成的以国际组织、多边协定、非政府组织和地区组织构成的国际政治体系，长期以来一直是维护世界和平的基础。

20 世纪末期冷战结束后，世界范围内形成了"一霸多强"的国际政治格局，这种格局使和平的国际环境存在着诸多的不确定性。但在

2001年“9·11”事件之后直至今天，反“国际恐怖主义”已成为世界各国的共同诉求，也因而成为世界范围内的一项主要议题，这使得在全球政治多极化的情况下出现了加强国际合作的新转机。

“一带一路”倡议经济带的着眼点之一就是经济领域的共赢与合作，这十分符合和平与发展的世界潮流，也与世界各国谋求经济发展的目标相吻合。

对“一带一路”倡议的三种态度

中国的“一带一路”倡议提出后，得到国内外各方积极响应，逐渐发展为中国的国家大战略。在推进这一战略的过程中，周边国家对“一带一路”的支持与否就成为观察其对中国崛起的态度的重要指标。换言之，支持“一带一路”的国家普遍认为，中国崛起带来的是自身的发展机遇，而犹豫或拒绝的国家则更倾向于认为对其构成了战略挑战。“一带一路”辐射中国周边的西、南、北三个方向，这些地区中的国家是否支持，是影响这一战略顺利推进的关键因素。

“一带一路”的沿线要经过差异极大的不同国家，这些国家对“一带一路”目前大多持欢迎的态度，但这种欢迎的态度并不是整齐划一的，而是有很大的差异。比如，一些国家当然会预见到自身会从“一带一路”倡议中获得很大的好处，但是他们会不会认为自己仅仅得到了眼前的、局部的好处，失去了更多、更关键的国家利益？

总的来讲，就像一个人要健康成长，则身上的血脉要保持畅通。从“一带一路”这个具有强烈横跨地域色彩的概念来看，畅通的商品流通渠道就显得格外重要。如果中间的某一个节点发生堵塞，都会导致整个规划设计出现问题。

从另一角度来说，经济共融、共享全球化成果是每一个国家在发展自身时必须考虑的问题。从这个意义上说，每一个国家都不愿意把自己排斥在世界经济的潮流之外，只存在多大程度上融入的问题。这要取决于该国的政治势态，其经济发展的特点，工业化水平等因素。

在一些学者看来，随着经济的发展和实力的增加，中国面临着不得不走出去的问题，“一带一路”是目前中国不得不做的事情。现有的国际秩序决定了不同的国家对于中国的“一带一路”倡议会有三种反应：国际经济体系中的既得利益者持疑虑乃至负面态度，如美日等国；广大的发展中国家需要资本、技术支持，所以十分支持；还存在着中间态度或怀疑态度的国家，这些国家在政治层面一定程度上受到美国的压力，如澳大利亚、韩国、印尼等国。

（1）反对派。既得利益国家反对中国等新兴大国改变世界现有的政治经济秩序，例如美日等国。中国改革开放基本上走过了三个阶段。第一阶段是20世纪80年代的“引进”时期，中国开放国门，和外面的世界基本上不冲突，把自己的市场开放给国际资本。第二阶段是20世纪90年代至21世纪初，中国加入WTO，进一步与全球化的世界接轨，而接轨意味着中国对自身的治理体系做出进一步的调整以适应全球化的要求，也不会发生冲突。但从21世纪初开始，中国经济要走出去，就难免改变旧有的利益体系，无论是亚、非、拉地区，还是欧洲，产生矛盾和冲击是在所难免的。

（2）支持派。主要是广大的发展中国家，尤其是那些社会经济发展程度很低的国家，这些国家需要大力发展本国的经济。但是，西方发达国家，以及国际货币基金组织、世界银行等对广大发展中国家的投资往往设置很多条件，例如民主、自由、人权、宗教等西方标准，而不考虑这些国家的发展阶段和现实困境。面对中国倡导的“开放、包容”的“一带一路”倡议，这些国家是非常支持的。

（3）中间派和怀疑派。一些国家受到美国的压力，例如韩国，其经济体本身与中国整合度非常高，再如澳大利亚。另一些国家，如一些东南亚国家，对于中国“一带一路”倡议的意图还了解得不够清楚，抱有观望和怀疑态度。一些和中国有领土主权纠纷的国家，对于中国以政府推进的“一带一路”倡议中的基础建设、道路联通，会顾及到对本国国家安全的影响。

目前，中国是全球120多个国家的最大贸易伙伴、70多个国家的最大出口市场，其中包括大部分中国周边国家。但许多周边国家采取的是“经济上依靠中国、安全上依靠美国”的双重取利战略。“一带一路”倡议的成功实施，有赖于“一带一路”沿线国家的大力支持和配合。因此，中国有必要让沿线国确信，参与“一带一路”建设对自己安全上无害乃至有利，经济上利大于弊，文化上不会受到冲击。为此中国需要多做换位思考和对外宣传推广，让更多的国家深入了解中国“一带一路”倡议的内涵。

2. 美、印对于中国“一带一路”倡议的研判

美国

美国在“一带一路”经济带所涵盖的东南亚、南亚、中亚及中东等地区长期以来均有着重要的战略存在。中国规划和实施“一带一路”倡议过程中，美国因素几乎是不可避免的。那么，美国决策层及舆论界对中国“一带一路”倡议有什么样的看法？对中国实施“一带一路”倡议的意图、前景、影响有着什么样的判断？

（1）对“一带一路”倡议意图的判断

美国舆论认为，中国提出陆海并进的“一带一路”倡议，其中的“一带”战略是为了在战略空间上实现陆地上向西拓展；而“一路”建设是为了满足中国快速增长的能源资源进口需求，以及十分迫切的能源海上运输通道安全需求。

美国还认为，中国的“一带一路”倡议有着抗衡美国“亚洲再平衡”战略的考量。美国有舆论认为，中国在双边关系、地区及全球事务上和俄罗斯靠近，其意在于振兴欧亚地缘板块，从而在政治、经济等诸多方面打造“去美国化”的地区及全球秩序。

从陆上来看，美国人认为中国倡导的“丝绸之路经济带”建设超越了长期以来中国主要对外开放和交往的重点，即东亚及太平洋方向，在经济、外交上拉近与南亚、中亚和包括沙特在内的海湾国家关系，从而向广阔的欧亚大陆西部方向大力拓展。具体看，中国将在美国从阿富汗撤军后进一步密切与阿富汗的经济和商业联系，联合巴基斯坦以打通通往印度洋的通道，增强与非洲国家的互联互通。另外，欧盟也将是中国扩大共同利益的工作重点。

从海上来看，“21 世纪海上丝绸之路”建设将使中国的触角超越西太平洋海域，向南深入到南太平洋、向西开辟进入印度洋通道，与美国、印度、日本等国在上述海域的海上力量抗衡。

自美国政府推进“亚洲再平衡”战略以来，美国在国家安全上推动了与亚太地区政治盟友的军事联盟，并积极拉拢中国周边国家；在经济领域，打造具有排他性质的“跨太平洋伙伴关系协议”（TPP）。美国方面认为，美国政府的这些举措被中国视作全方位遏制和打压中国的战略手段。在美国的一些舆论看来，在东亚和太平洋地区，中美关系越来越具有冲突和零和博弈的性质。在这种背景下，中国推动“一带一路”建设，在美国主导力缺乏、区域合作机制化程度较低的中亚、南亚、中东及其他相关地区推行一体化战略，本质上是为了应对美国的“亚洲再平衡”战略。这样，一方面可以避免激化在东亚地区与美国的竞争和对抗；另一方面，以经济合作为先导，并带动政治和安全领域的协作，扩大自身影响力。在中亚地区，随着俄罗斯在这一地区实力的相对下降，以及美国从阿富汗撤军，相较之下，中国在中亚的影响力将日益上升。一个很重要的因素是，中国在资金方面比美国更具优势，从而对美国在中亚的存在形成挑战。

此外，从经济的角度来说，中国通过“一带一路”倡议，在东亚地区之外打造以自身为中心的经济圈，更多地与发展中国家而非仅仅是发达国家进行经济融合，其目的是为了化解美国以 TPP 为手段对中国进行的挤压，对美国在亚太地区对中国的遏制和围堵形成反制。

美国有一种更为激进的观点认为，中国新领导人上任后提出一系列外交新理念及举措，意在陆上及海上战略空间与美国进行权力分享，甚至是势力划分。例如，中国提出“新型大国关系”理念，实质在于与美国瓜分太平洋水域，而“21 世纪海上丝绸之路”目的在于将东盟海洋空间划归自己的太平洋水域势力范围。

（2）对“一带一路”前景的判断

美国对于中国“一带一路”倡议的前景也有一些判断。

美国方面认为，中国实施“一带一路”既面临诸多机遇，也存在不少挑战。

在“一带”建设上，尽管中国拥有资金优势，但恐怖主义将构成威胁沿线安全的主要因素，而中国能否处理好与俄罗斯的关系也将影响“一带”建设的前景。在“一路”建设上，一方面中国可以充分利用海外华人的影响力增强与东南亚的友好关系，另一方面中国在南海等问题上日益强势的立场也会加强东南亚国家的不安。

随着美国及北约撤离阿富汗，塔利班势力很可能卷土重来，恐怖主义和极端势力将威胁“一带”沿线的稳定。因此，美国一些人士曾提出这样的论调，即中国应乐见和欢迎美国在阿富汗持续驻军，这将是“一带”建设所需稳定环境的底线。

事实上，中国的“丝绸之路经济带”比美国的“新丝绸之路”倡议更有资金优势。美国总统奥巴马在他的第一任期内，提出打造连接中亚和南亚的"新丝绸之路"倡议，但是由于美国为这一倡议投入资源极为有限，迄今为止这一倡议在战略上牵制中俄、在军事上打击恐怖主义、在经济上控制中亚资源等一系列目标均未实现。相比于美国，中国拥有大量的资金优势推动丝绸之路建设。在美国人看来，美国通过追求实施宏大战略所未能获得的对中亚资源的控制权，中国却正在通过实行资本市场战略实现。

不过，在美国人看来，当前中国的"21世纪海上丝绸之路"建设还处在概念阶段，中国并未提出具体的措施。从这一点来看，"一路"很难替代TPP的吸引力。另一方面中国在东海、南海地区日益强硬的维权维稳姿态，加上美国在这些地区施加影响，对"一路"的实施有负面影响。

美国方面认为，一些地区性大国将对"一带一路"做出消极反应。具体而言，"丝绸之路经济带"的实施会引起印度、伊朗及土耳其的不适感，"21世纪海上丝绸之路"则会引起日本及印度的不适感。

（3）对"一带一路"的后果、影响的判断

在美国方面看来，中国的"一带一路"建设将可能削弱美国、俄罗斯及其他地区大国在相应地区的影响力，可能会改变亚太及欧亚地区的大国力量对比和权力架构。

例如，在美国看来，中、美、俄三个大国在中亚的影响力竞争中，中国日益占据上风。美国在阿富汗撤出后，对这一地区的影响力大大缩水，以阿富汗为核心的"新丝绸之路"计划也举步维艰；俄罗斯方面，尽管在中亚拥有历史悠久、影响巨大的政治、经济、军事等方面的战略存在，然而在这一地区中国影响力与日俱增，已成为中亚五国中四个国家最大的贸易伙伴，中亚与中国的联系将远远超过其与俄罗斯、阿富汗、南亚及欧洲的联系。

站在美国的立场上，从局部来看，中国发展“一带一路”倡议如果顺利实施，势将对美国的“新丝绸之路”及“北南走廊”计划形成严重冲击。从现实情况来看，中国已经创设了400亿美元的“丝路基金”和1000亿美元的“亚洲基础设施投资银行”，这与美国计划的空洞无力和投入不足形成了极为强烈的对比。

从长远来看，“一带一路”倡议将对长期以来美国主导的国际金融和投资贸易体系构成现实挑战。如果由于“一带一路”的实施使得欧洲经济圈转而融入亚洲经济圈，那么，美国的全球战略设计将被迫彻底改变，美国的霸权衰落进程将加速演进，并难以逆转。

毋庸置疑，美国在不远的将来仍将是世界上政治、经济、军事影响力最大的超级大国。为挽回霸权颓势，未来美国可能在双边层面进一步强化“亚洲再平衡”战略的经济技术合作成分，加大对亚洲贫困国家的扶持力度，以及与中国的竞争力度；在地区层面以TPP为手段推动美国版的亚太经济融合，并阻滞欧亚大陆深度合作。

同时，美国还将可能在中国周边策动新一轮“颜色革命”，并鼓动各种势力设置障碍；继续利用南海争端加深东南亚国家对中国的战略疑虑，弱化中国与东盟整体关系，在中国海上施加更多压力。

印度

自中国在国家层面提出“一带一路”倡议以来，印度智库、学术界马上给予了高度的关注。他们关注的是，“一带一路”倡议是否是为了达成中国的外交目的，如国际政治多极化；是否是中国对美国的“亚洲再平衡”或TPP的对抗方案；或者是中国正在挑战美国的霸权地位，重塑地缘政治；“一带一路”的战略意图到底主要是经济性质的区域整合，还是政治性质的大战略。

归纳起来，印度智库、媒体和学者主要持以下几种看法。

第一类看法是："一带一路"是中国进入经济发展新阶段的需要，中国需要重塑开放型的经济发展格局，特别是需要扩展地区经济上的互联互通。

新加坡国立大学南亚研究所的印籍研究员 Rajeev Ranjan Chaturvedy 认为，在经济层面上说，"一路"倡议的目标是促进海上互联互通、港口合作和海上贸易。同时，这也为中国公司和资本到国外投资提供了渠道，中国要么进行基础设施建设，要么制造业外迁。这样的对外基础设施投资对推动基础设施领域是极为重要的，可以化解产能过剩，并刺激国内经济增长。

还有部分学者强调中国推进"一带一路"倡议在对外经济安全中发挥的作用。印度著名的中国问题专家 Srikanth Kondapalli 认为，中国之所以提出"一带一路"，是因为中国经济已经发展到了新的阶段，中国经济的外溢效应要求中国与国际社会建立起一个长期、有效的合作平台和战略方案，而中国的贸易运输网络已经成为一种瓶颈。

目前，在拥有商船队最多的 20 个国家和地区当中，中国排第九名。按设在这些国家和地区的母公司拥有的总吨位排名，中国位居第四。中国总共拥有超过 5000 艘远洋商船，中国的集装箱产量也占世界的 90% 以上。鉴于浦东经济特区出口大量货物的能力，上海港在世界五十大集装箱港口中名列第一。

第二类看法是："一带一路"倡议具有更深层次的安全内涵。

持这一立场的分析人士普遍认为，中国一方面需要解决自己的"马六甲困境"，确保海上运输通道的安全；另一方面，也要缓解其他国家对中国军事力量的崛起，特别是海上力量崛起的担忧，以借此顺利进入印度洋海域。

印度国家海事基金会的 Gurpreet SKhurana 认为，"一带一路"是中国经济外交的杰作。2013 年中国已经超过美国，成为全球最大的贸易国，但中国 40% 的对外贸易需要通过印度洋，而且这一比例目前还在日益上升。因此“一路”的提出显然是看到了这一发展趋势，意在确保中国商品的海上运输安全。此外，中国将近 60% 的石油进口来自非洲和西亚，需要通过西印度洋的海上咽喉，这是中国在战略上的重大脆弱之处。中国要利用“海上丝绸之路”作为工具来推进自己在南亚的存在，借此寻求与印度洋沿岸国家的合作，在这些国家进行基础设施投资，保障中国的海上通道安全。

第三类看法是：“一带一路”具有明显的战略内涵，是与“中华民族伟大复兴”的大战略一致的。

不少印度著名学者都倾向于认为，“一带一路”是中国的大战略，或者是大战略的重要组成部分。地缘战略的研究者们认为，这一战略的核心源于，想要通过经济、文化和政治影响来主导周边和地区，是中国意在构建周边影响力的战略举措，通过加强地区一体化，提高周边国家与中国的贸易和基础设施的互联互通，以此来提升中国的政治、经济影响力。

第四类看法是：“一带一路”的出台，是中国为了应对来自美国的战略压力而产生的。

这种看法认为，导致“一带一路”倡议诞生的直接刺激来自美国，尤其是中国试图摆脱美国主导的联盟在第一和第二岛链内对中国的孤立，有效地拓展中国的海上空间，以应对美国的“亚洲再平衡”战略。同时，这是中国力图重塑亚洲的地缘政治态势，为中国创造更广阔的战略空间，提升中国地缘战略地位，并“瓦解美国同盟”的一种努力。

以上四种看法可以说是印度社会的主流看法。单纯从其中一条来看的学者并不多，绝大多数观察家都认为中国的“一带一路”不仅是基于经济原因，也是基于战略、安全和美国的因素而产生的，只不过每个人的关注点有所偏重。

3. 大国对于“一带一路”倡议的态度

美国

美国、俄罗斯、印度等国是“一带一路”沿线地区具有重大影响的国家，在区内拥有广泛的利益。在全球化时代，中国推动的“一带一路”能源合作与上述国家的利益存在竞争甚或矛盾，这是国际政治、经济中的客观现象，并在一定程度上具有规律性。积极管控这些竞争与矛盾，彰显良性竞争、抑制恶性竞争，将矛盾控制在秩序的范围内，在良性竞争中共同获益，将有助于争取关键国家的支持。

有人曾开玩笑形容中国和美国、俄罗斯的关系，说“美国和中国的关系是近不了，但也远不了；俄罗斯和中国的关系是远不了，但也近不了”。虽是一句玩笑，却也颇能反映这三个大国关系中微妙的一面。

也曾有人这样说过，如果说这个地球上没有美国，中国崛起的目标大致已经实现。话虽有极端之嫌，但颇能反映美国对中国未来发展走向的影响之深远。长期以来，美国占据着全球霸权地位，在战略、政治、军事、经济、社会等各个维度深刻影响着亚太地区及欧陆，这就使得美国不仅是中国处理大国关系的主要对象，也是中国为了发展经济塑造周边环境时需要着重考虑的外部因素。从目前来看，中美之前的关系既不可能走向全面对抗，也不可能走向全面合作。

（1）美国的“亚洲再平衡”战略

“一带一路”能源合作中，中美两国在东南亚、中亚、中东地区存在经济、政治影响力方面的竞争。中东、海湾等世界主要能源产区，一直是美国防止世界能源秩序失序以及应对重大突发事件的重要战略区。

而以石油为代表的能源资源兼具大宗商品、金融和地缘政治属性，又与美元霸权密切相关。对于美国来说，在中东、中亚等主要能源产区维系其主导地位，既是维护能源进口安全，更是维护其全球霸权的重要支柱。

在美国能源进口下降的背景下，能源生产国普遍变得更加重视与中国的关系。而中国推动开展“一带一路”能源合作，无论是扩大贸易规模、进行基础设施建设，还是建立能源合作机制，都将扩大自身在主要能源产区的影响力。美国与中国在相关地区影响力的此消彼长，对美国的主导力形成了挑战，易于引起美国的反制。

目前，美国政府提出了全球战略向亚太倾斜的“亚洲再平衡”战略，企图在国际安全事务中制衡中国的影响。应该说，美国对中国崛起的疑虑和偏见仍深，其政、学界普遍认为，东亚地区局势不稳的根源在于中国军事力量的快速发展及其对外政策的愈发强硬。

美2013年涉华军力报告称：“中国宣称其崛起是和平的，没有追求霸权和扩张领土的愿望。然而，由于中国不断增长的军事力量缺乏透明度，该地区对中国意图的担忧持续加深。”一些美国学者建议美国在军队部署、军事技术、能源等方面加强美日同盟以制衡中国。由此，美国以“亚洲再平衡”为名，在中国周边地区排兵布阵，强化军事联盟。美国对东亚安全事务的介入，一定程度上刺激个别国家在领土海洋争议中不断对华挑衅，破坏了推动地区能源合作的政治环境。

美国推动建立由其主导的亚太合作，对中国与周边国家间既有合作机制构成竞争，在经济事务中制衡中国。2013年，美国促动日本加入TTP谈判，加大“美国—东盟扩大经济合作倡议”（E3）的推动力度，扩大与东亚经济体的合作。在中亚方向，美国主导“新丝绸之路”计划，大力介入地区事务。此外，为了牵制中国，美国在东南亚、南亚、中亚指责中国主导的合作项目存在环境、古迹保护隐忧，给项目实施制造障碍。

美国作为现有国际秩序的主要创设国和主导国，显然会较多从竞争角度看待中国倡导的共建"一带一路"举措，美国对亚投行的反应已显示这一点。不过美国也在实施"新丝绸之路"倡议和"印太经济走廊"战略，与"一带一路"有很多潜在合作空间，美国有关政策未来变化不确定性最大。

（2）对美国因素的应对

中国一些学者认为，在中美关系逐渐超越双边和地区维度、走向全球的大背景下，在实施"一带一路"倡议时，应该处理好中美之间的关系。

长期以来中美两国竞争和合作的主要区域集中在东亚和太平洋地区。如果从正面来看，中国提出"一带一路"倡议为中、美双方的互动开辟了新的空间。"一带一路"倡议在陆上从东亚向西拓展至亚欧大陆的内部，涵盖但不限于中亚、南亚、中东等地区；海上从西太平洋海域向西、向南穿过马六甲海峡，深入印度洋及其沿岸地区。中美在新的陆海战略空间上如何管理双边竞合关系，将成为影响"一带一路"建设前景的重要因素之一。

如上文提到的，美国对中国"一带一路"倡议的意图存在着疑虑。由于中国建设"一带一路"的倡议尚在起步，整体的合作构想及政策措施尚未完全成形，相应的，美国的决策界、学术界的反应也处于初步阶段，这在客观上为中国向美国方面增信释疑、增强双方良性互动提供了很好的机会。

有学者认为，针对美国方面的态度，中国在推进"一带一路"倡议时，有必要做好以下两方面的工作：

第一，强调"一带一路"倡议的非战略性、合作性以及非排他性。

正如中国外交部副部长张业遂所阐述的：“一带一路”是合作倡议，中国没有特别的地缘战略意图，无意谋求地区事务主导权，不经营势力范围，不会干涉别国内政。

中国有必要明确地让美国知道，“一带一路”倡议自提出以来，一直是作为一个经济合作倡议而非战略构想存在。应通过各种渠道加强向美政界、学界、商界强调“一带一路”倡议的合作性、开放性、非排他性和互利共赢性，避免给“一带一路”倡议涂上零和博弈和对抗色彩。

第二，在“一带一路”倡议实施的具体地区和领域，探索和加强中美务实合作的基础。事实上，中美两国在“一带一路”沿线地区存在巨大的合作潜力。

在东南亚，中美在“大湄公河次区域”（GMS）能源互联互通、能源政策等方面已经进行合作并取得一定成果；在中亚，中美在地区安全事务、管线安全维护等领域拥有共同利益；在中东，中美在确保能源供应稳定、运输安全、价格合理及基础设施建设方面合作潜力很大。尽管中美两国在“一带一路”沿线能源领域中存在一些矛盾，但上述功能件合作仍可以比较顺利地开展。通过相应的合作，中美之间可以扩大共同利益、增进共识；减少美国对中国推动“一带一路”能源合作的抵触情绪。

在阿富汗问题、中东热点议题上，中美两国在维护地区和平、稳定等方面，存在着广泛的共同利益。这些地区的和平、稳定将对“一带一路”建设前景产生重要影响，应努力保持中美的良性互动及沟通。

俄罗斯

俄罗斯是新丝路沿线的一个超级大国，有着广袤的领土以及丰富的自然资源，同时，其广大的地域人口稀少。在政治体制上来看，目前属于强人的寡头政治，有着强大的中央政权。这种体制在一定程度上是存在着变数的。但总的来看，俄罗斯的民族性和凝聚力又决定了这个国家具有相当程度的稳定性，而不至于频繁发生大的波动。

俄罗斯无论在经济还是政治上都需要中国，但是又有很高的独立性。经济上，需要投资，需要日用品，在目前的国际政治事务上，面对美国等西方国家，与中国有相互依靠的需要。

在俄罗斯有一种观点，以国立莫斯科国际关系学院的教授 Владимир Корсун 为代表，这种观点认为，目前以能源产业为经济主体的俄罗斯虽然摆脱了 20 世纪末的贫弱，但其经济体量已和中国拉开了较大的差距，消费品制造业和中国不可同日而语。俄罗斯在传统上把中亚地区的苏联地区看作其重要的战略后方，而这恰恰是中国"一带一路"经济带要经过的关键地区。中国凭借自身强大的经济实力所推进的"一带一路"倡议会不会影响到俄罗斯自己在中亚的影响力？俄罗斯仍然保持着全世界第二强大的军力，仅仅凭借其军力，俄罗斯就保持着让世界绝难轻视的话事权，但这个话事权在中国强大的经济攻势下会不会受到削弱？这是让俄罗斯人满腹狐疑的一个问题。

中国与中亚各国深化能源合作也易引发俄罗斯的疑虑，担心其主导的欧亚一体化进程受阻。俄罗斯对外政策的优先方向是进一步巩固独联体，致力于加强独联体地区一体化进程，优先任务是建立"欧亚经济联盟"。中国与中亚各国能源合作深化发展，互联互通建设不断取得成绩，俄罗斯对此难免疑虑。例如，俄罗斯担心"中吉乌铁路"使用的标准轨与俄式轨不能衔接，导致中亚国家对俄离心。中国与中亚各国达成大宗能源贸易协定、拓展上下游合作领域、加强互联互通建设，都使俄罗斯产生类似担忧。

如何在"一带一路"倡议中与俄罗斯互利共赢、助其充实欧亚经济联盟、避免恶性竞争，是推进"一带一路"倡议的一个重要课题。

中国的“一带一路”倡议提出之初，俄罗斯的态度颇为谨慎。然而“乌克兰事件”导致俄罗斯与西方关系整体下滑，使得俄罗斯对中国的战略需求得以提升，加上中国展开的增信释疑工作，很快就化解了俄罗斯方面的担忧。

到 2014 年 5 月俄罗斯总统普京访华时，俄罗斯明确表示：“中方提出的建设丝绸之路经济带倡议非常重要，高度评价中方愿在制定和实施过程中考虑俄方利益。双方将寻找丝绸之路经济带项目和将建立的欧亚经济联盟之间可行的契合点。双方将继续深化两国主管部门的合作，包括在地区发展交通和基础设施方面实施共同项目。”显然，俄罗斯的态度已经从消极质疑转变为积极参与。

2014 年 10 月，李克强访俄期间，中俄签署了高铁合作备忘录，提出推进构建北京至莫斯科的欧亚高速运输走廊。对俄罗斯而言，这是重大利好。

印度

南亚地区地处“一带”和“一路”规划所辐射的地域之间，地缘战略位置十分重要。其中，马尔代夫、斯里兰卡位于中东和东亚之间的印度洋通道，是中国海上贸易运输的必经之地，也是古代海上丝绸之路的重要一站。按照中国政府的《愿景与行动》文件阐述，南亚地区分别在“一带一路”建设的两条线路的区域范围之内。

从经济地理上来说，印度处于南亚，既与中亚地区接壤，又直面印度洋，既是直接影响“一带一路”的关键国家，又是“一带一路”经济带的一个重要侧翼。由于南亚相对封闭的地理结构，以及印度庞大的国家体量，使印度成为整个南亚次大陆当然的核心，且印度的整体经济实力占据了这一地区的 80% 以上，它在南亚的影响力是没有任何国家可以匹敌的，在建设南亚“一带一路”过程中，印度因素毫无疑问是十分重要的。

印度的工业基础较差，经济发展水平较低，但又拥有着大面积的平坦国土以及庞大的人口，自然条件较为优越。在这种条件下，经济很容易取得高速增长。有些西方媒体常常说印度与西方国家差距大，从而几乎有无限的发展空间，但这种表达方式潜含的意思是：印度可能永远赶不上西方国家。

(1) 对于“一带一路”倡议的矛盾心态

中国提出“一带一路”倡议后，受到了国际社会的广泛支持。然而身为地区大国的印度虽也表示欢迎，但在一定程度上持谨慎或观望的态度。

印度和中国有长达1700公里的边界线，20世纪60年代和中国爆发过边境战争，至今在政治和军事上对中国存在戒备心态。同时，印度力图在南亚—印度洋地区维护、保持主导地位，频繁对南亚国家的政治事务施加影响，排除外来势力对这个地区事务的介入。印度的主流舆论认为，“一带一路”是中国的综合性大战略，该战略可能导致中国进入印度的南亚“后院”，给印度带来长远的战略忧患。基于如上考量，印度对中国的“一带一路”倡议始终保持一定的警惕立场和矛盾心态。

2015年1月，印度曾对斯里兰卡总统大选进行干涉，成功阻止了在他们认为是亲中的、有利于中国“一带一路”建设的领导人上台，致使中国企业在斯里兰卡最大城市与商业中心科伦坡承建的总投资15亿美元的港口扩建计划受阻。预计未来印度也可能对其他南亚—印度洋国家深度参与“一带一路”倡议的举措加以干涉。

为了建立一个以印度为中心的地区秩序，印度曾积极推出了一些自己的经济带建设战略规划，如“香料之路”计划、“季风：跨印度洋海上航路和文化景观”计划等，通过这些计划再次达到宣示印度是“印度洋地区秩序的组织者”的目的。

“一带一路”的起点是中国，终点是中东和欧洲，在印度人看来，自己只是“一带一路”中的“过客”。这种心态里面既有战略考虑，也有民族自尊心的考虑。但同时，印度也担心如果完全拒绝“一带一路”倡议计划，那么，在相关地区国家纷纷加入的情况下，印度会被这一潮流边缘化。而且，“一带一路”的核心之一是基础设施建设，中国将为之注入大量资金，而印度政府却缺乏建设资金，有资金上的需求。在矛盾的态度中，印度政府的态度可能出现软化，但不太可能一步到位。事实上，印度选择加入亚投行，意味着其部分加入了“一带一路”计划。

从文化的角度来说，中国和印度在民族性上处于两个端点。中国是现世主义哲学，关注人当前的生活状态；印度是后世主义哲学，关注永恒的精神更胜于肉体的生命，这种哲学对印度社会生活影响很大。中国人的现世主义文化让中国人总与美国、欧洲这些比中国好的国家比，但印度人似乎要“达观”得多。

（2）中国对印度因素的应对

“一带一路”经济带建设倡议是中国着力构建的开放型周边经济架构，这一架构如果缺失庞大的印度的加入，无疑将是一大憾事。此外，从地缘政治的角度来看，“一带一路”在海路上途经的南亚多个国家的政府，目前都由亲印派主导，如斯里兰卡、孟加拉国等。从这个意义上说，争取印度加入“一带一路”建设也是很有必要的。

应该看到，争取印度参加“一带一路”倡议的可能性是存在的。一个明显的例子是，目前印度已加入“亚投行”、“金砖银行”等“一带一路”的配套融资机制。这等于事实上印度已经一只脚踏进了“一带一路”建设的门槛里。并且，印度目前已同意与中国、孟加拉、缅甸共同建设“孟中印缅经济走廊”。

印度之前之所以无法公开接受"一带一路"倡议，与倡议中的"中巴经济走廊"经过巴控克什米尔有关，引起了印度对于领土主权问题的敏感。而在《愿景与行动》中，中国把"中巴经济走廊"、"孟中印缅经济走廊"与"一带一路"进行了切割，二者是分别独立的。这在一定程度上打消了印度的顾虑。也就是说，印度加入"一带一路"建设，并不意味着和"中巴经济走廊"建设有关系。

化解印度的战略忧虑、保证印度在经济领域"有利可图"、在自身基础设施建设上"有钱可用"，是中国推动"一带一路"倡议时应对印度因素应该做出的政策考量。中国有以下几方面的工作可做：

首先，寻求机会使"一带一路"规划与印度"季风计划""香料之路"对接。目前，印度的这些计划内容尚不完善，未来可以就南亚地区发展交通和基础设施与印度共同实施项目，找出彼此利益的契合点。

其次，建立较为松散的非正式磋商机制。印度对中国"一带一路"的担忧，主要是出自对印度洋战略安全方面的担忧。但是，这种担忧并不是近忧，而像是远虑。正如印度有关学者所说，中国到印度洋是一条漫长的补给线，中国并不会对印度在印度洋上的地位造成直接威胁，但是中国的长期意图才是新德里真正关心的问题。

虽然中印之间存在一些双边的对话机制，但是却明显缺乏与南亚国家的多边对话机制。印度对中国与斯里兰卡、孟加拉、马尔代夫建设"一带一路"感到不太放心。如果推动在南亚建立多边对话机制，就给予了印度知情权、磋商权和一定意义上的决定权，印度将会大为放心。

实践证明，在国际政治事务中，多边主义的非正式磋商机制常常能够起到一定的释疑效果，例如"东盟地区论坛"的成功举办。目前，在中国未加入"南亚区域合作联盟"的情况下，尤其需要多边的平台进行沟通。2014 年 12 月中国外长王毅访尼泊尔时，已经提出中方愿适时探讨中尼印三方合作的可能性。2015 年 3 月 26 日中国国家主席习近平会见斯里兰卡总统西里塞纳时，提议中方与斯里兰卡、印度举行三方会谈。

日本

日本政府中一些人认为，“一带一路”倡议将进一步削弱其亚太影响力，并与其中亚“丝绸之路外交”存在利益冲突。未来可能伺机介入南海争端，拉拢东盟国家反华遏华，对中国的“一带一路”倡议形成牵制干扰；利用经济援助、项目合作等方式，拉紧与沿线相关国家关系，与中国展开针锋相对的经济竞争，降低中国对相关国家的影响力；特别是在中亚地区，可能会加大资金支持力度和项目投入规模，对“丝绸之路经济带”建设进行牵制，降低中国对中亚国家的影响力。

2015 年 5 月 21 日，日本首相安倍晋三宣布了一个今后 5 年投资大约 1100 亿美元的“亚洲基础设施建设计划”。正当各方期待着“亚投行”大展身手之时，倍感落寞的日本可谓爆出了一个大新闻。

2014 年以来日本经济复苏出现较大波动，经济复苏放缓、投资需求减弱，经济领域存在着国民消费需求下降、消费者信心不足，以及出口增长疲软、贸易逆差扩大的诸多问题。据日本内阁府公布的 GDP 统计数据显示，2014 年日本实质 GDP 与前一年相比减少 1%；2014 年日本个人消费与前一年相比减少 3.1%，住宅投资也大幅减少 11.6%，企业设备投资则减少 0.5%。

对日本提出的这一投资计划，许多人感到吃惊。人们最想问的是，目前经济颓靡的日本如何拿得出 1100 亿美元来进行这样的计划？为何还要投入巨资搞亚洲基础设施建设？有专家认为，日本经济虽显低迷，但这次突然投入 1100 亿美元，在一定程度上说明日本经济隐藏了一些实力。此外，中国对外援助开发投资往往是政府出资，而日本的模式则是官民共进，与中国有所区别。

安倍宣布这项投资计划之后，日本媒体解读为，这一新计划意在表明日本致力于通过人力资源开发和技术转让，帮助亚洲各国建设"高质量的基础设施"，同时"区别于亚投行"。但这一计划宣布之后，人们自然会联想到与亚投行的竞争关系。

日本担心亚投行出于三个原因。首先，亚开行是目前亚洲地区最主要的国际金融机构，而且长期为日方主导，日方担心亚投行会抢了亚开行的"奶酪"；其次，日本担心，中国主导的亚投行一旦创立成功，日本有可能在经济总量被中国超越之后再失去亚洲地区金融主导权这块"最后的高地"；第三，由于亚投行专注的亚洲基础设施建设与中方所倡导的"一带一路"构想目标一致，因此，亚投行推进"一带一路"建设的同时也实现着中国的战略构想，这或许会使日本在亚洲未来的发展潮流中被边缘化。

日本经济界对日本政府没有加入亚投行是极为失望的。他们首先认为政府信息评估错误，以为英国及其他西方国家不会参加亚投行；此外，日本的财经界人士认为日本政府排斥了亚投行，使得日本企业丧失了在亚洲基础建设方面的一个商机。

对于日本为何要投入1100亿美元，不少分析人士认为，这一方面是为了平息日本国内经济界要求加入亚投行的压力，体现日本的经济影响力，与中国争夺市场；另一方面，在政治上向美国表明立场，也体现日本的同盟价值。

对本轮投资，日本首相安倍强调，将主要集中在地铁和桥梁建设，尽管这些项目昂贵，但耐用、环保以及抗灾是这些项目的优势。为了推动这一项目，日本甚至不畏惧一些国家的较高投资风险系数，可见日本制衡中国的决心。加入亚洲基础设施建设未必是一个零和游戏，而如果日本与亚投行携手，各自发挥不同领域的优势，联合把蛋糕做大，也许可以收获一个双赢的结果。中国近两年来不断强调打造亚洲国家"利益共同体”和“命运共同体”的主张，在亚太区域唯有携手合作，才能开创共同美好的未来。

对中日两国的发展前景，中方一直高度重视，并释放出积极的信号，日本如何回应，是否投桃报李，需要看安倍政府的具体做法。亚洲基础设施建设不是独奏曲，而是交响乐，与其拆台竞争不如合作共赢。

欧洲国家

（1）期待双赢的中国—欧盟关系

前美国国家安全顾问兹比格涅夫·布热津斯基（Zbigniew Brzezinski）在20世纪90年代将世界比作一张大棋盘，认为亚欧大陆将成为最重要的地缘政治中心，他还作了一个有趣的预言：“旨在更直接联结欧亚大陆东西最富裕、最勤劳两端的运输网必将出现。”

中国倡议的“一带一路”经济带已远远超越布热津斯基的预言，它不仅将打造欧亚间的“运输网”，实现更紧密连接，而且将使整个欧亚大陆实现共同发展和共同繁荣。

当前，中国和欧洲的关系可谓处于历史最好时期。从经贸领域看，欧盟连续11年位居中国第一大贸易伙伴；相应的，中国连续12年是欧盟第二大贸易伙伴。中欧贸易额在近40年之间惊人地增长了250多倍，突破了6000亿美元，成为当今世界最大规模的、最具活力的经贸关系。欧盟是中国重要的外资来源地，累计在华投资已接近1000亿美元。中国企业对欧投资虽然起步晚，但近年来呈“井喷”态势，在欧盟的投资存量已超过500亿美元，2014年中国企业对欧投资首次超过欧对华投资。

中国国家总理李克强在2015年6月28日至7月2日赴布鲁塞尔出席第十七次中国欧盟领导人会晤，中欧领导人会晤的主要议题之一，便是中国"一带一路"规划与欧盟"容克计划"的对接。欧盟的"容克计划"覆盖交通、能源、基础设施建设等领域，这些领域恰恰是中国能够充分展示自身产能、技术以及人员优势的地方，这为双方深化产能合作提供了契机。

欧盟目前经济复苏缓慢、投资消费乏力，需要为成员国开拓新市场空间，创造投资机会。而欧洲正是"一带一路"的终点。无论是希腊的比雷埃夫斯港口还是德国的汉堡港口，都将成为"一带一路"的重要战略支点。

2015 年 3 月，英国、法国、德国以及其他欧盟国家做出声明，将作为创始国加入中国倡导的亚投行。英、法、德均为 G7（七国集团）成员国。这些国家加入亚投行的声明，应该说让很多人感到惊讶，美国方面更是出乎意外。欧洲国家的积极态度，也可以看出其高度重视中国市场以及在"一带一路"中的战略机遇。

今天的欧洲缺乏的是活力与创新，而中国缺乏的是国际化人才与经验，两者资源的高异质性也使双方的战略合作具有高度的互补性。"一带一路"魅力的基础是中国潜力，中国依然有着巨大的劳动力市场和消费需求。结构转型会激发中国国内市场的新机遇，"一带一路"建设会提升中国对外开放的新层次，中欧合作对任何一方而言都是利大于弊。

欧盟的经贸界人士公开表示，中国所倡导的"一带一路"倡议对欧方而言具有很大的吸引力。首先体现在经贸领域，这一战略将会引导更多的欧洲企业走向中国市场，同时欧洲市场也将向更多的中国企业开放。其次，这些欧洲企业所从事的领域将会进一步延伸，从物流、交通等领域向着高新技术领域拓展。中国高科技产品近些年来越发成熟，也为双方提供了更多的合作契机。

在中欧领导人近期的会晤中，欧盟决定对接中国"一带一路"合作倡议和欧洲投资计划，同意建立“中欧共同投资基金”。

李克强总理在对欧盟国家的访问中曾举例子说：“中国核电15%的设备、中国高铁30%的设备采购于发达国家，销往发展中国家，我们的商品性价比好，又带动了发达国家的出口。我们认为国际产能合作，把中国初期工业化和发达国家的后工业化、创意结合，可以实现三赢，可以有力地抵御世界经济的下行。”

在世界政治格局中，中国一直以来致力于打造多极世界，强大的欧盟会为多极化的国际体系做出贡献。这样的国际体系更为平衡，因此也更为安全。欧洲既是西方力量的中心，同时也是世界最大的单一市场。通过“一带一路”建设，促进欧亚一体化，加深与欧洲经济体的互联互通，双方建立稳固的伙伴关系是非常必要的。

当然，欧洲国家并不完全是一个整体，各有各的竞争优势和利益需求，中国要做到游刃有余，必须先知己知彼。同时，应该对欧洲国家对于“一带一路”倡议的态度保持冷静思考，不要误读中欧关系。例如，欧洲国家在经济上接近中国，并不意味着其在战略与安全上背弃美国；在经贸上充分合作，并不意味着在人权与价值观上，西欧国家会改变审视或刁难中国的标准。

（2）与中国间存在同质化竞争的法国

“虽然不是所有中国人都知道诺曼底，但所有诺曼底人都知道中国。”一位法国技术专家这样说。

位于诺曼底的勒阿弗尔港是法国第二大港，也是最大的集装箱港。作为法国重要的海上门户，这里每年吞吐的230万个集装箱中，有1/3来自中国。因此，诺曼底人自豪地将自己定义为“一带一路”在法国的重要交汇点。

法国是西欧面积最大的国家，约为欧盟面积的五分之一，历来对华关系友好。

法国的优势产业包括民用核能、高速铁路、航空与航天等。今天，核电以及高铁是中国企业率先"走出去"的优势产能，但这些也是法国经济赖以安身立命的根本。显然，中法之间存在同质化竞争关系。

对法国而言，"法国制造"有两个层次：一是以幻影战机、高速列车以及核电站等为代表的高科技产品；二是以香水、名包等为代表的文化创意与时尚产品。在第一层面，高调"走出去"的中国高铁与核电无疑对法国形成了相当大的竞争压力。

由于法国高铁在欧洲运营最早，其多项标准一度成为欧洲高铁技术的基础，它至今仍是列车行驶最快速度的保持者，让法国成为欧洲高铁最具话语权的国家。例如，法国和英国之间的"欧洲之星"等列车无不是法国出产。但是，在日益竞争的全球高铁格局中，法国高铁昔日独领风骚的局面一去不复返。一方面，除传统竞争对手如德国、日本外，韩国、西班牙、意大利等新兴力量逐日强大；另一方面，2008 年全球金融危机之后，价格已取代速度成为吸引消费者的关键因素。

因此，中国同法国在高铁领域的合作具有战略意义。一方面，中国高铁有很多技术来自法国；另一方面法国更了解欧洲市场，中国也需要借助法国的人才与经验去开拓欧洲市场。在这方面，中法高铁市场应该互相开放。

文化产业是法国的另一大优势，是法国最强大的、可持续的动力，这也是中国的硬需求。中国各地市都非常重视发展文化产业，但目前的起点很低，还基本停留在"卖门票"阶段。因此，除高铁、核电外，中法两国可以在文化创意产业、旅游服务业等领域开展深层次合作。

(3)"重商主义"与"人文主义"并重的英国

英国兼具"重商主义"与"人文主义"的双重性格。"重商主义"

来自英国略显被动的地缘条件，缺乏资源令它必须灵活务实地寻找经济上的合作伙伴。“人文主义”来自英国推崇渐进主义的民族性格，不轻易破坏什么，非常重视传承。所以，英国至今没有“国庆节”（National Day），但英国在文学领域有莎士比亚、在科学领域有牛顿、在经济学领域有亚当·斯密、在自然科学领域有达尔文……

英国在对外政策上重视中国，同时又不背弃美国，这是一种“重商主义”基因的表现。英国需要中国的投资去更新老旧的世界工厂和基础设施，华为、中兴等中国企业在英国更受欢迎。

英国决定参加中国主导的亚投行（AIIB），成为七国集团（G7）中的第一个国家，令很多人大感意外。对英国来说，加入亚投行有巩固其国际金融优势的考量。

英国是第一个和中国签订双边本币互换协议的七国集团成员国。目前在中国之外的人民币支付有62%在伦敦进行。“一带一路”有五通建设，其中包括政策沟通、道路联通、贸易畅通、货币流通、民心相通，而以货币流通为核心的金融支持是重中之重。英国显然意识到，在中国人眼中，英国是有金融魅力的；英国人自身也充满了自信，认为世界的四大金融中心，有三人是与英国有关的，即伦敦、新加坡、香港。

2013年12月，英国首相卡梅伦率有史以来最大商团访问北京，英国与中国的加深合作可以说在当时就埋下了伏笔。有报道说，英国首相卡梅伦称英国将做中国在西方世界的最强支持者，而英国得到的回报是，过去短短不到两年时间中，中国企业在英国的投资超过了过去30年的总和。

（4）德意“制造业”的德国、意大利

有一种说法是，欧洲只有两个国家是以制造业为基础的，一个是德国，另一个是意大利。

德国是当今世界第四、欧洲第一经济大国。在欧债危机背景下，德国经济表现得相当耀眼，被称为欧洲危机的中流砥柱。"德国制造"是德国的金字招牌，代表着品质与卓越，德机械设备制造业是典型的出口导向型产业，是世界第一大机械设备出口国，其75%的机械设备产品销往国外。在机械设备业32个产品领域中，德国产品在16个领域为世界出口第一。汽车、机械制造、化工医药和电子电气是德传统四大支柱产业。

德国企业成功的秘诀，是高度重视研发，不断提高核心竞争力。而中国企业渐进性创新不少，但短板是突破性创新不够。"德国制造"对中国的启示是：丝绸之路要有产品可卖，就要做真正有品质、有品牌的产品。双方企业无疑有着很大的合作空间。

意大利有"中小企业王国"的美誉。食品、服装、家具是意大利的传统优势产业，俗称"3F产业"。意大利中小企业在国民经济和解决就业方面都发挥着重要作用，这类企业吸纳了全国近82%的员工。

目前意大利企业的发展面临难题。一方面，意大利政府外债缠身，没有足够的资金支持中小企业；另一方面，意大利人观念相对保守，缺少创新的主动性，在国际竞争中意大利企业的优势不断被外国企业所蚕食。为此，意大利需要开拓中国市场，后者也要积极对接前者。从某种程度来说，中小企业是一国经济健康状况的晴雨表，也是"一带一路"经济带活跃的晴雨表。致力于发展中小企业的中国"一带一路"关键城市应该主动对接意大利。

(5)"向东开放"的匈牙利

2015年6月6日，正在匈牙利进行访问的中国外长王毅在布达佩斯同匈牙利外交与对外经济部部长西亚尔托签署了两国共同推进"一带一路"建设的《谅解备忘录》。这是中国同欧洲国家签署的第一个此类合作文件，匈牙利从而成为第一个确认加入中国倡导的"一带一路"

的欧洲国家。

有“欧洲之心”之称的匈牙利，面积约9.3万平方公里，全国总人口987.9万人，是位于欧洲中部的内陆国家，东邻罗马尼亚、乌克兰，南接斯洛文尼亚、克罗地亚、塞尔维亚和黑山，西靠奥地利，北连斯洛伐克。

值得注意的是，近两年来，匈牙利政府持续推行“向东开放”的政策，其“向东开放”政策涵盖经济、外交等各个领域，其中最重要的一点就是建立和加强同中国的关系。匈牙利欧尔班总理认为：“只有向中国开放，吸引中国企业安家落户，才能够立于不败之地。”欧尔班曾经表示，匈牙利的目标是将匈牙利对非欧盟国家的出口，从现在的11%增加到33%。

随着“一带一路”政策的落实和匈牙利政府“向东看”政策的开展，匈牙利“欧盟门户”的战略位置将进一步巩固，中匈贸易投资将迎来最佳时机。

东盟地区

中国与东盟关系已走过了“黄金十年”，目前又跨入了“钻石十年”。在已过去的“黄金十年”，中国与东盟之间建成了发展中国家最大的自贸区，中国—东盟双边贸易由784.3亿美元猛增至4439.1亿美元，10年间增长了5.7倍。就在自贸区建成的第二年（2011年），东盟即超越日本，成为中国第三大贸易伙伴。与此同时，中国与东盟之间的双向投资和其他领域的合作，也取得了全面、快速发展。

目前，中国与东盟正在积极推进自贸区升级版谈判，预计在2015年如期完成。这是中国和东盟合作的大势所趋，也符合经济一体化的全球大势，以及贸易投资自由化的时代潮流，更是加快“一带一路”建设的有效路径。

东盟国家是“一带一路”倡议的必经之路，既是陆路起点站，又是海路桥头堡，地位举足轻重。东盟共同体也将于2015年如期建成。一方面，共同建设“一带一路”应成为中国发展与即将建成共同体的东盟关系的重中之重；另一方面，能否与东盟国家在建设“一带一路”层面达成共识，携手推进，也是“一带一路”倡议能否顺利推进并取得预期效果的关键所在。

在东盟和“一带一路”沿线地区华侨华商人数众多，经济实力雄厚、社会影响巨大。据估计，生活在东南亚各国的华侨华人人数超过4000万。在全球华商企业约4万亿美元的总资产中，有1.1万~1.2万亿美元的资产集中在东南亚地区，占比接近30%。世界华商企业500强中也约有1/3在东盟国家。华商经济构成东南亚许多国家最重要的经济支柱，在东南亚上市企业中，华人公司要占到70%左右。打造自贸区升级版，推进其他领域经济合作，东盟华商本身就是最重要的参与者和担当者。这也是中国推进“一带一路”倡议在东盟地区一个不可忽视的优势因素。

（1）印度尼西亚

根据印尼中央统计局数据，2014年印尼与中国贸易总额469.21亿美元，自中国进口304.62亿美元。中国目前是印尼非油气产品第一大贸易伙伴，日本和美国分居第二和第三位。印尼作为东南亚区域人口最多的国家，不仅市场潜力巨大，而且矿产资源丰富，石油、天然气和锡的储量在全球占有重要地位。在“一带一路”规划中，印度尼西亚将是东南亚区域的关键一环。

印尼目前已成为东南亚地区经济增长最快的国家，是该地区第一大经济体，尤其是在金融危机的冲击下，印尼仍然保持了增长，这是除了中、印外为数不多的国家之一。目前中国企业在印尼参与的基础设施建设，开展了包括泗马大桥、风港电站和加蒂格迪大坝等多个项目。能源领域更是近年来中印尼贸易合作新的增长点，随着中国对外能源需求的日益增加以及中国加快实施能源多元化战略，印尼因其拥有众多的矿产资源（石油、天然气、铁、锡、铜、铝等），不失为中国能源来源地的重要选择之一。

由于国际形势以及印尼内政的多重作用，“一带一路”规划在该地区存在的政治风险，主要来自印尼国内政治体制中的腐败问题以及该国的民族主义情绪。此外，进入21世纪以来，印尼接连遭到恐怖主义袭击，影响了该国局势的稳定。

（2）缅甸

缅甸位于亚洲中南半岛西北部，与中国、泰国、印度、孟加拉和老挝5国互为陆上邻国，西南濒临印度洋，海岸线长1930公里。国土面积67.66万平方公里，是东南亚第二大国，是陆地上联结东南亚与南亚、中东的必然通道，也是通往印度洋的重要通道，天然的地理位置优势使其具有了重要的战略意义。

目前缅甸只有30%的家庭得到电力供应，但其蕴藏的发电量是目前发电量的30倍。电力能源和交通运输是缅甸当前急需的基础设施建设的重点方向。

缅甸目前的政治风险主要体现在：缅甸中央与地方分权，部分地区局势动荡。缅甸是亚洲国家中民族成分最复杂的国家之一，存在大量的民族矛盾和地区分裂势力，缅甸中央政府与其少数民族自治地区武装冲突一直不断。再就是缅甸转向大国平衡的外交战略。缅甸新一届政府上台后，重点发展与周边国家友好关系的同时，还努力改善与欧美大国的关系。缅甸希望在中美之间通过平衡外交，实现国家利益最大化。美、日、印等大国也希望缅甸减轻对中国的依赖，企图在区域内弱化中国的影响力。

其他的地区国家

（1）蒙古国

蒙古国国内的主要经济部门是农牧业和采矿业，其中矿产业是蒙古国经济的支柱产业。自1999年起，中国取代俄罗斯成为蒙古国最大的贸易伙伴。2004～2013年，中蒙两国的贸易总额十年累计增长了9倍。到2014年8月，中蒙贸易额已经超过44亿美元，到年底将势必超过2013年64亿美元的贸易总额。此外，中国还是蒙古国直接投资的主要来源国之一，2008～2012年中国对蒙投资公司增加了4倍，总投资增加了3.7倍。其中，中国的投资资本67.3%集中在地质和矿山领域，20%则投入到贸易和餐饮业。

在中蒙经济关系中有着贸易商品类型较为单一的特点。蒙古国受到自身资源禀赋影响，对外贸易过程中主要以原材料和初级产品出口为主。据统计，2014年上半年蒙古国对华出口商品中，铜矿精粉、原煤、铁矿石等能源矿产产品占到总贸易额的70%以上。而中资企业对蒙古国投资主要集中于地质矿山领域。此外，中国企业对蒙经济合作项目以基础设施建设为主。

中蒙关系面临美、俄、日等国家与国际组织的竞争与挑战。蒙古国的邻国只有中俄两国，相对于中俄而言，蒙古国是绝对意义上的小国。冷战结束以后，蒙古国结合自身地缘局势提出了“第三邻国”的理念。2010年，蒙古国大呼拉尔通过的新国家安全构想中，在强调平衡与中、俄两大邻国的同时，将强化“第三邻国”作为一个外交政策。蒙古国的“第三邻国”含义广泛，从最初的美国演变到西方国家，再到后来的援蒙国家，如日、韩等国家。蒙古国独特的国家安全形势决定了它不可能成为一个完全亲华的国家，它更倾向于做一个大国之间的平衡者。中、俄、美、日、欧在蒙古国的竞争将会在长时期内持续，并可能对“一带一路”倡议的实现构成影响。

（2）哈萨克斯坦

哈萨克斯坦是中国“一带一路”建设的重要伙伴国家，中国国家主席习近平正是在2013年访问哈萨克斯坦时，在纳扎尔巴耶夫大学发表演讲中倡议用创新的合作模式，共同建设“一带一路”经济带。这一倡议也获得了哈萨克斯坦领导人的积极回应。

哈萨克斯坦是中亚最大的经济体，虽然其在金融危机之后经济增速明显放缓，但其经济总量仍相当于中亚其他四国之和，也是世界银行分类中的中高等收入国家。哈萨克斯坦国内资源丰富，有90多种矿藏，钨储量达到200万吨以上，占到全球总储量的一半以上，铀矿储量超过150万吨，占全球总储量的四分之一，铬、锰、铜、锌的储量均在世界前五。

中国和哈萨克斯坦是陆上邻国，经济往来密切。自2011年起，中国成为哈萨克斯坦的第二大贸易伙伴和最大出口市场。2014年两国进出口贸易总值171.82亿美元，占哈萨克斯坦进出口贸易总值的17.2%。中国在哈萨克斯坦直接投资存量69.6亿美元，占据了中国在中亚五国直接投资的绝大部分。中国企业在哈萨克斯坦的投资主要集中于经济中心阿拉木图、首都阿斯塔纳矿产资源丰富的克孜洛尔州。

哈萨克斯坦的政治风险表现在，哈萨克斯坦自独立后，一直由纳扎尔巴耶夫出任领导人，“接班人”问题已经成为哈萨克斯坦政局最大的不稳定因素。哈萨克斯坦国内有125个民族，主体民族哈萨克族占64.6%，俄罗斯族占22.3%，哈萨克族多信仰伊斯兰教（逊尼派），俄罗斯族多信仰东正教。

哈萨克斯坦虽然重视与中国的经贸联系，但是其有多个经济发展战略可以选择，中国的“一带一路”倡议战略在一定程度上面临着与美、俄中亚战略的竞争。2014年5月，俄罗斯、白俄罗斯和哈萨克斯坦三国总统在阿斯塔纳签署《欧亚经济联盟条约》，宣布欧亚经济联盟将于

2015年1月1日正式启动。哈萨克斯坦对于不同发展战略的优先级排序问题对于中哈关系的发展有着极为重要的影响。

哈萨克斯坦处于欧亚的"中心地带"，通过哈萨克斯坦进入欧洲的通道相比于西伯利亚大铁路更为便捷，但是要穿过局势复杂的乌克兰地区，乌克兰危机对于哈萨克的稳定构成一定的影响，哈萨克斯坦仍然面临"颜色革命"的危险。尽管其总统纳扎尔巴耶夫有着强力领导和高超的外交技巧，但西方国家并未放弃对中亚地区进行民主化改造的战略，其很可能成为西方和俄罗斯之间一个新的角力点。

4. 来自沿线国家的风险和挑战

企业投资风险

先来看一下"一带一路"规划中的周边国家经济概况。

"一带一路"周边国家的人均收入多与中国相近，但经济增长速度略低，据大致测算，"一带一路"国家经济总量为20万亿美元。考虑到中国"一带一路"规划的战略定位，以上国家以发展中国家为主，这些国家近几年增长虽有所放缓，但仍普遍高于发达国家。"一带一路"国家近5年GDP平均增速为4.7%，其中"一带"沿线国家的增长还要略高一些，在5.1%左右，相比之下，同期欧盟的经济增长速度为-0.5%。这些国家的人均GDP与中国相近，仅为欧盟的1/3，其中陆上丝绸之路国家人均GDP最低，为5千美元左右，低于中国的7千美元；海上丝绸之路国家的人均GDP则在1.4万美元左右。

由此来看，中国提出的"一带一路"共荣战略，基本符合这些国家的利益，双方有共同的合作基础。并且，由于目前陆上丝绸之路国家的人均收入水平更低，经济增速更高，因此，与海上丝绸之路国家相比，可能在未来合作上的空间更大，但面临的问题是，在道路建设和贸易往来中，中国可能也需要前期投入更多的资金，并需要承担更大的风险。

如果仔细深入地考虑“一带一路”沿线的国家会发现，单从企业投资的角度看，不少沿线国家并不是生产企业的理想投资地点。

相较于中国而言，“一带一路”沿线上的许多国家工业基础体系很不完善，生产效率低下、产能提不上去，一些最基本的工业基础十分薄弱。以巴基斯坦的电价为例，其风力发电成本折合成人民币约为0.64元/kwh，水电为0.48元/kwh，太阳能为1.02元/kwh，煤电则为0.72元/kwh。这个电价远远高出中国国内的价格。如此高昂的电力成本下，是没办法投资加工工业的。在印度也有类似的问题，而且严重的是，在巴、印这两个国家，停电的现象非常严重，有时几乎每隔一个小时停一次。高电价、电荒是一道拦路虎，对生产加工企业足以造成致命的影响。再以巴基斯坦的工业用钢为例，巴基斯坦粗钢产量85万吨，产能也只有110万吨/年，非常少，人均钢材消费非常低。

从另一个角度讲，沿线国家工业薄弱，也可以是中国的发展机遇。但这需要中国从国家层面上投资，对沿线国家从修路、建国家电网等基础建设入手进行帮扶，帮助其建设工厂、发展基础工业，推进其工业现代化进程，帮助他们对工业体系进行顶层设计，深度合作，从而为国内的企业走出国门创造环境。

地缘政治风险

“一带一路”倡议沿线地区许多国家是所谓的“转型国家”，正处于新旧政治体制转轨期、“民主改造”的探索期和社会局势动荡期。一些国家由于政治体制不健全、移植西方民主“水土不服”、旧体制惯性强大等问题突出，其政权更替频繁化、政局动荡常态化将对“一带一路”倡议构成系统性风险。

在中亚、中东、南亚地区，部分国家政局中的不稳定因素持续积累。2016年，中亚国家将展开新一轮大选，会导致一些国家政权更替和政局动荡，“一带一路”倡议面临被搁置的风险；一些国家政治精英因权力内斗而无暇顾及经济可持续发展，也将严重制约中国与中亚经贸合作的深入推进。

在中东地区，结构性力量失衡加剧，阿盟分裂趋势扩大，各国党派纷争不断，国家政治建设蕴含着极大的不确定性。

在南亚地区，印度对地区局势的强大影响力使中国在南亚建立稳定的战略立足点面临诸多困难。南亚地区的中小国家视“一带一路”倡议为发展机遇，但其国内政局发展的不确定性，可能会使中国成为其国内政治纠纷的牺牲品。

东南亚国家政治转型进程加快，“一带一路”倡议受其国内政局、党派政治纷争干扰可能会加大。部分国家党派势力为争取选票，往往以顺应“民意”为由，将中国的投资项目作为利益交换筹码，进行阻挠干扰。一些国家为转嫁国内政治矛盾，也可能单方面宣布搁置在建项目。如泰国政局动荡，导致中泰“高铁”计划流产；缅甸国内政局不稳，加上美国施加影响，导致中缅密松大坝工程和中缅合资的莱比塘铜矿项目被叫停。

此外，“一带一路”倡议的推进还面临着地区冲突和局部战争造成的常态化威胁。

“一带一路”倡议沿线经过多个地缘政治破碎带，历史问题复杂、民族宗教矛盾尖锐、武装冲突频发。2012年全球爆发38起武装冲突，2013年发生较大影响的局部战争和武装冲突33起，2014年全球范围内的武装冲突超过10起。冲突主要爆发区与“一带一路”倡议沿线多有重合，其中又尤以西亚和北非地区为主。仅2013年，在巴勒斯坦、缅甸、阿富汗和肯尼亚，就有不少中国公民因暴力冲突而丧生。地区武装冲突的爆发，可能全面打乱“一带一路”进程，并威胁我国投资项目和人员安全。

此外，“一带一路”沿线地区有一些是恐怖主义多发区。例如，南亚的恐怖主义问题与种族、民族、宗教和领土争端等问题相互混杂、交织联动。据印度方面统计，目前在印活动的恐怖主义、分裂主义和极端主义组织大约有176个，巴基斯坦大约有52个极端组织。从中亚到地中海、从高加索到萨赫勒地区的广袤大地，已沦为恐怖分子和极端分子的庇护所。这对中国推进“一带一路”倡议的影响不可小视。

还有，涉及中国领土主权和海上争端的问题也将影响“一带一路”倡议。例如，南海局势发展的不确定性，加重了东盟国家“两面下注”的心态，阻滞“一带一路”在东盟落地生根。一些东南亚与中国有领土、领海争端的国家以煽动民族主义情绪为手段鼓吹“中国威胁论”，极力将共同应对南海问题标榜为保持东盟内部团结的“旗帜”，裹挟东盟集体介入，阻滞“一带一路”发展，避免东盟对华经济依赖进一步上升。另外，钓鱼岛主权争端激化，可能使中国东海、南海以及中印边境等争端形成连锁反应，“一带一路”所依托的稳定发展环境将受到冲击。

在这种情况下，“一带一路”的推进很难制定整齐划一的政策方略，既要求同存异，又要因地制宜，针对东盟、中亚、西亚、南欧等的区域性政策，甚至应该针对每个国家进行了解研究，制订国别政策。

由于“一带一路”途经60多个国家，这些国家的国内政治、经济和意识形态等存在差异，所以如何真正地发展好与各国的关系，促进“一带一路”的落实则是目前摆在实践层面上的首要问题。潜在的风险可能主要集中在以下三个方面：

一是地缘安全。尽管“一带一路”执行和平与发展的使命，但由于途经中东、中亚等大国间博弈的敏感地，可能无法避免相关国家对中国战略意图的恶意揣度。如何管控风险、避免冲突，并与周边大国建立信任关系是首要任务。特别在地缘争执的敏感地带，例如南海区域，不断考验中国开拓海上丝绸之路的能力和技巧。

二是产业安全。“一带一路”上南亚和东南亚国家，人力资源尤其丰富。根据发展经济学的研究，制造业在经济增长中的作用是无条件趋同的。只要一个国家干制造业，不论其政府形态政治特征，甚至经济发展处于什么阶段，它的经济增长水平都会向世界平均水平趋近。如果它们获得了充分的基础设施，是否可能会成为中国制造业的有力竞争者？风险可能是有，但低附加值产业向成本更廉价地区转移应该是一个不可阻止的趋势，主要还看中国的应对措施，我们注意到最近中国提出《制造业2025》规划以及“互联网+”等来升级中国制造，这可能才是正解。

三是边界安全。这是指广义的安全，既包括中国投资的安全、海外资产保护，还包括信息安全、边境安全和国土安全等。因为口岸全部打开，势必带来人员的频繁流动，而其他国家的不安定因素甚至部分极端主义势力也会随之而来。这就会提升中国对整体安全的需求，而这些都需要中国的外交、信息、情报、安全、国防以及投射能力的综合系统有一个全方位的供给能力的提升。

第九章 “一带一路”的机遇和挑战

1. 面对“一带一路”，中国需要练好哪些内功

产业优化——产能输出的深度反思

有人总结美国推行的马歇尔计划之所以成功，在于美国当时有其他国家不具备的条件——资金流、技术流、产业流、人才流。

当前的中国处于经济发展的关键转型期。中国已成为全球第二大经济体，并有取代美国成为第一之势，日益上升的经济实力激发中国谋求更高的国际地位。由于欧亚大陆上的广大新兴国家和欠发达国家的基础设置建设欠缺，这成为了设立亚投行的初衷之一。故人们常常把“一带一路”倡议与美国当年的马歇尔计划做比。

“一带一路”倡议有三个核心内容——国家承担贷款风险、企业输出过剩产能、人民币国际化。中国利用多年积累的巨额外汇储备作为拉动全球增长的资本金，同时通过资本输出带动消化过剩产能，实现一举

两得，而“一带一路”倡议正是最重要的载体。

但是在有关学者看来，中国“一带一路”的最大软肋正是在于产能输出。回顾美国实施马歇尔计划援助欧洲时的状况，当时的美国处于全球产业链顶端，对外产业输出可谓是顺势而为，相比之下，今天的中国基本上仍处于全球产业链的低端，这成为制约中国“一带一路”倡议实施的一个重要因素。

例如，中国目前并没有与广大的东盟新兴国家形成产业落差，从而也就无法在产业上形成互补性。目前，东盟是中国第三大贸易伙伴、第四大出口市场和第二大进口来源地。2014 年，中国与东盟的双方贸易额达 4804 亿美元，其中中国顺差 638 亿美元。最典型的是中越贸易。2013 年，越南对华逆差达 230 亿，这更加深了越南对新一轮经济竞争和产业升级的紧迫感。中越同处全球产业链低端，中国可以造的东西越南基本上都可以造，存在着很大程度上的同质化竞争，而这是中国与东盟国家存在的较为普遍的现象。中国是越南最大的逆差国，与之形成反差的是，美国、欧盟、日本是越南的最大顺差国。2014 年上半年，越南实现贸易顺差 13 亿美元，其中第一位是美国，贸易总额 98 亿美元，其次是欧盟 86 亿美元，日本 16 亿美元，虽然日本与东南亚诸国之间存在历史问题，但是由于产业互补，双方合作较为密切。中国庞大的低端产业与东盟国家的同质化竞争，在未来如果要实现大的贸易跃升，产业升级至关重要。

如能实现跨越式发展，中国将成为亚洲经济领域无可争议的引领者。在经济上，东南亚可借助中国的技术、资金优势，而不是目前双方常常竞争来自西方的制造业订单。届时，中国庞大的市场可容纳众多亚洲国家的制造业，建立在双方产业互补的基础上，中国可将东南亚变为自己最大的战略腹地，彻底实现大国崛起。

再以“一带一路”沿线的关键地区——中亚地区为例。中亚各国的产业资源丰富，但是工业并不发达。相比之下，中国总体上资源缺乏，而低端制造业发达，是闻名世界的“世界制造业工厂”。

中国需要中亚的油气资源，是中亚的石油和天然气消费市场，但是问题在于，中亚各国工业处于低端水平，中国工业几乎也处于全球低端，中国的制造业在中亚市场很有限。2012 年，哈萨克斯坦的出口商品中，矿产品为最大宗商品，超过了总出口额的 3/4，达到 358.3 亿美元。在进口商品中，机器设备占比约为 40%，为最大进口商品。中国的低端工业制造，在哈萨克斯坦市场并不大，主要是服装、建材、水果蔬菜类产品。其大宗工业品主要来自欧、美、日、俄等国。其他的中亚国家也都有类似于哈萨克斯坦的产业结构，对于工业品最大的需求在工业水平更精良、更发达的欧美地区。对于这些国家造成吸引力的只有中国的资金优势，基于产业链分工的互补则比较低。

中国推动“中国制造 2025 计划”，其根本任务是迅速实现制造业升级，尽早使中国进入全球制造业大国第二方阵，形成对后发国家的互补，摆脱同质化竞争，尽快建立健全的工业体系，发展精良的制造，采用相对高端的技术，才能与广大“一带一路”沿线国家真正形成产业互补。

“一带一路”倡议中的互联互通，不但需要资金，同样需要通过产业输出来实现，而造就中国与东南亚、中亚以及非洲和拉美国家之间的产业互补，关键就在于实现中国的产业升级。没有产业升级而光靠资本输出，相当于一条腿走路。也就是说，中国还需要像美国在马歇尔计划中做到的那样，提升自己产业流、技术流的水平。

目前，中国已经在高铁等少数领域取得了相对的世界领先地位，但还远远不够，中国需要在更多的大众产业领域获得更多突破。中国国家领导人习近平提出的中国经济新常态需要创新驱动。可以说，无论是技术还是制度创新，都是中国目前迫切需要的，是成功实现“一带一路”

倡议构想的关键环节。

金融国际化问题

随着经济不断发展，中国已成为国际商品贸易第一大国。但与贸易相比，中国金融的国际化程度还比较低，与“走出去”及“一带一路”实施战略的要求相比，金融服务在国际化、市场化、多元化等方面的差距还比较明显。

全球金融危机后，国际经济秩序正在发生深刻变化，旧的秩序正在松动瓦解，新的秩序还未成形。在这个过渡阶段，美元仍然是维系当前国际金融体系的重要基石。但同时，美元通过其特殊地位形成了所谓的“美元陷阱”，限制了各国金融与经济的发展空间。中国经济要真正全面走向世界，就必须有跳出“美元陷阱”的能力，要加快人民币国际化步伐，推动建立国际经济新秩序。

在现阶段的全球竞争中，金融创新和跨境金融联系的不断扩大，促进了全球金融市场一体化和虚拟经济的发展，使全球化进入一个更高的发展阶段；在跨国公司的推动下，跨国并购已成为对外直接投资的主要形式；跨国公司在全球范围内配置资源，发展全球生产和经营网络，已成为全球化中“超国家”的重要力量；提升全球综合物流的运作能力，重视人才、知识管理和创新活动，已成为现代企业取得竞争能力的关键。这一系列变化，对中国经济管理体制和运行机制的变革，提出了新的挑战。

但总体而言，中国的金融机构对国际通行的融资模式还不熟悉。国际上通行的融资模式大多为项目融资，基本原则是以纯商业的模式来组织融资并执行项目，让最有能力承担项目的参与方承担风险。中国的金融机构目前更习惯和倾向于主权担保类项目而非项目融资类项目。纵观“一带一路”倡议所辐射的国家，愿意提供主权担保的政府屈指可数。

如果中国的金融机构不做改变，就很难满足中国企业在“走出去”的国际化战略中的迫切需求。

目前，中国的融资成本在商业项目上说不上有什么优势。中国目前有巨额外汇储备，也有很多优质的项目想从中国进行融资，但是由于融资成本很高，还需要支付7%的保费给中信保，这使得很多项目的推进就此搁浅，进而转向了韩国和日本企业。原因很简单，日本和韩国的进出口银行、出口信用保险机构的借贷成本和保险费率远远低于中国，且融资期限长、审批时间短，还不需要主权担保，这些都是目前中国金融机构无法做到的。

实现全方位开放的挑战

“一带一路”倒逼国内的经济一体化建设，增强产品竞争能力，全面提升开放型经济建设水平。根据《愿景与行动》，推动“一带一路”建设，中国将充分发挥国内各地区的比较优势，实行更加积极主动的开放战略。

国务院发展研究中心研究员程国强说，将“一带一路”建设与国内区域开发开放有机结合起来，以沿边地区为前沿，以内陆重点经济区为腹地，以东部沿海发达地区为引领，加强东中西互动合作，将打造中国全方位对外开放的新格局。

“过去中西部是对外开放的后方，“一带一路”将使这些地区转为开放前沿，包括来自东部沿海地区的资源要素会在此聚集，通过中西部大通道直接对接国际市场。”赵晋平说，这将为推动中西部经济增长带来重要契机，并助推中国打造新的区域增长极。

“一带一路”将把内地变成对外开放的前沿。对内而言，“一带一路”倡议对启动中国区域经济的进一步发展也同样重要。通过推进“一带一路”建设，发挥国内各地区比较优势，加强东中西互动合作，可以全面提升开放型经济水平和能级。

对中国内政、外交工作的挑战

中国目前已经逐步形成了周边是首要、大国是关键、发展中国家是基础、多边是重要舞台的全方位外交格局，形成了覆盖全球的伙伴关系网络。其中存在的问题是，中国外交建立起的这一形形色色的伙伴网络，更多是在政府间层面，多以政府间合作为主，民间交往相对缺乏，甚至与一些国家的外交关系还出现了"政冷经热""政热经冷"等不协调和不匹配的问题。

"一带一路"构想的提出，倡导推进中国与沿线国家不仅在国家层面上交往，还要推进民间交往，把政策沟通、设施联通、贸易畅通、资金融通和民心相通放在同等重要的位置上。这就要求中国的外资产战略要有立体化的格局。

"一带一路"经济带的建设，涉及到沿线国家的基础设施、经济走廊、海上合作支点、产业合作、人文交流等众多领域，需要中国的外交、经济各个部门与沿线国家进行大量的协商，有巨量的协议需要谈判。建立多层次、多边协商机制十分必要，需要大量耐心、细致的工作，而不是急于求成、一刀切式处理双边合作关系。

"一带一路"的开拓应该妥善回应来自沿线各国社会上各方面可以预见和难以预见的质疑、批评、指责甚至冲突，针对沿线国家政府官员、社会精英和广大民众进行有效的解释工作。可以说，"一带一路"既是一条基础设施互联互通、经济共融共赢之路，也是一条人文互联互通、情感互联互通之路，这就要求中国外交必须把回应各方面舆论的公共外交摆到更加重要的突出位置，使"一带一路"成为心灵相通的理解之路、信任之路。

此外，由于"一带一路"涉及党、政、军、民、商、学、媒等众多领域，更大的困难不是来自于外部，而是来自于自身。如何统筹协调各层次、各领域和各部门参与“一带一路”建设的步伐，广泛调动各方面的积极性，有计划、有组织、有秩序地推进“一带一路”建设进程，也是中国面临的一个艰巨任务。近一段时期以来，随着国家关于“一带一路”建设愿景和行动规划的公布，各方面参与“一带一路”的积极性被调动起来，已经出现了一哄而上、步伐不一和自我混乱的局面，尤其是一些地方政府出现忙于争抢项目、争夺资源和优惠政策的问题，这给统筹外交敲响了警钟。

总之，“一带一路”构想的提出和实施，推动中国外交实现了战略重心的转换，要求中国外交必须与时俱进，通过理论创新和实践创新，不断开辟中国特色大国外交的新局面。

“一带一路”需要什么样的企业

客观说来，在“一带一路”推动的“走出去”的时代，中国企业“走出去”的准备还不足，一些企业在国内政府种种政策的呵护下还能生存，但在比较激烈的竞争环境里能不能生存还是一个问题。在没有准备好的时候，就大规模走出去，快速走出去，就有可能要交很多学费。中国企业“走出去”还要面对保护主义、汇率风险、金融风险和社会风险，以及东道国在环境、法律、劳工福利等方面的要求。

中国企业要认真思考一个问题，我们为“一带一路”准备好了吗？“一带一路”需要什么样的中国企业？就目前中国企业的现状以及跨国企业竞争的形势来看，能代表“一带一路”的中国企业应具备以下几点要求：

第一，不仅要能“走出去”，更要能“走进去”。中共十八大报告言简意赅地强调：“加快走出去步伐，增强企业国际化经营能力，培育一批世界水平的跨国公司。”事实上，“走出去”只是手段，“走进去”

才是目的，即要打造赢得世界尊重、培育具有世界水平的跨国公司。

2011 年，美国《世界日报》刊文《中资企业要关注全球化形象》指出："从追求自身经济发展，到在世界经贸体系扮演举足轻重的角色，中国企业值此转型期，如何从量的优势过渡到质的优势，易言之，如何从偏重亮丽的销售数据，转变为追寻消费者的长期认同与忠诚度，是中国企业现阶段所应思考的课题。"

"走进去"，即追寻消费者的长期认同与忠诚，绝对不是一件容易的事，但不得不做。不论对国家还是对企业而言，"优越文化和更富有吸引力的政治哲学的说服力"显然要比诉诸军事、经济手段更有效，因为"它的目的不是征服领土和控制经济生活，而是征服和控制人民的心灵，以此作为改变国家之间权力关系的手段"。

第二，要建立长远的愿景、价值观、使命和企业文化。

中国企业与世界一流企业存在差距的方面体现在：创新方面，中国企业的渐进性创新多但突破性创新少；还处在模仿世界一流企业的阶段，没有取得实质性的突破；在投资并购方面，企业的资源整合和有效管理力度不够，甚至有的企业规模扩大了，管理水平没有跟上，带来较大的经营风险；在国际化经营方面，中国企业跨国指数还比较低，在全球布局、整合全球资源、打造全球产业链方面尚处于起步阶段。

例如，日本已经用"日本制造"征服了世界，今天，日本的百年企业共 2.2 万多家，创业超过 300 年的有 600 多家。中国大陆的百年企业少得可怜，创业历史超过 150 年的大型企业不到 10 家。"一带一路"倡议中需要的中国企业是世界一流企业，需要做经得起时间考验的伟大事业。

第三，要有品牌和品牌价值。目前，有产品没有品牌、或者有品牌没有品牌价值是中国企业的一个"顽疾"，人们一想到中国企业，就是密密麻麻的工人、机器，但普遍缺乏大师级的设计者、管理者，缺乏对产品本身的理解以及生产过程的管控艺术，这样的企业生产出来的产品往往流于肤浅。

2013 年，虽然世界 500 强企业中，中国企业已经多达 100 家，但在全球企业品牌价值 100 强榜单中，中国企业一家都没有。全球企业品牌前十名的企业来自三个国家，分别为美国的苹果、谷歌、可口可乐、IBM、微软、通用、麦当劳、英特尔，以及韩国的三星和日本的丰田。这个企业品牌评选在列举其评选指标时称：“很多时候，一家公司改变我们的生活不仅是由于其产品，也是由于其精神。”

2. 打造文化“软实力”

在“一带一路”背景下，中国企业的崛起不仅应是经济事件，更应该是文化事件。有一句话非常有道理，即五年的企业靠产品，十年的企业靠技术，百年的企业靠文化。中国企业目前可能不缺产品、不缺技术，但文化软实力是最大“软肋”。

软实力的核心是文化，文化的核心是价值，世界一流企业一定拥有被世界所认可的核心价值。因此，企业文化的核心就是要成功塑造和有效传播本企业的核心价值。早在 2006 年，国资委就指出，中央企业“软实力”建设框架初现。根据对 146 家中央企业的调查，84% 的企业初步确立了企业精神、核心价值观和经营管理理念，78% 的企业初步建立了理念识别系统、行为识别系统和视觉识别系统。

今天这两个数据可能早就变成了百分之百，但是笔者到央企调研时发现，大多企业高管依然不清楚本企业的核心价值是什么，甚至有人觉得“这个东西可有可无”。虽然国家确定，中央企业将要用软实力充实核心竞争力，但软实力在中国依然是一个大家普遍熟悉但严重缺乏共识，都认为重要但在实践工作中常常不被重视的一个事物。

“一带一路”建设离不开软实力

“软实力”这一概念在20世纪90年代由美国哈佛大学教授约瑟夫·奈最先提出，随后，迅速风靡全球。约瑟夫·奈把国家的软实力概括为3个方面：文化的吸引力、制度的吸引力和价值观的吸引力、掌握国际话语权的能力。中国的古语“得人心者得天下”，在约瑟夫·奈看来，和软实力的内涵有异曲同工之妙。

“软实力”概念一经提出很快传播到中国，中共的十七大报告第一次提出：“文化软实力是综合国力的重要组成部分。”报告在软实力前面加了“文化”二字，意味着软实力的概念在中国有了新的内涵，具有了中国特色。

“一带一路”倡议是一个系统工程，文化是“一带一路”倡议推进中一种无法轻忽的力量，我们可以称之为文化“软实力”。

中国学者张国祚的意见具有代表性：“文化软实力对于任何国家、任何民族来说都是极端重要的。任何国家都需要两条腿走路，一条腿是物质硬实力，一条腿是文化软实力。物质硬实力如果不行，那么这个国家可能一打就垮，一打就败；而文化软实力如果不行，那么这个国家不打就垮，不打自败。”

“一带一路”中的文化感召力

有人曾这样形容价值观认同感在“一带一路”建设中的作用：“基于利益，有点风吹草动大家就各扫门前雪；基于价值观，各国团结互助的可能性大大提高。”这段话说得很有道理，这种共同价值观的例子在欧美的英语国家体现得较为明显。英美等西方国家的密切同盟关系，就是建立在同文同种以及高度相似的价值观认同基础上，从而形成了一股主导世界格局的力量。

“一带一路”沿线要经过的是文化差异巨大、民族风俗习惯各异，乃至政体大为不同的国家。如何建立共同的价值认同，从而保障“一带一路”的畅通，是一个极为重要的问题。那么中国能不能解决好这个问题？中国自身的价值观取向和文化建设就显得极为重要。

从中国的传统来看，以儒家为主流的文化在古代很好地配合了中央集权的封建体系，但从另一方面看，儒家文化具有很强的包容性，它主要是一种强调道德“自律”而非“他律”的文化传统，所谓“忠恕”“己所不欲，勿施于人”的精神是永远不会过时的，是具有高度智慧的哲学。这种文化传统下的中国人很善于学习、吸收其他文明的长处和优势。

从历史上看，中国周边的民族国家自觉吸纳了中国的先进文化，而非中原民族借助自己军政力量的绝对优势强行推广的，也较少干涉周边国家的内政，从而在东亚和东南亚形成了学者所称的“儒家文化圈”。儒家哲学有着强包容性和弱排他性的特质，这可以看作是中国在“一带一路”建设中的一个文化传统优势。这种柔性的文化输出与今天的美国形成了　种对比。新加坡国父李光耀曾经说，美国人给人的感觉是注重实用、功利、慷慨，但又显得强势乃至于蛮横。这和中国人的性格形成了很大反差。

在经济领域的商品输出过程中，每一个产品都是国家的代言，每一个产品背后都是一种文化，其背后隐藏着消费习惯、消费理念、对人性的关怀等等。比如很多国家民众对美国强大的羡慕、美国文化的向往和生活方式的复制，都是从接触美国商品开始的。如果仅仅是从经济领域，学西方人的实用主义、功利主义，那总会让人感到非常单薄，缺乏后盾。

从这个意义上来说，中国的“一带一路”建设绝不仅仅是一个经济问题，必然涵盖文化、价值观等一系列内容。绝不可忽视文化这种柔性的力量。

"一带一路"应文化与经贸并重

在"一带一路"的合作议题上，如果国人表现短视，言必谈中国自身的利益，言必争中国所能获取的利益，而对他国的利益、他国的关切冷漠置之、兴趣缺缺或者没有实际贡献，久而久之，沿线国家会视中国这种举措为狭隘、自私，它们未来与中国的合作也会逐渐丧失耐心、信心，"一带一路"这个"合唱团"，不免会沦为中国的独角戏。

"一带一路"的理念和定位，不但是探索国与国合作的新模式，也是探索全球治理、塑造另一国际秩序的新模式。因此，中国需要有心怀天下、同舟共济的胸襟，在寻求国家利益的同时，兼顾沿线国家的共同利益，以"是中国人，也是地球人"的气度和包容更多地参与全球性议题，并为此作出应有的、力所能及的贡献。中国应照顾和重视各国合理的、正当的、实际的需求和利益，只有如此才能"达则兼济天下"，最终和各国实现共赢，也为中国未来成为国际社会的领导者拿到一张令别国心悦诚服的"入门票"。

最后，国人要以身作则，发挥"规范性力量"（Normative Power），传播中国的道德规范和价值准则，以此进一步赢取沿线国家的认同、信任和尊重。

英国、美国的崛起，分别以"自由贸易""民主人权"作为价值体现，中国的"一带一路"倡议，将会带给世界什么价值规范？不少国人认为，和平发展、互利共赢、开放包容、互学互鉴是中国带给世界和平与发展的核心价值观。但，这只是一些很抽象的理念，难以看得见、摸得着。

那么，该如何把中国的价值规范完整体现在世界各国民众面前？对此，欧盟的经验可资借鉴。欧盟各成员国通过各自官方机构的对外活动，运用“五扩散”（无意识扩散、信息扩散、程序扩散、转移扩散和公开扩散）的方式，有意识地积极在国际舞台上推行自己的价值观、展示自己的规范力量，此举不但获得了世界范围内的广泛认同，令世界各国看到不同于美国的另一种价值取向，也为欧盟在国际事务中发挥更大的影响力奠定了基础。

因此，要向世界展现“一带一路”的价值规范，除了国人须进一步在人类和平与安全、国与国之间平等与团结、经贸上的自由与公平以及人类权益的捍卫等方面，展现出胸怀天下的雅量、气度和以身作则之外，中国学术界、文化界相关机构也应在对外交流、合作中，通过“五扩散”发挥“规范性力量”，以此推广该战略的核心价值观。

由于“一带一路”沿线国家，民族不同、信仰不同、要求不同、经济发展阶段不同，中国要与沿线诸国互利互惠、共同发展和实现共赢，充满挑战，也藏有变数。作为这一战略的发起国和主导国，中国及其国民应尽力展现大国国民的风范，营建和睦共处的营商环境，赢取沿线国家的认同、信任、支持与合作，助力该战略的成功实施。

3. “一带一路”倡议将会给哪些行业带来机遇

受益行业展望分析

对于中国企业而言，“一带一路”倡议的主要受益机会可以从区域和行业属性两个方面来展望。

首先，处于“一带一路”倡议节点地域的上市公司将直接受益，例如，边境地区的新疆、云南、广西、西藏，以及四大自贸区（上海、广东、福建、天津自贸区）等。其次，从行业属性看，“一带一路”倡议重点针对的沿线国家大部分为欠发达国家，基础设施较为落后、城镇化程度较低，基建方面的需求最为明显。从这个角度来说，大基建行业（建筑施工、工程机械、电力设备、钢铁建材）将会在“一带一路”倡议的推进中最先受益。同时，“一带一路”倡议的推进离不开金融支持，基础货物的往来离不开港口铁路交通运输，后期实现互联互通后的工业制造输出也将会成为常态性需求。

从“一带一路”倡议具体的受益行业来看，目前可以预见的有以下几个领域的行业：

首先是基础设施建设行业。“一带一路”倡议将围绕着“三通”（通路、通航、通商）展开，向欠发达国家和地区化解、转移国内产能，初期的发力点以基础设施为主，随之带来的公路、铁路、机场、港口、电信这些基建工程，会为积极参与海外建设的企业带来巨大的蛋糕，同时会带动整个工程机械行业。

其次是国内一些具有比较优势的产能，如高铁、核电、通讯、电力设备、家电制造商受益最为明显；能源类基础设施，例如管道产业链也将受益。中亚地区、俄罗斯这些油气储备丰富、开发潜力巨大的地区将会给与之接壤的地区带来巨大的能源管道投资建设机会，利好相关的油气设备制造业。

第三是文化与旅游产业。“陆上丝绸之路”和“海上丝绸之路”都具有重要的历史文化内涵，更是沿线各国共同的文化记忆和文化符号。随着“一带一路”倡议的推进，“古丝绸之路”必会焕发新的活力，这给了中国提升文化影响力的机会。推进“一带一路”倡议对于文化产业的建设，包括“丝绸之路”沿线旅游景区的建设都极富正面作用。随着文化交流、学术往来、媒体合作等陆续展开，围绕“一带一路”沿线的旅游人数规模会不断扩大，形成一批具有“丝绸之路”特色的国际精品旅游线路和旅游产品，旅游业相关的服务业也会大大受益。

第四是海洋经济。借助海上丝绸之路，开发海洋产品，推进海水养殖、远洋渔业、水产品加工、海水淡化、海洋生物制药、海洋工程技术、环保产业和海上旅游等，这些领域均有进一步拓展业务的机遇。

第五是商贸行业。包括边贸、商贸和跨境电子商务等新业态。

第六是金融业。这中间的机会包括中资银行机构的海外设点，借人民币国际化和离岸人民币中心建设的东风，利用“一带一路”带来的信贷机会开拓海外市场，填补市场空白，成长为具有世界性影响力的金融机构；包括融资租赁行业因应“一带一路”企业的实际需求而出现较为迅速的发展；另外，包括保险企业资产负债两端的增长，即负债端出口信用保险需求的增加，资产端作为合格投资者参与“一带一路”带来的业绩提升。

第七是军工与安全。目前来看，“一带一路”建设意味着中国国家利益将扩展到更广阔的范围，中国面临着远距离投射、响应速度等涉及国家安全的建设，需要有即时通讯、大型运输机具、精确定位和智能化的介入手段。因此北斗系统、大飞机制造、广义的安全包括信息安全等企业都有发展空间。

基建相关行业

根据《全球建筑2020》报告，全球建筑市场将以年均4.9%的速度增长，增至2020年的12.7万亿美元，占全球总产出的14.6%。“一带一路”沿线将成为中国建筑业增长的主要海外市场之一。

目前，多位“一带一路”沿线国家的政府官员表达了在基建方面的需求。波兰信息与外国投资局主席内杰·曲尼克表示，波兰希望成为联结中国和欧洲之间的枢纽，该国在未来7年将投资320亿欧元资金在基础设施上，“波兰愿意看到大型的中国的基础设施在波兰‘上马’”。柬埔寨公共工程与运输部国务秘书林塞登同样指出，“一带一路”倡议将带来很多共赢机会，柬埔寨将在这样的大背景下进一步加强国内的建设，并希望进一步加大公共交通领域的发展，通过 BOT（建设—经营—转让）和 PPP（公私合作）的模式来实现融资多元化。

数据显示，2014 年，中国对外承包工程新签合同额 1918 亿美元，完成营业额 1424 亿美元，业务遍及 190 多个国家和地区。中国在铁路、电力、通信、建材、工程机械等行业具有比较优势，可灵活采取投资、工程建设、技术合作等多种方式，与"一带一路"沿线国家和地区开展广泛的互利合作。

除了"一带一路"沿线国家，拉美地区同样想要抓住庞大基础设施建设需求所带来的机遇。巴哈马副总理兼工程与城区发展部部长戴维斯指出，中国有着巨大的购买力，并且也有着很多的资源储备，同时也是投资型基金的主要来源，因此自然而然成为拉美和加勒比海共同体的合作伙伴。

前不久，美丽山水电站特高压输电项目的正式奠基成为基础设施领域合作最大的亮点，该项目是中国在海外中标的首个特高压直流输电项目。而连接巴西和秘鲁的两洋铁路也取得了实质进展。中国—巴西—秘鲁三方工作组已启动了两洋铁路的可行性基础研究工作，这对中巴开展铁路领域合作及在南美建设一体化的基础设施网络打下了基础。

在第六届国际基础设施投资与建设高峰论坛举行期间，中外企业共签署乌拉圭铁路及莫桑比克住房等 11 项战略合作协定，涉及总金额超过 25 亿美元，还包括中国对外承包工程商会与伊斯兰私营发展机构、泛美开发银行之间的协议；中国交通建设股份有限公司与乌拉圭联合集团、中国冶金科工股份有限公司和新昌营造集团有限公司等覆盖行业战略合作、金融合作、基础设施项目建设合作、工程机械设备合作、高科技合作等各个领域。

金融业

由于“一带一路”的《愿景与行动》文件给出了详尽的合作重点，例如“五通”，而在设施联通当中，基础设施建设的投资是重点，这些都会给国内的银行业带来更多更大的新业务机会。目前，中国的工行、农行、中行、建行、交通银行五家国有大型银行已开始在“一带一路”沿线国家或地区设立分支机构，积极参与“一带一路”建设。

目前，工行已经构建与“一带一路”倡议所涉国家和区域高度重合的境内外经营网络布局，在沿线17个国家拥有70多家分支机构，金融服务辐射范围基本覆盖“一带一路”规划区域，截至2014年末已为73个“一带一路”境外项目提供了109亿美元的融资支持。

国际化是中国银行最大的特色和优势。截至2015年3月末，随着中国银行万象分行正式开业，中行海外机构也已覆盖“一带一路”沿线16个国家，在42个国家和地区设立海外机构。

保险业护航企业“走出去”

2014年，国内保险业总资产突破10万亿，“一带一路”建设使保险基金的运用有了新的契机，保险作为市场化的风险管理与资金融通机制，将为“一带一路”建设提供重要服务支撑和有效风险保障。目前国内的大型险企也已开始海内外布局。

近日，人保财险董事长吴焰建议将保险作为制度性安排纳入“一带一路”顶层设计，加大对装备出口、营运责任等基础设施互联互通相关险种的支持，对保险公司的国际化业务给予适当的税收减免优惠，对国有保险公司“走出去”相关业务的考核放宽短期盈利要求等，引导更多国内保险资源投向“一带一路”建设。

例如，去年以来中国信保对“一带一路”倡议进行了多次部署。

2014年，该公司中长期出口信用保险承保金额达到272.5亿美元，海外投资保险承保金额达到358.4亿美元，为埃塞俄比亚首都至吉布提铁路、肯尼亚首都至蒙巴萨铁路等重大项目提供了融资保险。

各大保险公司对"一带一路"的布局不仅包括保险产品的开发设计，同时也包括积极谋划在基础设施、医疗、养老等方向的投资机会。

旅游业

对中国旅游业来说，"一带一路"倡议的实施将带来几大"利好"。

首先，基础设施联通将大幅提升旅游可达性，尤其是深处内陆的中国中西部地区将借助"一带一路"倡议极大改善交通条件，促进东部旅游客源进入中西部旅游资源集中的目的地，同时，也将显著提升周边国家与中国边境省份之间的边境旅游热度。

其次，"一带一路"倡议将推动沿线各国简化人民往来的签证手续，极大促进出入境旅游，对于近年来停滞不前的入境旅游能起到极大的正面促进。中亚和东盟除新马泰之外的其他各国也将是中国旅行社企业、投资商和线上旅游OTA、APP的最新拓展方向。

第三，打造具有丝绸之路特色的国际精品旅游线路和旅游产品将是未来几年沿线地方政府和企业进行旅游策划、规划、设计、投资、建设和运营的一个重要方向。这对目前"一带一路"沿线各省份的旅游产品也提出了新的要求，就是突出特点、融合协调、差异定位、避免重复。

第四，推动"21世纪海上丝绸之路"邮轮旅游、海上旅游跃上一个新的台阶。未来随着相关国家简化签证、通关手续，甚至互惠免签，将吸引世界邮轮公司入驻和开辟更多母港、停靠港航线，还将为中国政府和企业投资邮轮港设施、中国企业组建邮轮船队和航线创造更加光明的前景。

目前，“一带一路”沿线的中亚各国与中国的国情迥异，在过去交流偏少，存在着文化差异，甚至安全系数也较低。从短期来看，“一带一路”沿线的旅游产品仍然可能面临价高人少的局面，和东南亚旅游等旅游市场相比有不足之处，这些问题需要靠多方协调、长期投入、精心运营来解决。

农业“走出去”战略

“一带一路”沿线60多个国家丰富的农业资源，为中国农业“走出去”带来极大的市场。在“2015中国农业发展论坛”上，与会专家认为，在“一带一路”倡议刺激之下，2015年将成为中国农业对外投资的元年，或催生7500亿元农业海外投资市场。

国家统计局数据显示，中国粮食从2004年恢复增产以来，至2014年全国粮食总产量达6.07亿吨，但与此同时，海关数据显示中国粮食进口在2014年也再创新高，全年进口总量突破1.042亿吨，其中70%以上进口的是大豆，达到了7140万吨。

一边是国内粮食产量连年增加，一边却是进口总量连年暴涨，这已成为近年来中国粮食市场的基本特征。这主要是由于中国粮食需求增长远远超过生产增长。目前中国的土地自给率只有80%，在农业资源超载运行、环境代价高昂的条件下，只能满足国内90%的谷物、油料等农产品需求。而如果从国际市场进口10%的农产品，则相当于用国外农业资源补充20%的国内耕地资源。

为保证中国粮食供应的长久安全，除了要发展现代农业、对传统发展模式进行改革外，实施新型战略，使农业“走出去”，构建全球供应网络势在必行。“一带一路”倡议是中国推进农业对外投资、重塑国际农业规则、维护全球市场稳定的有利契机。

粮食安全也是"一带一路"沿线国家共同关切的问题，粮食合作可以说是"利益共同体"和"命运共同体"的最佳结合点之一。数据显示，2014年，中国与"一带一路"沿线国家的农产品进口总额为228.39亿美元，占中国农产品进口总额的18.80%；农产品出口总额为210.32亿美元，占中国农产品出口总额的29.48%。

农业专家表示，中亚地区地广人稀、土地集中平坦、物种资源丰富，但同时农业生产效率低、劳动力不足、经营方式粗放。在中亚耕地面积最大的哈萨克斯坦，谷类单产却是中亚最低的，小麦产量占粮食总产量的80%，但小麦单产1吨/公顷，仅为中国的1/5，提升潜力巨大。

根据专家测算，中国和"一带一路"沿线国家的农业合作，在种植业领域至少有5000亿元合作的空间，养殖业有2000亿元合作的空间，种子领域合作空间有500亿元。与沿线的国家比，中国有研发优势，具备资金、技术、人才输出的能力，"一带一路"建设的推进给中国农业"走出去"创造了绝佳的契机。

当然，中国农业"走出去"也面临着东道国政治不稳定、信息和人才缺乏、资金短缺等困难，此外，部分国家也会对中国"买地"的举动产生担忧。在合作过程中加深互助和合作的广度与深度就显得至关重要。

石化产业升级新机遇

近年来，虽然中国石油企业"走出去"的进程不断加快，但受制于各种条件的限制，中国石油企业在海外投资虽多但对项目的实际控制能力不足，也很难获取优质资源，资产效益普遍较低。业内人士普遍认为，"一带一路"倡议的实施将改善投资环境，给中国油气开采和石化行业带来新的发展机遇、注入新活力。

据统计，截至2013年底，中国在"一带一路"沿线地区油气项目的总投资达 687 亿美元，约占海外总投资的 45%；在油气生产方面，2013 年中国石油企业在该区域内油气权益产量约 4200 万吨，占海外总产量的 35%；油气贸易方面，2013 年中国从“一带一路”进口原油 5800 万吨，占进口总量的 19%，进口天然气 309 万亿立方米，占进口总量的 58%。在“一带一路”倡议的带动下，中国石油公司的海外战略实现新的腾飞值得期待。

作为一项长期的国家战略组成部分，大型油气合作项目的签约历来受到高度重视，从谈判伊始就会进入国家层面的顶层设计，这也开启了中外能源合作“大时代”的序幕。在“一带一路”合作框架下，通过国家层面的顶层设计和政府间更加富有成效的沟通协调，可以使中国石油企业在开拓油气勘探开发市场时更加便捷，也可以为中国石油企业获取较为优质的海外油气资源创造便利，从而推动中国海外油气投资的健康发展。

同时，伴随“一带一路”倡议的实施，中国政府还将出台一系列的财税政策，加大对“走出去”企业的支持力度。中国的金融机构也将对“一带一路”沿线重大项目提供金融支持。

另外，近期的油价下跌，也为新一轮国际油气市场并购浪潮做好了铺垫。中国的石油企业在“一带一路”合作机制的有利条件下，可以更好地抓住区域内油气市场变化的时机，积极寻求并购相关国家优质油气资产的机会，大力优化布局和资产结构。

相关专家也同时认为，“一带一路”是需要 10 年以上时间推进的大工程，地缘政治风险不可忽视，这些风险还可能随着时间推移增加不确定性，必须未雨绸缪，妥善应对。“一带一路”所涉及的中亚、中东和北非地区，多是地区局势动荡、热点事件频发和安全风险突出的敏感地区。除了东道国的政治风险外，一些重点的资源国为自身利益也采取了更加严格的对外合作政策，通过增加控制、增设条件、提高税收等手段降低投资者收益。这是要引起相关企业注意的。同时，中国企业也要避免出现蜂拥而上的情形，引发"一带一路"区域的产能过剩。

此外，以俄罗斯、中亚地区为代表的"一带一路"主要资源国所含油气盆地（除北极大陆架）内多数规模构造圈内基本都已钻探，发现大型整装油田越来越困难，成本也随之增加。多数主力油田均已进入开发后期，稳产形势严峻。这些都是企业在"走出去"的过程中要认真考虑和科学评估的。

电力行业

随着全球能源消费持续增长，由清洁能源全面取代化石能源是大势所趋，而绝大部分清洁能源只有转化成电能才能高效利用，清洁替代和电能替代将是未来世界能源可持续发展的重要方向。

通过建立全球能源互联网，连接"一极一道"（北极、赤道）等大型能源基地，搭建全球能源配置平台，能够将风能、太阳能、海洋能等可再生能源输送到各个地区的各类用户中去。届时，全球清洁能源将占一次性能源消费总量的80%左右，每年可替代相当于240亿吨标准煤的化石能源，减排二氧化碳670亿吨、二氧化硫5.8亿吨，全球能源碳排放115亿吨，仅为2009年的50%左右，可有效控制全球气温上升。

经过多年发展，目前中国在特高压技术和装备上已经具备了技术优势和比较优势。随着能源建设的互联互通，中国对外能源合作不仅是单向引进油气资源、能源技术装备，而是逐渐对外输出特高压等电力技术装备。特别是"一带一路"沿线发展中国家的电网建设相对落后、供应能力有限、进口依赖度高，将给中国电力设备企业带来可观的商机。电力设备出口不仅帮助转移和消化国内的富余优质产能，更能让中国企业在全球市场接受检验，促进中国制造升级换代。

作为国家战略的"一带一路"建设将把能源互联网建设纳入战略

顶层设计，结合“一带一路”沿线国家的实际情况，从国家层面进行能源互联网发展规划，并将出台支持性政策，促进技术标准、管理标准输出成为“世界标准”，占领世界能源网络发展的制高点，加快特高压装备系列产品研发制造，确保在国际市场上推出一批“中国制造”。

智能电网建设“走出去”还将带动相关产业的联合，推动能源、电力、电工装备等相关领域的技术创新和产业升级，带动电子、家电、信息通信和电动汽车等上下游产业发展，提升民族装备企业的自主创新能力和国际竞争力。

此外，中国水电开发已取得举世瞩目的成就。2014 年中国水电装机容量历史性突破 3 亿千瓦，水电发电量更是历史性突破 1 万亿千瓦时。水电作为清洁能源，已成为国民经济发展的绿色动力。截至 2014 年年底，中国水电总装机达 3.018 亿千瓦，约占全球水电装机总量的四分之一。全球装机容量前 10 名的水电站中，中国占了 5 座。全球 70 万千瓦及以上的巨型水电机组，半数以上由中国三峡集团管理运营。

众多业内人士认为，在“一带一路”倡议的推进中，水电“走出去”步伐将加快，有望出现新一轮爆发式增长。“目前全球水电装机开发程度约为 25%，其中欧洲、北美洲、南美洲、亚洲和非洲水电开发程度分别为 47%、38%、24%、22%和 8%，亚洲、非洲、南美是今后水电建设的重点地区。”国际水电协会主席肯·亚当斯表示，优先发展水电已成为国际共识。据国际行业预测，到 2050 年，全球水电装机容量将由现在的 10 亿千瓦“翻一番”至 20 亿千瓦。

这也为中国水电全产业链“走出去”提供了良好的发展机遇。从中国整个能源结构来看，推动水电行业可持续发展应该有一个非常长远的发展规划。中国水电行业的技术相对领先，未来在“一带一路”倡议推进过程中有可能出现规模巨大的“走出去”机会点。

汽车行业

按照汽车产业发展的一般规律，乘用车市场可以分为三个阶段：第一阶段是供不应求阶段的产能驱动发展周期，即“前汽车周期”；此后随着产业的发展，出现了以车型集中上市为特征的新车型驱动发展周期，即“中汽车周期”；最后开始逐步进入行业销量和盈利下滑，以存量为驱动的发展周期，即“后汽车周期”。

中国乘用车产业正是典型的处于“中汽车周期”的产业。2014 年中国汽车产销量虽双双突破 2300 万辆，连续第六年位居全球第一，但产销增速均在放缓。2015 年，中国的各大汽车厂家纷纷扩充产能，大量的新车型相继投产上市。据中汽协预计，2015 年中国汽车销量将超 2500 万辆，增速还将进一步放缓。

事实上，中国乘用车产业已经像中国经济进入“新常态”一般，发展增速也进入了换档期，客观上同样存在产能的结构性过剩问题。“一带一路”建设将会吸引相关国家对中国汽车产业的关注，沿线国家可能成为中国汽车产品出口潜在的目标国家，有助于化解正在不断凸显的国内汽车产业产能过剩问题。

如果仔细观察一下，“一带一路”沿线的 50 多个国家大多是新兴经济体和发展中国家，符合当前中国乘用车产品的主体消费市场定位，有广阔的市场和较大的潜力可资挖掘。巧合的是，目前中国的汽车行业自主品牌几个主要的出口市场均在“一带一路”经济带的范围内，随着“一带一路”倡议的逐步落实，对于中国汽车行业的海外战略而言更是一个重大利好。

互联网金融

随着互联网向传统行业的加速渗透，互联网金融在“互联网 +”

涉及的诸个领域中的核心作用也将日渐显现。网络科技企业的相关人士表示，“目前，虽然“一带一路”从国家政策层面上来看，和互联网金融关联性不大。未来，从产业经济、资产证券化以及全球的资产流通角度来讲，互联网金融作用不可忽视。”

随着“一带一路”建设给沿线国家带来新的发展机遇，这些国家对资金的需求也更加突出。未来，资金的区域性流动可能会催生跨境P2P等互联网金融企业的出现，以实现资源的有效配置。

同时，在“一带一路”建设中，商务部提出经贸合作是“一带一路”建设的基础和先导。在经贸合作方面，跨境电子商务等新的商业业态发展潜力巨大。跨境电子商务冲破国家间的障碍，对企业来说，可以在网上实现全球采购、全球销售；对于消费者来说，可以买到其他国家物美价廉的商品。

目前，陕西、宁夏、甘肃、新疆等地均已搭建起“网上丝绸之路”。“网上丝绸之路”是中国的优势产能，跨境电子商务的发展将带给跨境支付领域很多机会，第三方支付等互联网金融企业可以在“一带一路”的建设中发挥重要作用。

“互联网+”时代的电商行业

互联网和电子商务的发展，导致传统外贸方式多样化。传统B2B模式虽依然是主流，但小额批发和跨境在线零售异军突起，发展迅猛。目前跨境电商保持着高速度和高利润双高发展态势。据不完全统计，中国跨境在线零售规模在350亿美元左右，占中国外贸出口2%还不到。特别是在工厂直销和品牌国际化两股动力推动下，跨境电商发展空间巨大。近年来，中国进出口贸易整体有所下滑，但跨境电商贸易却呈现逆势较快增长趋势。

跨境电商就是传统国际贸易商务流程的电子化、数字化和网络化。

在“一带一路”的战略背景下，跨境电商将会成为一条不可忽视的新的空中丝绸之路，和陆地上“一带一路”相互呼应、相互补充。不难想见，一波新的跨境电商浪潮正在酝酿和涌动。

调查显示，目前中东和北非拥有1.1亿网民，3000万人已在网上购物；俄罗斯互联网用户超过德国和英国，达7000万，成为欧洲第一大互联网国家。不难想象，随着这些区域电商交易日益活跃，将为中国跨境电商提供更多的销售渠道，中国消费者也有机会更方便、更轻松地分享来自世界各地的商品。

目前在出口方面，阿里巴巴等电子商务平台上的中国商品经过“一带一路”沿线国家的线下物流，辐射到了东南亚、东欧和中亚。在进口方面，天猫、网易、顺丰、银泰等都在积极开发“一带一路”沿线资源，仅在杭州跨境电子商务产业园的电商每月给消费者带来的进口产品就超过2000种。

可以说，有了“互联网+”，“一带一路”不再是一个普通的地理概念，而是一个又一个用新技术、新理念组建而成的新生态系统，是由沿线数十亿消费者、零售商、制造商、服务提供商和投资者组成的，正在持续生长和“进化”的网络经济体。购物、旅游、订酒店……当人们足不出户就能完成这些消费时，“互联网+”就为“一带一路”插上了会飞的翅膀。这是一种全新的消费体验，给消费者带来实实在在的便利。

小语种教育

专家认为，目前中国在国家层面对战略性外语人才的储备重视程度还远远不够，在国际交流日益深入广泛的当前，特别是在国家“一带一路”大战略下，外语人才已成为对外文化传播、“一带一路”建设的瓶颈之一。

在与中国建交的175个国家中，通用的语种约95种，但目前中国内地仅能开设54种语言课程。其中“一带一路”所覆盖的中亚、南亚、西亚等地区涉及官方语言达40余种，而目前内地教授的语种仅有20种，而且现有的小语种专业招收的学生数量也极为有限。随着“一带一路”建设的推进，精通沿线国家语言的人才将呈现稀缺的态势。

目前，一些高校已经开始有针对性地开设新的外语教育课程。北京外国语大学新增开设了蒙古语、泰米尔语、孟加拉语及菲律宾语4个语种，格鲁吉亚语、亚美尼亚语、摩尔多瓦语等11个小语种专业也在申报中。小语种这些以前的“冷门”专业逐渐受到了青年学子的青睐。与此同时，随着更多小语种专业的开设，师资方面的需求也在增加。

附一 《推动共建丝绸之路经济带和21世纪海上丝绸之路的愿景与行动》

国家发展改革委、外交部、商务部在2015年3月28日联合发布了《推动共建丝绸之路经济带和21世纪海上丝绸之路的愿景与行动》。全文如下：

推动共建丝绸之路经济带和21世纪海上丝绸之路的愿景与行动

国家发展改革委　外交部　商务部

（经国务院授权发布）

2015年3月

目录

前言

2000多年前，亚欧大陆上勤劳勇敢的人民，探索出多条连接亚欧非几大文明的贸易和人文交流通路，后人将其统称为“丝绸之路”。千百年来，“和平合作、开放包容、互学互鉴、互利共赢”的丝绸之路精神薪火相传，推进了人类文明进步，是促进沿线各国繁荣发展的重要纽带，是东西方交流合作的象征，是世界各国共有的历史文化遗产。

进入21世纪，在以和平、发展、合作、共赢为主题的新时代，面对复苏乏力的全球经济形势，纷繁复杂的国际和地区局面，传承和弘扬丝绸之路精神更显重要和珍贵。

2013年9月和10月，中国国家主席习近平在出访中亚和东南亚国家期间，先后提出共建“丝绸之路经济带”和“21世纪海上丝绸之路”（以下简称“一带一路”）的重大倡议，得到国际社会高度关注。中国国务院总理李克强参加2013年中国—东盟博览会时强调，铺就面向东盟的海上丝绸之路，打造带动腹地发展的战略支点。加快“一带一路”建设，有利于促进沿线各国经济繁荣与区域经济合作，加强不同文明交流互鉴，促进世界和平发展，是一项造福世界各国人民的伟大事业。

“一带一路”建设是一项系统工程，要坚持共商、共建、共享原则，积极推进沿线国家发展战略的相互对接。为推进实施“一带一路”重大倡议，让古丝绸之路焕发新的生机活力，以新的形式使亚欧非各国联系更加紧密，互利合作迈向新的历史高度，中国政府特制定并发布《推动共建丝绸之路经济带和21世纪海上丝绸之路的愿景与行动》。

一、时代背景

当今世界正发生复杂深刻的变化，国际金融危机深层次影响继续显现，世界经济缓慢复苏、发展分化，国际投资贸易格局和多边投资贸易规则酝酿深刻调整，各国面临的发展问题依然严峻。共建"一带一路"顺应世界多极化、经济全球化、文化多样化、社会信息化的潮流，秉持开放的区域合作精神，致力于维护全球自由贸易体系和开放型世界经济。共建"一带一路"旨在促进经济要素有序自由流动、资源高效配置和市场深度融合，推动沿线各国实现经济政策协调，开展更大范围、更高水平、更深层次的区域合作，共同打造开放、包容、均衡、普惠的区域经济合作架构。共建"一带一路"符合国际社会的根本利益，彰显人类社会共同理想和美好追求，是国际合作以及全球治理新模式的积极探索，将为世界和平发展增添新的正能量。

共建"一带一路"致力于亚欧非大陆及附近海洋的互联互通，建立和加强沿线各国互联互通伙伴关系，构建全方位、多层次、复合型的互联互通网络，实现沿线各国多元、自主、平衡、可持续的发展。"一带一路"的互联互通项目将推动沿线各国发展战略的对接与耦合，发掘区域内市场的潜力，促进投资和消费，创造需求和就业，增进沿线各国人民的人文交流与文明互鉴，让各国人民相逢相知、互信互敬，共享和谐、安宁、富裕的生活。

当前，中国经济和世界经济高度关联。中国将一以贯之地坚持对外开放的基本国策，构建全方位开放新格局，深度融入世界经济体系。推进"一带一路"建设既是中国扩大和深化对外开放的需要，也是加强和亚欧非及世界各国互利合作的需要，中国愿意在力所能及的范围内承担更多责任义务，为人类和平发展作出更大的贡献。

二、共建原则

恪守联合国宪章的宗旨和原则。遵守和平共处五项原则，即尊重各国主权和领土完整、互不侵犯、互不干涉内政、和平共处、平等互利。

坚持开放合作。“一带一路”相关的国家基于但不限于古代丝绸之路的范围，各国和国际、地区组织均可参与，让共建成果惠及更广泛的区域。

坚持和谐包容。倡导文明宽容，尊重各国发展道路和模式的选择，加强不同文明之间的对话，求同存异、兼容并蓄、和平共处、共生共荣。

坚持市场运作。遵循市场规律和国际通行规则，充分发挥市场在资源配置中的决定性作用和各类企业的主体作用，同时发挥好政府的作用。

坚持互利共赢。兼顾各方利益和关切，寻求利益契合点和合作最大公约数，体现各方智慧和创意，各施所长，各尽所能，把各方优势和潜力充分发挥出来。

三、框架思路

“一带一路”是促进共同发展、实现共同繁荣的合作共赢之路，是增进理解信任、加强全方位交流的和平友谊之路。中国政府倡议，秉持和平合作、开放包容、互学互鉴、互利共赢的理念，全方位推进务实合作，打造政治互信、经济融合、文化包容的利益共同体、命运共同体和责任共同体。

"一带一路"贯穿亚欧非大陆，一头是活跃的东亚经济圈，一头是发达的欧洲经济圈，中间广大腹地国家经济发展潜力巨大。丝绸之路经济带重点畅通中国经中亚、俄罗斯至欧洲（波罗的海）；中国经中亚、西亚至波斯湾、地中海；中国至东南亚、南亚、印度洋。21世纪海上丝绸之路重点方向是从中国沿海港口过南海到印度洋，延伸至欧洲；从中国沿海港口过南海到南太平洋。

根据"一带一路"走向，陆上依托国际大通道，以沿线中心城市为支撑，以重点经贸产业园区为合作平台，共同打造新亚欧大陆桥、中蒙俄、中国—中亚—西亚、中国—中南半岛等国际经济合作走廊；海上以重点港口为节点，共同建设通畅安全高效的运输大通道。中巴、孟中印缅两个经济走廊与推进"一带一路"建设关联紧密，要进一步推动合作，取得更大进展。

"一带一路"建设是沿线各国开放合作的宏大经济愿景，需各国携手努力，朝着互利互惠、共同安全的目标相向而行。努力实现区域基础设施更加完善，安全高效的陆海空通道网络基本形成，互联互通达到新水平；投资贸易便利化水平进一步提升，高标准自由贸易区网络基本形成，经济联系更加紧密，政治互信更加深入；人文交流更加广泛深入，不同文明互鉴共荣，各国人民相知相交、和平友好。

四、合作重点

沿线各国资源禀赋各异，经济互补性较强，彼此合作潜力和空间很大。以政策沟通、设施联通、贸易畅通、资金融通、民心相通为主要内容，重点在以下方面加强合作。

政策沟通。加强政策沟通是"一带一路"建设的重要保障。加强政府间合作，积极构建多层次政府间宏观政策沟通交流机制，深化利益融合，促进政治互信，达成合作新共识。沿线各国可以就经济发展战略和对策进行充分交流对接，共同制定推进区域合作的规划和措施，协商解决合作中的问题，共同为务实合作及大型项目实施提供政策支持。

设施联通。基础设施互联互通是“一带一路”建设的优先领域。在尊重相关国家主权和安全关切的基础上，沿线国家宜加强基础设施建设规划、技术标准体系的对接，共同推进国际骨干通道建设，逐步形成连接亚洲各次区域以及亚欧非之间的基础设施网络。强化基础设施绿色低碳化建设和运营管理，在建设中充分考虑气候变化影响。

抓住交通基础设施的关键通道、关键节点和重点工程，优先打通缺失路段，畅通瓶颈路段，配套完善道路安全防护设施和交通管理设施设备，提升道路通达水平。推进建立统一的全程运输协调机制，促进国际通关、换装、多式联运有机衔接，逐步形成兼容规范的运输规则，实现国际运输便利化。推动口岸基础设施建设，畅通陆水联运通道，推进港口合作建设，增加海上航线和班次，加强海上物流信息化合作。拓展建立民航全面合作的平台和机制，加快提升航空基础设施水平。

加强能源基础设施互联互通合作，共同维护输油、输气管道等运输通道安全，推进跨境电力与输电通道建设，积极开展区域电网升级改造合作。

共同推进跨境光缆等通信干线网络建设，提高国际通信互联互通水平，畅通信息丝绸之路。加快推进双边跨境光缆等建设，规划建设洲际海底光缆项目，完善空中（卫星）信息通道，扩大信息交流与合作。

贸易畅通。投资贸易合作是“一带一路”建设的重点内容。宜着力研究解决投资贸易便利化问题，消除投资和贸易壁垒，构建区域内和各国良好的营商环境，积极同沿线国家和地区共同商建自由贸易区，激发释放合作潜力，做大做好合作“蛋糕”。

沿线国家宜加强信息互换、监管互认、执法互助的海关合作，以及检验检疫、认证认可、标准计量、统计信息等方面的双多边合作，推动世界贸易组织《贸易便利化协定》生效和实施。改善边境口岸通关设施条件，加快边境口岸"单一窗口"建设，降低通关成本，提升通关能力。加强供应链安全与便利化合作，推进跨境监管程序协调，推动检验检疫证书国际互联网核查，开展"经认证的经营者"（AEO）互认。降低非关税壁垒，共同提高技术性贸易措施透明度，提高贸易自由化便利化水平。

拓宽贸易领域，优化贸易结构，挖掘贸易新增长点，促进贸易平衡。创新贸易方式，发展跨境电子商务等新的商业业态。建立健全服务贸易促进体系，巩固和扩大传统贸易，大力发展现代服务贸易。把投资和贸易有机结合起来，以投资带动贸易发展。

加快投资便利化进程，消除投资壁垒。加强双边投资保护协定、避免双重征税协定磋商，保护投资者的合法权益。

拓展相互投资领域，开展农林牧渔业、农机及农产品生产加工等领域深度合作，积极推进海水养殖、远洋渔业、水产品加工、海水淡化、海洋生物制药、海洋工程技术、环保产业和海上旅游等领域合作。加大煤炭、油气、金属矿产等传统能源资源勘探开发合作，积极推动水电、核电、风电、太阳能等清洁、可再生能源合作，推进能源资源就地就近加工转化合作，形成能源资源合作上下游一体化产业链。加强能源资源深加工技术、装备与工程服务合作。

推动新兴产业合作，按照优势互补、互利共赢的原则，促进沿线国家加强在新一代信息技术、生物、新能源、新材料等新兴产业领域的深入合作，推动建立创业投资合作机制。

优化产业链分工布局，推动上下游产业链和关联产业协同发展，鼓励建立研发、生产和营销体系，提升区域产业配套能力和综合竞争力。

扩大服务业相互开放，推动区域服务业加快发展。探索投资合作新模式，鼓励合作建设境外经贸合作区、跨境经济合作区等各类产业园区，促进产业集群发展。在投资贸易中突出生态文明理念，加强生态环境、生物多样性和应对气候变化合作，共建绿色丝绸之路。

中国欢迎各国企业来华投资。鼓励本国企业参与沿线国家基础设施建设和产业投资。促进企业按属地化原则经营管理，积极帮助当地发展经济、增加就业、改善民生，主动承担社会责任，严格保护生物多样性和生态环境。

资金融通。资金融通是“一带一路”建设的重要支撑。深化金融合作，推进亚洲货币稳定体系、投融资体系和信用体系建设。扩大沿线国家双边本币互换、结算的范围和规模。推动亚洲债券市场的开放和发展。共同推进亚洲基础设施投资银行、金砖国家新开发银行筹建，有关各方就建立上海合作组织融资机构开展磋商。加快丝路基金组建运营。深化中国—东盟银行联合体、上合组织银行联合体务实合作，以银团贷款、银行授信等方式开展多边金融合作。支持沿线国家政府和信用等级较高的企业以及金融机构在中国境内发行人民币债券。符合条件的中国境内金融机构和企业可以在境外发行人民币债券和外币债券，鼓励在沿线国家使用所筹资金。

加强金融监管合作，推动签署双边监管合作谅解备忘录，逐步在区域内建立高效监管协调机制。完善风险应对和危机处置制度安排，构建区域性金融风险预警系统，形成应对跨境风险和危机处置的交流合作机制。加强征信管理部门、征信机构和评级机构之间的跨境交流与合作。充分发挥丝路基金以及各国主权基金作用，引导商业性股权投资基金和社会资金共同参与“一带一路”重点项目建设。

民心相通。民心相通是“一带一路”建设的社会根基。传承和弘扬丝绸之路友好合作精神，广泛开展文化交流、学术往来、人才交流合作、媒体合作、青年和妇女交往、志愿者服务等，为深化双多边合作奠定坚实的民意基础。

扩大相互间留学生规模，开展合作办学，中国每年向沿线国家提供1万个政府奖学金名额。沿线国家间互办文化年、艺术节、电影节、电视周和图书展等活动，合作开展广播影视剧精品创作及翻译，联合申请世界文化遗产，共同开展世界遗产的联合保护工作。深化沿线国家间人才交流合作。

加强旅游合作，扩大旅游规模，互办旅游推广周、宣传月等活动，联合打造具有丝绸之路特色的国际精品旅游线路和旅游产品，提高沿线各国游客签证便利化水平。推动21世纪海上丝绸之路邮轮旅游合作。积极开展体育交流活动，支持沿线国家申办重大国际体育赛事。

强化与周边国家在传染病疫情信息沟通、防治技术交流、专业人才培养等方面的合作，提高合作处理突发公共卫生事件的能力。为有关国家提供医疗援助和应急医疗救助，在妇幼健康、残疾人康复以及艾滋病、结核、疟疾等主要传染病领域开展务实合作，扩大在传统医药领域的合作。

加强科技合作，共建联合实验室（研究中心）、国际技术转移中心、海上合作中心，促进科技人员交流，合作开展重大科技攻关，共同提升科技创新能力。

整合现有资源，积极开拓和推进与沿线国家在青年就业、创业培训、职业技能开发、社会保障管理服务、公共行政管理等共同关心领域的务实合作。

充分发挥政党、议会交往的桥梁作用，加强沿线国家之间立法机构、主要党派和政治组织的友好往来。开展城市交流合作，欢迎沿线国家重要城市之间互结友好城市，以人文交流为重点，突出务实合作，形成更多鲜活的合作范例。欢迎沿线国家智库之间开展联合研究、合作举办论坛等。

加强沿线国家民间组织的交流合作，重点面向基层民众，广泛开展教育医疗、减贫开发、生物多样性和生态环保等各类公益慈善活动，促进沿线贫困地区生产生活条件改善。加强文化传媒的国际交流合作，积极利用网络平台，运用新媒体工具，塑造和谐友好的文化生态和舆论环境。

五、合作机制

当前，世界经济融合加速发展，区域合作方兴未艾。积极利用现有双多边合作机制，推动“一带一路”建设，促进区域合作蓬勃发展。

加强双边合作，开展多层次、多渠道沟通磋商，推动双边关系全面发展。推动签署合作备忘录或合作规划，建设一批双边合作示范。建立完善双边联合工作机制，研究推进“一带一路”建设的实施方案、行动路线图。充分发挥现有联委会、混委会、协委会、指导委员会、管理委员会等双边机制作用，协调推动合作项目实施。

强化多边合作机制作用，发挥上海合作组织（SCO）、中国—东盟“10+1”、亚太经合组织（APEC）、亚欧会议（ASEM）、亚洲合作对话（ACD）、亚信会议（CICA）、中阿合作论坛、中国—海合会战略对话、大湄公河次区域（GMS）经济合作、中亚区域经济合作（CAREC）等现有多边合作机制作用，相关国家加强沟通，让更多国家和地区参与“一带一路”建设。

继续发挥沿线各国区域、次区域相关国际论坛、展会以及博鳌亚洲论坛、中国—东盟博览会、中国—亚欧博览会、欧亚经济论坛、中国国际投资贸易洽谈会，以及中国—南亚博览会、中国—阿拉伯博览会、中国西部国际博览会、中国—俄罗斯博览会、前海合作论坛等平台的建设性作用。支持沿线国家地方、民间挖掘“一带一路”历史文化遗产，联合举办专项投资、贸易、文化交流活动，办好丝绸之路（敦煌）国际文化博览会、丝绸之路国际电影节和图书展。倡议建立“一带一路”国际高峰论坛。

六、中国各地方开放态势

推进“一带一路”建设，中国将充分发挥国内各地区比较优势，实行更加积极主动的开放战略，加强东中西互动合作，全面提升开放型经济水平。

西北、东北地区。发挥新疆独特的区位优势和向西开放重要窗口作用，深化与中亚、南亚、西亚等国家交流合作，形成丝绸之路经济带上重要的交通枢纽、商贸物流和文化科教中心，打造丝绸之路经济带核心区。发挥陕西、甘肃综合经济文化和宁夏、青海民族人文优势，打造西安内陆型改革开放新高地，加快兰州、西宁开发开放，推进宁夏内陆开放型经济试验区建设，形成面向中亚、南亚、西亚国家的通道、商贸物流枢纽、重要产业和人文交流基地。发挥内蒙古联通俄蒙的区位优势，完善黑龙江对俄铁路通道和区域铁路网，以及黑龙江、吉林、辽宁与俄远东地区陆海联运合作，推进构建北京—莫斯科欧亚高速运输走廊，建设向北开放的重要窗口。

西南地区。发挥广西与东盟国家陆海相邻的独特优势，加快北部湾经济区和珠江—西江经济带开放发展，构建面向东盟区域的国际通道，打造西南、中南地区开放发展新的战略支点，形成21世纪海上丝绸之路与丝绸之路经济带有机衔接的重要门户。发挥云南区位优势，推进与周边国家的国际运输通道建设，打造大湄公河次区域经济合作新高地，建设成为面向南亚、东南亚的辐射中心。推进西藏与尼泊尔等国家边境贸易和旅游文化合作。

沿海和港澳台地区。利用长三角、珠三角、海峡西岸、环渤海等经济区开放程度高、经济实力强、辐射带动作用大的优势，加快推进中国（上海）自由贸易试验区建设，支持福建建设21世纪海上丝绸之路核心区。充分发挥深圳前海、广州南沙、珠海横琴、福建平潭等开放合作区作用，深化与港澳台合作，打造粤港澳大湾区。推进浙江海洋经济发展示范区、福建海峡蓝色经济试验区和舟山群岛新区建设，加大海南国际旅游岛开发开放力度。加强上海、天津、宁波—舟山、广州、深圳、湛江、汕头、青岛、烟台、大连、福州、厦门、泉州、海口、三亚等沿海城市港口建设，强化上海、广州等国际枢纽机场功能。以扩大开放倒逼深层次改革，创新开放型经济体制机制，加大科技创新力度，形成参与和引领国际合作竞争新优势，成为“一带一路”特别是21世纪海上丝绸之路建设的排头兵和主力军。发挥海外侨胞以及香港、澳门特别行政区独特优势作用，积极参与和助力“一带一路”建设。为台湾地区参与“一带一路”建设作出妥善安排。

内陆地区。利用内陆纵深广阔、人力资源丰富、产业基础较好优势，依托长江中游城市群、成渝城市群、中原城市群、呼包鄂榆城市群、哈长城市群等重点区域，推动区域互动合作和产业集聚发展，打造重庆西部开发开放重要支撑和成都、郑州、武汉、长沙、南昌、合肥等内陆开放型经济高地。加快推动长江中上游地区和俄罗斯伏尔加河沿岸联邦区的合作。建立中欧通道铁路运输、口岸通关协调机制，打造“中欧班列”品牌，建设沟通境内外、连接东中西的运输通道。支持郑州、西安等内陆城市建设航空港、国际陆港，加强内陆口岸与沿海、沿边口岸通关合作，开展跨境贸易电子商务服务试点。优化海关特殊监管区域布局，创新加工贸易模式，深化与沿线国家的产业合作。

七、中国积极行动

一年多来，中国政府积极推动"一带一路"建设，加强与沿线国家的沟通磋商，推动与沿线国家的务实合作，实施了一系列政策措施，努力收获早期成果。

高层引领推动。习近平主席、李克强总理等国家领导人先后出访20多个国家，出席加强互联互通伙伴关系对话会、中阿合作论坛第六届部长级会议，就双边关系和地区发展问题，多次与有关国家元首和政府首脑进行会晤，深入阐释"一带一路"的深刻内涵和积极意义，就共建"一带一路"达成广泛共识。

签署合作框架。与部分国家签署了共建"一带一路"合作备忘录，与一些毗邻国家签署了地区合作和边境合作的备忘录以及经贸合作中长期发展规划。研究编制与一些毗邻国家的地区合作规划纲要。

推动项目建设。加强与沿线有关国家的沟通磋商，在基础设施互联互通、产业投资、资源开发、经贸合作、金融合作、人文交流、生态保护、海上合作等领域，推进了一批条件成熟的重点合作项目。

完善政策措施。中国政府统筹国内各种资源，强化政策支持。推动亚洲基础设施投资银行筹建，发起设立丝路基金，强化中国—欧亚经济合作基金投资功能。推动银行卡清算机构开展跨境清算业务和支付机构开展跨境支付业务。积极推进投资贸易便利化，推进区域通关一体化改革。

发挥平台作用。各地成功举办了一系列以"一带一路"为主题的国际峰会、论坛、研讨会、博览会，对增进理解、凝聚共识、深化合作发挥了重要作用。

八、共创美好未来

共建“一带一路”是中国的倡议，也是中国与沿线国家的共同愿望。站在新的起点上，中国愿与沿线国家一道，以共建“一带一路”为契机，平等协商，兼顾各方利益，反映各方诉求，携手推动更大范围、更高水平、更深层次的大开放、大交流、大融合。“一带一路”建设是开放的、包容的，欢迎世界各国和国际、地区组织积极参与。

共建“一带一路”的途径是以目标协调、政策沟通为主，不刻意追求一致性，可高度灵活，富有弹性，是多元开放的合作进程。中国愿与沿线国家一道，不断充实完善“一带一路”的合作内容和方式，共同制定时间表、路线图，积极对接沿线国家发展和区域合作规划。

中国愿与沿线国家一道，在既有双多边和区域次区域合作机制框架下，通过合作研究、论坛展会、人员培训、交流访问等多种形式，促进沿线国家对共建“一带一路”内涵、目标、任务等方面的进一步理解和认同。

中国愿与沿线国家一道，稳步推进示范项目建设，共同确定一批能够照顾双多边利益的项目，对各方认可、条件成熟的项目抓紧启动实施，争取早日开花结果。

“一带一路”是一条互尊互信之路，一条合作共赢之路，一条文明互鉴之路。只要沿线各国和衷共济、相向而行，就一定能够谱写建设丝绸之路经济带和21世纪海上丝绸之路的新篇章，让沿线各国人民共享“一带一路”共建成果。

附二　“一带一路”沿线65国家清单

东北亚4国：

蒙古国、俄罗斯、日本、韩国；

东南亚11国：

印度尼西亚、泰国、马来西亚、越南、新加坡、菲律宾、缅甸、柬埔寨、老挝、文莱、东帝汶；

南亚8国：

印度、巴基斯坦、孟加拉国、斯里兰卡、阿富汗、尼泊尔、马尔代夫、不丹；

西亚、北非16国：

沙特阿拉伯、阿联酋、阿曼、伊朗、土耳其、以色列、埃及、科威特、伊拉克、卡塔尔、约旦、黎巴嫩、巴林、也门共和国、叙利亚、巴勒斯坦；

独联体其他6国：

乌克兰、白俄罗斯、格鲁吉亚、阿塞拜疆、亚美尼亚、摩尔多瓦；

中东欧16国：

波兰、罗马尼亚、捷克共和国、斯洛伐克、保加利亚、匈牙利、拉脱维亚、立陶宛、斯洛文尼亚、爱沙尼亚、克罗地亚、阿尔巴尼亚、塞尔维亚、马其顿、波黑、黑山；

中亚5国：

哈萨克斯坦、乌兹别克斯坦、土库曼斯坦、吉尔吉斯斯坦、塔吉克斯坦。

附三　“一带一路”对国内地区的定位

1. 国内省区的定位：

2 个核心：新疆、福建。

18 省份：新疆、陕西、宁夏、甘肃、青海、内蒙古、黑龙江、吉林、辽宁、广西、云南、西藏、上海、福建、浙江、广东、海南、重庆。

7 个高地：西宁、成都、郑州、武汉、长沙、南昌、合肥。

15 个港口建设：上海、天津、宁波—舟山、广州、深圳、湛江、汕头、青岛、烟台、大连、福州、厦门、泉州、海口、三亚。

2 个国际枢纽机场：上海、广州。

2. 各地开放态势简况：

《愿景与行动》文件中称：推进“一带一路”建设，中国将充分发挥国内各地区比较优势，实行更加积极主动的开放战略，加强东中西互动合作，全面提升开放型经济水平。

A. 西北、东北地区

新疆：打造丝绸之路经济带核心区。

陕西：打造西安内陆型改革开放新高地。

宁夏：推进宁夏内陆开放型经济试验区建设。

甘肃、青海：加快兰州、西宁开发开放。

内蒙古：发挥联通俄蒙的区位优势。

黑龙江：完善对俄铁路通道和区域铁路网。

黑龙江、吉林、辽宁：完善与俄远东地区陆海联运合作，推进构建北京—莫斯科欧亚高速运输走廊，建设向北开放的重要窗口。

B. 西南地区

广西：加快北部湾经济区和珠江—西江经济带开放发展，构建面向东盟区域的国际通道，打造西南、中南地区开放发展新的战略支点。

云南：推进与周边国家的国际运输通道建设，打造大湄公河次区域经济合作新高地，建设成为面向南亚、东南亚的辐射中心。

西藏：推进与尼泊尔等国家边境贸易和旅游文化合作。

C. 内陆地区

重庆：打造重庆西部开发开放重要支撑。

成都、郑州、武汉、长沙、南昌、合肥：打造内陆开放型经济高地。

郑州、西安：支持建设航空港、国际陆港，加强内陆口岸与沿海、沿边口岸通关合作，开展跨境贸易电子商务服务试点。

D. 沿海和港澳台地区

上海：加快推进上海自贸区建设。

福建：支持建设21世纪海上丝绸之路核心区，推进福建海峡蓝色经济试验区建设。

浙江：推进浙江海洋经济发展示范区建设、舟山群岛新区建设。

海南：加大国际旅游岛开发开放力度。

港澳：积极参与和助力"一带一路"建设。

台湾：为台湾地区参与"一带一路"建设作出妥善安排。

深圳前海、广州南沙、珠海横琴、福建平潭：深化与港澳台合作，打造粤港澳大湾区。

参考资料

[1] 孙哲：《中美外交：管控分歧与合作发展》，时事出版社，2015 年 1 月版。

[2] 户华为：《丝绸之路的历史变迁与当代启示——中国社会科学院中国边疆研究所所长邢广程访谈》，《光明日报》，2015 年 4 月 20 日 05 版。

[3] 甘钧光：《“丝绸之路”复兴计划与中国外交》，《东北亚论坛》，2010 年 9 月第 19 卷第 5 期。

[4] 王义桅：《论“一带一路”的历史超越与传承》，《人民论坛·学术前沿》2015 年 5 月上。

[5] 黄昆仑：《“一带一路”：连通中国梦与世界梦的大战略》，《解放军报》2015 年 4 月 17 日 06 版。

[6] 曾培炎：《“一带一路”：全球共同需要 人类共同梦想》，《求是》杂志，2015 年 5 月 18 日。

[7] 冷万欣：《六大经济走廊分工布局“一带一路”》，《中国产经新闻报》，2015 年 6 月 1 日。

[8] 赵超霖：《“一带一路”难解钢铁产能过剩之忧》，《中国经济导报》，2014 年 11 月 27 日。

[9] 王秀强：《“一带一路”拟打通能源通道 构建全球能源大市场》，《21 世纪经济报道》，2015 年 3 月 31 日。

[10] 翟永平：《打造"一带一路"中国不是"满世界找油"》，《中国石油报》，2014 年 11 月 25 日。

[11] 王卫星：《全球视野下的"一带一路"：风险与挑战》，《人民论坛·学术前沿》2015 年 5 月（上）。

[12] 彭才栋：《集中力量办大事的优越性不容否定》，《人民日报》，2015 年 5 月 7 日 07 版。

[13] 毛昭晖：《集中力量办大事：中国式真理》，《廉政瞭望》，2008 年 6 月 30 日。

[14] 翟永平：《"一带一路"能源棋局：中国如何树立能源输出大国形象》，《中国石油报》，2014 年 11 月 25 日。

[15] 桂俊松，仝晓波：《"一带一路"框架下需反思传统能源安全观》，《中国能源报》，2015 年 4 月 13 日。

[16] 李闻芝：《"一带一路"：石化产业升级新机遇》，《中国化工报》，2015 年 2 月 10 日。

[17] 陈尚文：《"一带一路"建设带给韩国机遇》，《人民日报》03 版，2015 年 6 月 4。

[18] 吴兆礼：《美国"新丝绸之路"计划探析》，《现代国际关系》，2012 年 7 期。

[19] 华益文：《中国或成参与"容克计划"第一个非欧盟国家》，《人民日报海外版》，2015 年 6 月 22 日。

[20] 邵宇：《"一带一路"开启全球化 4.0 时代》，《上海证券报》，2015 年 4 月 1 日。

[21] 程春华：《能源合作文明之光照亮"一带一路"》，《中国石油报》，2015 年 1 月 6 日。

[22] 翟永平：《以"一带一路"契机 树能源输出大国形象》，《中国石油报》，2014 年 11 月 25 日。

[23] 周艾琳：《"一带一路"编织全球自贸与产能合作新网络》，《第一财经日报》，2015 年 6 月 26 日。

[24] 周艾琳：《行走在一带一路上的国开行》，《第一财经日报》，2015 年 5

月28日。

[25] 张继业:《“一带一路”的“朋友圈”》,《新华每日电讯》,2015年6月3日第8版。

[26] 郑永年:《与美国冲突是不是中国的宿命》,《联合早报》,2015年6月30日。

[27] 杨晨曦:《“一带一路”区域能源合作中的大国因素及应对策略》,《新视野》,2014年第4期。

[28] 刘畅:《试析印尼的“全球海洋支点”战略构想》,《现代国际关系》,2015年第4期。

[29] 朱菲娜:《“一带一路”能否成为中欧经贸新纽带》,《中国经济时报》,2015年7月3日。

[30] 邢雪:《“一带一路”登陆诺曼底》,《人民日报》03版,2015年6月14日。

[31] 刘翔峰:《亚投行与“一带一路”的利益聚合》,《证券日报》,2015年4月25日。

[32] 罗天昊:《“一带一路”的最大软肋是什么?》,《凤凰城市》,2015年4月2日。

[33] 王义桅:《“一带一路”助推全球再平衡》,《人民日报(海外版)》01版,2015年2月6日。

[34] 张蕴岭:《三大挑战“一带一路”要应对三大挑战》,《中国经济周刊》,2015年5月7日。

[35] 李乾韬:《一带一路”战略 孕育汽车业新机遇》,《南方都市报》,2015年4月13日。

[36] 张恒龙:《金砖银行可以成为上合组织开发银行之母吗?》,观察者网,2015年7月15日。

[37] 曹辛:《创造条件也要上的中国“一带一路”》,英国《金融时报》中文网,2015年6月8日。

[38] 卢锋:《“一带一路”:为什么是中国》,英国《金融时报》中文网,2015年5月15日。

[39] 胡月晓：《中国 15 年：从“入世”到创建亚投行》，英国《金融时报》中文网，2015 年 3 月 30 日。

[40] 史志钦，齐思源：《亚投行：双赢的中国—欧盟关系》，《金融时报》中文网，2015 年 6 月 17 日。

[41] 赵磊：《“一带一路”需要什么样的中国城市》，《金融时报》中文网，2015 年 5 月 14 日。

[42] 霍默静：《郑永年：“一带一路”倡议起步不易》，《金融时报》中文网，2015 年 3 月 23 日。

[43] 樊诗芸：《印度人认为印度只是“一带一路”的过客》，澎湃新闻网，2015 年 4 月 3 日。

[44] 林民旺：《俄罗斯对“一带”态度由消极转积极，背后发生了什么?》澎湃新闻网，2015 年 3 月 30 日。